서양의 관상학

그 긴 그림자

The Western Physiognomy: History and Legacy

by Sul Hea-sim

서양의 관상학

그 긴 그림자

설혜심 지음

한길사

서양의 관상학

그 긴 그림자

지은이 설혜심
펴낸이 김언호
펴낸곳 (주)도서출판 한길사

등록 1976년 12월 24일 제74호
주소 10881 경기도 파주시 광인사길 37
　　　www.hangilsa.co.kr
　　　http://hangilsa.tistory.com
　　　E-mail: hangilsa@hangilsa.co.kr
전화 031-955-2000~3　**팩스** 031-955-2005

출력 예하프로세스　**인쇄** 현문인쇄　**제본** 자현제책

초판 제1쇄 2002년　7월 25일
초판 제4쇄 2015년 12월 22일

값 22,000원
ISBN 978-89-356-5461-1 03900

「파윰 무덤의 초상」, 100~120년 무렵.
로마 때 관상학을 주도한 사람은 황제의 측근들이었지만, 그 진정한 입지는 대중들에게 있었다.
당시에는 밀랍으로 만든 데드 마스크를 수집하거나 수없이 많은 조각상을 세우기도 하였다.

중세 관상학은 신학의 보충적 학문으로 편입되었다. 중세의 관상은 '상징성'을 중시하는,
정지된 신체의 조각조각을 관찰하는 것이었다. 그림은 제국의 사방으로부터 공물을 받는 오토3세를 그린
것으로 머리 모양, 옷차림, 들고 있는 물건 등이 각 인물의 신분을 나타낸다. 10세기.

산드로 보티첼리, 「수태고지」, 1490.
제스처는 관상에서 의사소통이라는 요소를 가장 강하게 내포하는 영역으로 그 중요성은
이미 고대 그리스-로마 시대의 웅변술에서 강조되었다. 그림에서 보이는 마리아의 몸짓은
거부를 뜻한다기보다는, 강한 놀라움을 수반한 순종의 의사를 암시한다.

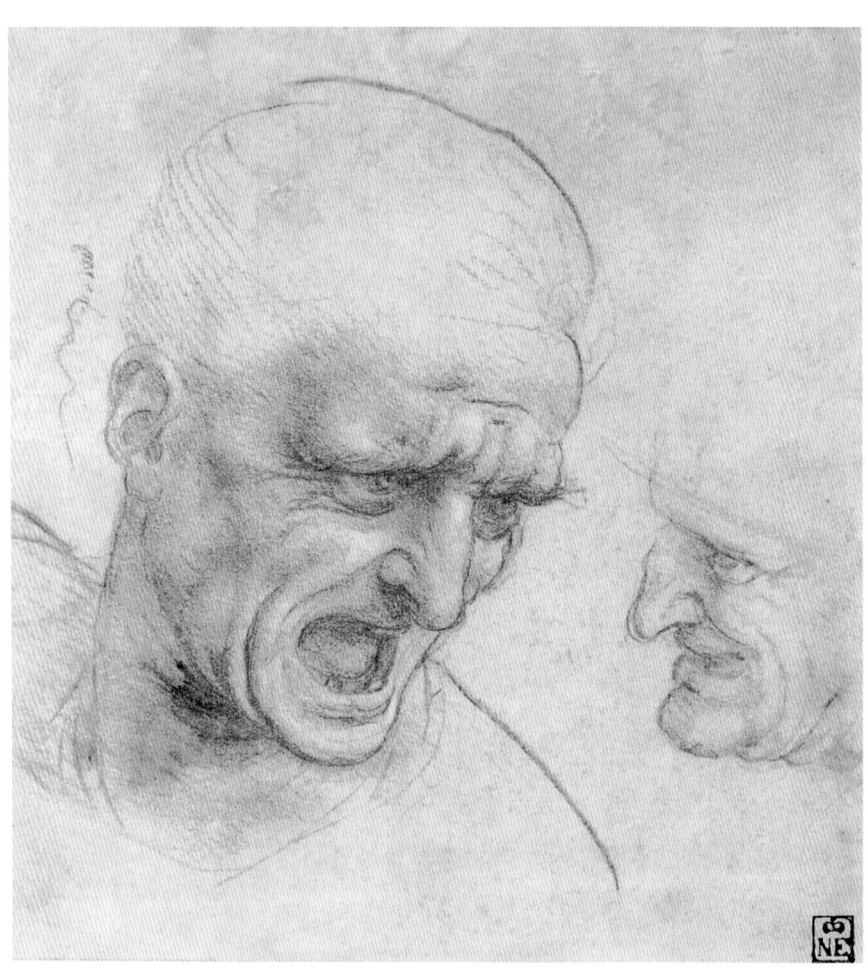

레오나르도 다 빈치, 「전사의 표정에 관한 습작」 중에서, 1503.
르네상스기는 '표정'을 재발견한 시대였다. 타고난 성품과 일시적인 감정이 무차별적으로 쓰이던
과거의 전통에서 벗어나 '감정'을 '본성'과 확연히 구분하기 시작한 것이다.

샤를 르 브룅, 「양의 머리와 닮은 인간」, 1690.
루이 14세의 궁정화가였던 샤를 르 브룅은 표정을 감정에 따른 근육의 움직임으로 해석한 학자이기도 하였다.
또한 그는 인간의 모습에서 동물과의 유사성을 찾았던 고대적 전통에도 관심이 있었다

쿠엔틴 마시스, 「늙은 여인」(투니스의 여왕). 고대로부터 내려온 분석적 관상학의 원칙들은
16세기부터 시작된 캐리커처에 큰 영향을 끼쳤다. 이 그림에서 묘사된 여성은 '외모가 곧 내면이다'라는
원칙에 따라 흉측한 내면의 상태를 나타내기 위하여 그 흉물스러움이 과장된 것이다.

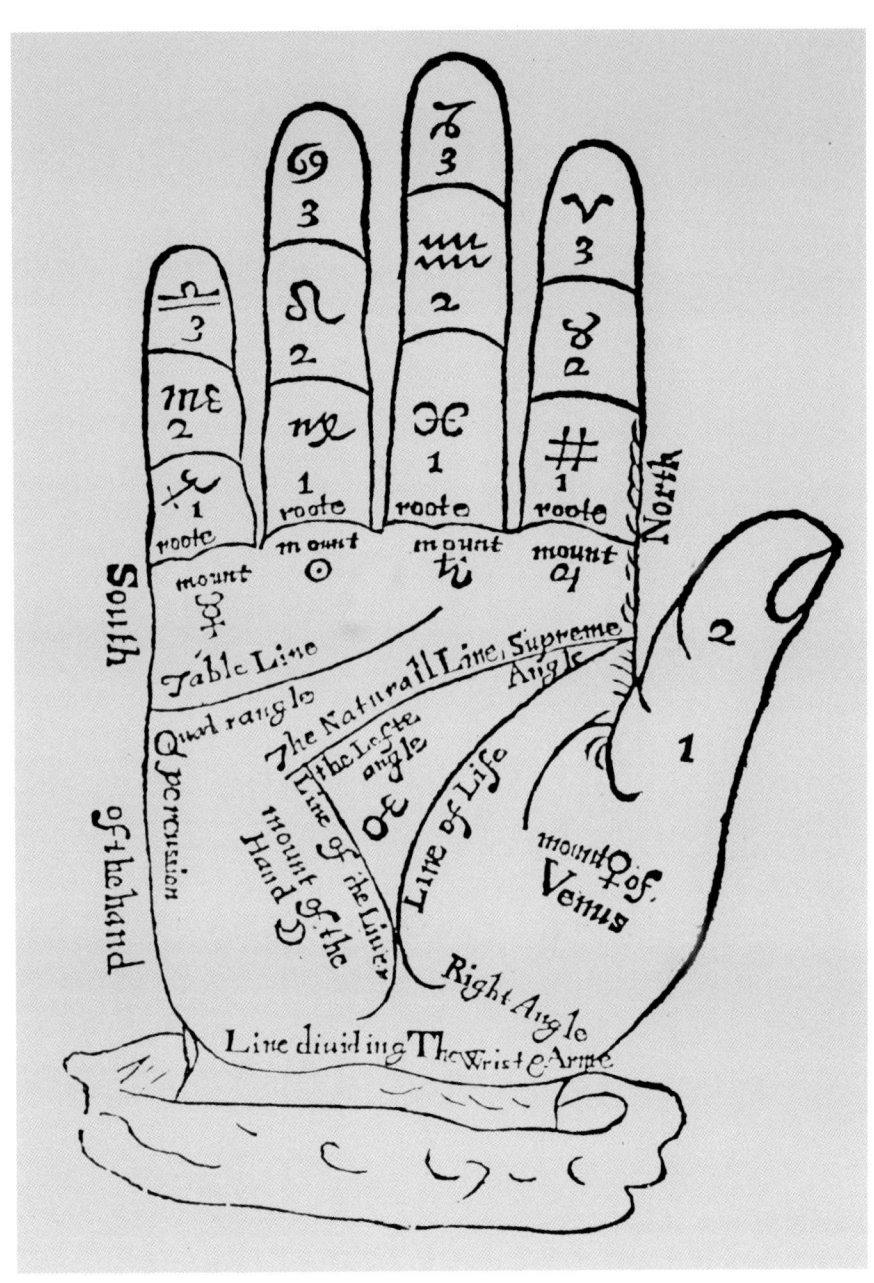

손의 각 부분이 어떤 천체를 나타내는가를 보여주는 그림으로,
17세기 수상학 최고의 권위자로 꼽을 수 있는 리처드 샌더스의 수상학서에 들어 있다.
사람의 몸, 특히 손이 우주의 축소판이라는 개념에서 나온 것이다.

한스 홀바인, 「헨리 8세」, 1537.
영국의 헨리 8세에게 초청을 받아 궁정화가로 활약했던 홀바인은 왕의 모습을 미화하지 않고
개성이 그대로 드러나도록 초상화를 그렸다. 따스함이 없는 눈, 작은 입, 상대적으로 부풀어오른 볼에 늘어진 턱 등은
종교개혁을 단행한 절대군주로서의 결단력 또는 잔인성을 나타낸다.

르네상스 당시를 재현하는 베네치아 축제의 한 장면.
르네상스 후반부터 유럽은 '화장의 시대'를 맞게 되었다. 남녀 모두 백분을 바르고, 창백함을 강조하기 위해
검은 패치를 붙이곤 하였다. 가면과 가발 역시 엄청난 유행을 몰고 왔다.

에두아르 마네, 「발코니」, 1868. 촘촘하게 짜인 궁정생활의 복잡한 예법을 비난하면서
사회의 새로운 주도세력으로 등장한 부르주아는 단순한 생활을 미덕으로 삼았다. 남을 의식하는 예법보다
가슴에서 우러나오는 감정을 존중하는 개인주의 사조는 기품이 있으면서도 간소하고,
서정적이면서도 섬세한 새로운 경향을 낳았다.

베네치아의 카페 플로리안에 그려진 벽화.
우리가 알고 있는 '인종'이라는 개념은 유럽의 제국주의가 만들어낸 것으로,
고대 그리스-로마 시대로부터 존재해온 이방인과 다른 문명권에 대한 편하를
인류학과 생물학 등 '새로운 과학'을 동원하여 세련되게 만든 것이다.

피에르 오귀스트 르누아르, 「알제리의 여인」, 1870.
다른 문명권에 사는 사람, 여성, 동물은 고대로부터 열등한 집단으로 상호 비교되면서 '동종화'되어갔다.
제국주의 유럽에서 다른 인종의 여성은 이런 열등한 족속의 전형으로 표상되기도 하였다.

서양의 관상학

그 긴 그림자

관상, '구별짓기'의 역사

• 책을 내면서

온천을 주제로 한 첫 책이 출간된 후 나의 지인들은 다음 책은 무엇에 관한 것이냐고 묻곤 하였다. '서양 관상'에 대한 역사를 쓰고 있다고 대답하면 그들의 반응은 크게 두 가지로 나타났다. "내 관상도 좀 봐주라"거나 "서양에도 그런 것이 있어?"라고 물었던 것이다. 이 책의 의미는 아주 일반적으로 나타나는 두 가지 반응 속에서 찾아볼 수 있다고 생각한다.

이 책은 관상을 보기 위한 책이 아니다. 역사 속에서 관상의 전통과 의미를 찾아보고자 하는 역사 연구서이다. 그러나 "내 관상도 좀 봐주라"는 말은 관상에 대한 사람들의 관심과 믿음을 나타낸다. 실제로 학력, 직업, 기타 사회적 계층과 상관없이 대부분의 사람들은 관상이라는 것이 매우 흥미롭다고 생각한다. 그리고 그 가운데에는 그것에 큰 의미를 부여하는 사람들도 많다. 하지만 그런 관심에도 불구하고 이 주제는 역사학에서 진지하게 다루어진 적이 없으며, 서양 역사학에서는 더욱 그러하다. 그렇다면 왜 관상은 그 동안 역사적 고찰의 대상에서 제외되어 왔을까?

내가 서양 역사에서 관상을 찾아보고 싶다는 생각을 하게 된 계기는 아주 우연한 것이었다. 1997년 여름 영국도서관에서 자료조사를 하던 중 뜻밖에 17세기의 관상학서를 발견하였던 것이다. 각양각색의 손금과 얼굴의 주름을 그려놓은 수백 페이지의 커다란 책을 발견한 나는 매우 놀랐고, 동시에 강한 흥미를 느꼈다. 탑골공원 근처에서 흔히 볼 수 있는 '운세상담' 아저씨들이 읽을 법한 그런 그림들이, 두꺼운 종이와 금박 장정을 입힌 17세기 영국의 고서적 속에 가득히 그려져 있는 것이 아닌가. 그 책을 대출해주던 영국인 사서조차 자기 나라에 이런 책이 있는지 전혀 몰랐다고 감탄하던 목소리가 생생하다.

그해 가을부터 나는 본격적으로 유럽 관상의 역사에 대한 조사를 시작하였다. 거의 연구가 이루어지지 않은 분야였기 때문에 각 시대별로 관상의 대가들을 찾아내는 작업은 생각보다 훨씬 어려운 것이었다. 이후 미국에서도 관상학이 유행하였음을 알게 되면서 영국뿐 아니라 미국의 도서관을 훑는 사료 수집에도 몇 년이 걸렸다. 근대 관상학의 창시자인 라바터의 관상학서는 유대인 학살 연구에 많은 지원을 하는 것으로 유명한 영국 와버그 연구소(Warburg Institute)에서 찾아냈다. 19세기 미국에서 골상학을 유행시킨 콤(George Combe)의 저서는 서울대학교 도서관의 철학 섹션 구석에서 뒹굴고 있었다.

그 과정에서 나는 서양 관상에 대한 흔적들이 우리가 익히 알고 있던 고전들 속에 너무나 많이 존재하고 있음을 알게 되었다. 아리스토텔레스, 아퀴나스, 몽테뉴, 발자크, 메리메, 그리고 다윈에 이르기까지. 관상학의 전통을 만들고, 그것에 영향받은 사상가와 작가들은 이 책에서 다 소개할 수 없을 만큼 많았다. 단지 우리는 그들이 남긴 텍스트 속에서 '관상'을 읽으려 하지 않았을 뿐이었다.

서양 역사에도 관상이라는 관행이 분명히 존재하였다. 그러나 그 관상의 역사는 너무나도 빨리 잊혀졌고, 부정되었고, 감추어졌다. 첫번째 이유는 관상이 근대 이후 합리와 이성을 강조하는 학문적 풍토 속에서 비이성·비과학의 영역으로 밀려났기 때문일 것이다. 새로운 과학의 패러다임은 종종 기존의 것들을 재빨리, 그리고 깡그리 덮어버리곤 한다. 또한 이 분야의 연구가 이루어지지 않은 배경에는 관상처럼 '몸'을 이야기하는 주제가 '정신'을 이야기하는 주제에 비하여 상대적으로 열등한 것으로 치부되어 그 가치를 인정받지 못하였던 측면도 있을 것이다.

이 책은 '몸'에 대한 연구이다. 근대 서양 학문들은 육체를 저열한 것으로, 영혼의 감방으로, 인간의 한계적 존재를 나타내는 것으로 취급했다. 하지만 인문학 제반 분야에 포스트모더니즘이 소개된 이후에 육체는 학문의 대상으로 승격되었으며, 1980년대 말부터 페미니즘, 사회학 등의 분야를 필두로 몸을 둘러싼 연구들이 쏟아져 나오기 시작했다. 의학사의 영역에서도 몸에 대한 생리학적 인식이 역사적이고 문화적인 산물임을 주목하기 시작하였다.

이런 맥락에서 이 책이 주목하는 것은 관상을 초점으로 한, 서양 역사 속에서 일어난 몸에 대한 인식의 흐름이다. 관상은 결국 보이는 육체를 인식하는 문화적 코드이자 규율이다. 이 관상은 서양 문명의 발생과 더불어 시작되었고, 단 한 번도 소멸하지 않고 지금까지도 지속되어 온 문화적 맥락이다. 따라서 '지속'과 '단절'이라는 역사학의 두 화두를 두고 볼 때 서양 역사에서 관상은 장기 지속을 보여주는 매우 귀중한 한 예이다.

하지만 그 생명력 뒤에는 꾸준히 '과학'의 외피를 쓰고 변형되어온 관상학의 탈바꿈이 있었다. 관상을 시행하는 방법과 정당화의 논리는 철저히 한 시대의 과학적 패러다임에 맞추도록 변모해왔다. 때문에 지금은 미신쯤으로 폄하되는 관상이 수세기 동안 서양 역사에서 고급과학으로 대접받으며 살아남아온 것이다. 따라서 여기서 '과학'이란 절대로 객관적일 수 없는, 사회적 산물임이 드러난다. 서양의 긴 역사 속에서 관상학의 대가들은 당대 최고의 '과학자'였던 자연철학자, 신학자, 의학자였다.

아리스토텔레스를 비롯한 그리스의 자연철학자들은 인간과 동물을 대비시키며 이른바 '과학적 관상학'의 방법론을 제창하였고, 그것은 의학과 수사학의 분야에 깊숙이 침투해 들어갔다. 점성술의 도입과 더불어 인간의 몸은 우주와 상응하는 소우주로 인식되었으며, 관상학은 인간의 몸에 나타나는 우주의 법칙을 읽는 최고급 학문으로 승격되기도 하였다. 고전 고대의 문물을 신학의 테두리 속으로 포용하고자 하였던 중세의 지적 전통 속에서 관상학은 신이 만든 학문으로 풀이되기도 하였다.

르네상스 시기 관상학은 고정적이고 조각난 육체의 부분을 읽는 것에서 벗어나 몸 전체와 움직임에 주목하기 시작한다. 생김새뿐만 아니라 표정과 제스처가 새로운 관상학적 코드로 부각되기 시작한 것이다. '타고난' 외모보다는 '획득된' 몸의 분위기를 중시하는 변화는 새로운 지배계층의 등장과 활발해져가는 사회적 이동성의 산물이다. 이후 계몽주의 아래서 라바터에 의해 제시된 관상학은 집단화된 구(舊)체제적 신분을 부정하는 개인주의를 강하게 반영하는 것이었다. 동시에 근대 관상학은 제반 학문 분야에 불어닥쳤던 분류체계를 만드는 맹신에 편승하였다. 그리고 19세기 선풍을 일으켰던 골상학은 두개골 속의 '뇌'의 모양을 주목하는 것으로, 해부학과 같은 과학의 발전에 힘입은 결과로 나타난 것이다.

나는 이 책에서 관상을 예언적 관상과 성격분석적 관상으로 나누었다. 예언적 관상은 한 사람의 운명을 읽는 것으로, 사람이 살아가면서 겪는 중요한 사안들에 대한 인과관계를 제시하는 일종의 설명체계이다. 따라서 예언적 관상은 다분히 개인적인 성향을 가지고 있다. 반면 성격분석적 관상이란 주로 남의 얼굴을 읽는 것으로, 나와 남과의 관계를 전제로 한 사회적인 성격이 강한 것이다. 서양 역사의 진행 속에서 예언적 관상이 뚜렷하게 퇴조를 보였다면, 성격분석적 관상은 오히려 팽창하고, 정교하게 세련되어왔다.

그런데 아리스토텔레스를 출발점으로 하는 이 성격분석적 관상의 변화과정은 결국 서양에서 몸을 둘러싼 '구별짓기'의 역사와 다름 아니다. 특히 이방인, 여성, 동물을 서로 교차시키며 만들어내는 '타자'의 이미지는 사람의 모습을 있는 그대로 보는 것이 아니라 만들어진 틀에 맞추어 인지하게 하고, 나아가 위계적인 틀 속에서 도덕적 가치의 등급 매기기를 하는 것이다. 따라서 서양 관상의 역사는 생김새를 매개로 타인을 파악하고, 구별짓고, 집단을 나누는 타자에 대한 경계와 배타의 역사이기도 하다. 그리고 그 전통은 19세기의 인류학, 우생학과 같은 학문에 그대로 녹아들어 인종을 구분짓고 차별하는 억압 기제의 바탕을 이루었다.

이렇듯 서양 관상의 역사는 타자에 대한 시각적 표상화의 과정이다. 과거 사람들이 다른 사람의 외모를 통해 무엇을 읽었는가를 알아보는 이 작업은 매우 흥미로운 작업이었다. 너무나도 다채로운 당시 사람들의 사고방식을 생생하게 접할 수 있었기 때문이다. 하지만 동시에 이 작업은 나를 슬프게 만들기도 하였다. 인간이 이렇게 오랫동안 남을 파악해야 한다는 중압감 속에서 살아왔구나 하는 느낌을 지울 수 없었다. 더욱이 제국주의 물결 아래서 맹위를 떨치기 시작한 인종차별 뒤에 그리스-로마까지 거슬러 올라가는 뿌리깊은 인종주의의 전통이 있었음을 절실히 깨닫게 되었다. 지금 우리가 알고 있는 인종이라는 개념은 서양 사람들이 만들어낸 것으로, 관상학적 코드를 이용해 사람의 생김새를 구별하는 것에서 출발한 것이다. 따라서 오늘날 서양이 만들어낸 이상화된 외적 이미지를 따라가려는 것은 우리 스스로를 부정하고 폄하하는 서글픈 현상이다. 나는 이 책이 그러한 서양에 대한 맹신을 바로잡는 데 일조할 수 있기를 바란다.

이 책은 서양의 한복판에서 서양의 정체성을 만들어가는 작업이 아니다. 오히려 지금 우리의 문화를 재조명하고, 서양과의 적극적인 의사소통을 하기 위한 발판을 마련하고자 하는 의도를 담고 있다. 역사학은 인류의 보편과 시대적, 지역적 차이들의 무수한 파편이 얽혀서 이루어지는 것이다. '보편과 차이'는 '지속과 단절'만큼이나 중요한 역사와 문화를 보는 두 축이다. 보편은 거리를 좁히고, 차이는 거리를 만든다. 그런데 종종 근대의 역사학은 서로의 다름을 확인함으로써 독자적 문화의 정체성을 드러내게 하는 '차이'를 지나치게 강조하곤 한다.

하지만 역사에 나타나는 보편성과 지속성은 다른 문화와의 커뮤니케이션을 가능케 하는 강력한 힘이 될 수 있다. 서양의 관상을 다루는 이 책에 깔려 있는 지속과 보편이라는 속성은 '서양,' 또는 '근대'라는 경계짓기 힘든 중심에 의해 강요되어왔던 권력을 해체하고자 하는 작은 시도이다. 차이는 언제나 사람들의 문화를 지배하는 권력을 공고히 하는 역할을 한다. 하지만 그 차이 속에는 보편과 지속의 무수한 속성들이 숨어 있고, 그 함의를 되살려낸다면 보다 균형 있는 새로운 의미를 만들어낼 수도 있을 것이다. 한 문화의 정체성은 차이뿐만 아니라, 보편을 인식하고 다른 문화와 보다 적극적으로 대화 관계를 모색하는 과정을 통해서 구성되어야 한다.

이 책을 쓰면서 가장 고민했던 부분은 전체의 구성이었다. 계급, 인종, 여성, 동물과 같이 주제별로 관상의 흐름을 잡아볼까 하는 생각을 많이 해왔다. 그러나 시대순으로 훑어가는 방식을 택한 이유는 이성과 합리를 내세우는 서양에도 관상이라는 '미신적 관행'이 아주 오랫동안 지속되어왔고, 지금도 지속되고 있다는 것을 밝히고 싶었기 때문이다. 또한 시대별 고찰은 과학의 패러다임의 변화에 따라 관상학이 탈바꿈해나간 모습을 가장 선명하게 드러낼 수 있는 방법이라고 생각하였다. 그 배경에는 역사학이야말로 과학이 절대적 객관성을 지닌 것이 아니라는 것을 증명하는 데 가장 설득력 있는 접근법을 제시할 것이라는 믿음도 있었다. 하지만 이런 틀을 취하다보니 상대적으로 사료가 빈약한 고대·중세 부분의 내용이 근·현대 부분에 비하여 미약하게 짜인 한계를 안고 있음을 인정한다.

이 작업의 또 다른 미흡함으로는 서양 관상 전체를 다루면서도 주로 영어권의 사료를 주축으로 분석하였다는 점을 들 수 있을 것이다. 따라서 이 연구는 중부 유럽, 러시아, 남서 유럽을 다루지 못한, 불완전한 그림일 수 있다. 이탈리아, 프랑스, 독일도 다루기는 했지만, 나의 일천한 외국어 실력 때문에 욕심껏 고찰해볼 수 없었음을 고백한다. 그럼에도 불구하고 최근 몇 년 사이 서양사 분야의 번역이 활발해져서 영어권 이외의 많은 책들을 한국어 번역본으로 볼 수 있어서 큰 도움이 되었다.

이 책이 관상이라는 관행에서 좀더 튼튼한 역사를 갖고 있는 동양권과 비교를 할 수 있었다면 훨씬 더 좋았을 것이다. 매우 가치 있는 작업이겠지만 나의 능력으로는 불가능한 일이어서 서양의 관상으로만 제한할 수밖에 없었던 아쉬움이 크다. 하지만 이 책에서 언급한 인종주의와 관상의 관계는 비교사적 시각을 통해 좀더 심도 깊게 고찰해볼 계획이다.

그 밖에도 부족한 부분이 많을 것이다. 4년이 넘게 걸린 작업이었지만 사실 평생을 다 바쳐도 모자랄 것 같다는 생각도 들었다. 하지만 나는 이 재미있고도 서글픈 주제를 많은 사람들과 공유하고 싶은 마음에 출간을 결심하였다. 나의 짧은 식견 때문에 드러나는 미흡한 부분들에 대한 아낌없는 질책을 바란다. 끝으로 바쁜 와중에도 고대사 부분을 읽어주신 최혜영 선생님과 중세사 분야에 조언을 해주신 김병용 선생님, 원고를 읽어준 박진훈, 이승현 학형에게 고마움을 전한다. 또한 첫번째 책에 이어 두번째 책을 선뜻 출간해주신 한길사 김언호 사장님께 깊은 감사를 드린다.

2002년 7월
설혜심

서양의 관상학

그 긴 그림자

책을 내면서·관상, '구별짓기'의 역사 19
머리말 29

1. 관상학의 탄생 35
    문명의 발생과 관상학 37

2. 그리스-로마시대의 관상학 43
    고대 그리스의 관상학 45
    로마의 관상학 65
    연극, 수사학, 의학에 적용된 관상학 83

3. 조각난 육체와 중세의 관상학 101
    학문의 지배자, 신학 103
    예언적 관상학과 분석적 관상학의 결합 121
    중세의 육체관 145

4. 관상학의 르네상스, 근세 167
    르네상스기의 얼굴 만들기 169
    사이비 과학의 황금시대 195
    17세기 위기론과 수상학 213

5. 관상학의 암흑기와 새로운 탈바꿈 233
    화장의 시대 235
    라바터의 등장 255
    19세기의 골상학 279

6. 관상학의 긴 그림자 301
    범죄자와 관상 303

    주 325
    참고문헌 353
    찾아보기 367

머리말

관상학이란 외형적 생김새를 통해 한 사람의 성격, 체질, 나아가 운명을 추론하는 학문이다. 관상학(physiognomy)이란 말의 어원은 그리스어 자연(physis), 법칙(nomos), 그리고 판단 또는 해석(gnomon)의 조합에서 나온 것으로, 이에 따르면 관상학은 자연의 법칙(law of nature) 또는 자연(본질)의 해석이라고 풀이할 수 있다.[1] 흔히 우리는 관상을 주로 얼굴을 읽는 것으로 생각하지만, 관상은 수상, 족상을 포함하여 골격, 색 등 몸 전체의 외모, 나아가 몸짓까지를 보는 포괄적인 개념이다.

겉으로 드러난 '몸'을 읽는 관상학은 기본적으로 외양이 내면을 투영한다는 논리를 바탕에 깔고 있다. "얼굴이 안 좋은데 무슨 일 있어?"라는 식의 흔한 표현은 이런 맥락에서 나오는 것이다. 나아가 관상은 한 사람의 미래나 운명까지도 포괄하는 개념이다. 누군가에게 어떤 일이 벌어졌을 때 "그 사람 그렇게 생겼어"와 같이 말하는 것은 그 사람의 생김새가 이후 일어날 사건과 관계가 있다는 의미를 깔고 있다. 좀더 신비주의적인 측면에서는 눈 주변의 점이 눈물을 의미한다 하여 젊은 여성들이 점을 제거하기 위해 성형외과를 찾는 사례를 들 수 있을 것이다.

그런데 관상은 외모가 심성의 표지라는 가정을 깔고 있기 때문에 여러 가지 도덕적 가치를 수반하는 개념이다. 사람들은 관상의 정확한 개념을 모르면서도 관습적으로 체득하며, 이 과정은 도덕적 가치를 포함하는 많은 '편견'을 학습하는 과정이기도 하다. 누군가를 '범죄형'이라고 묘사한다거나 '꼭 다문 입술은 그의 굳은 의지를 말해준다' 는 식의 표현에 이르기까지 생김새를 인식한다는 것은 수많은 도덕적 비교와 평가를 하는 것이다.

이처럼 관상은 모든 문명에 보편적으로 나타나는 공시적(共時的) 현상이다. 그리고 역사가 시작된 이래 의식적으로, 또는 무의식적으로 끊임없이 행해지는 인류의 통시적(通時的) 습관이기도 하다. 서양의 역사와 문화 속에서 관상의 자취를 수없이 만날 수 있다. 고대 그리스 연극의 마스크에서, 로마의 석상들의 얼굴에서, 코넌 도일이나 애거서 크리스티의 추리소설 속 캐릭터에서, 나치의 인종차별정책 속에서, 그리고 상대방의 호감도에 대한 최근의 심리학 보고서들에서도 찾을 수 있는 것이다. 미테랑 전 프랑스 대통령이 대처 전 영국 총리를 "칼리굴라의 눈과 마릴린 먼로의 입을 가진 여자"라고 말했던 것 역시 관상학적 흔적이다.

이처럼 일상생활에 깊이 침투해 있음에도 불구하고 관상학은 역사연구의 대상에서 지극히 주변부에 머물러 있었다. 서양 역사학에서 관상학을 통시적으로 개괄하는 저서는 단 한 권도 없을 정도이고, 작은 주제별로 이루어진 연구들도 주목받지 못해온 것이 사실이다. 그 이유는 우선 관상학이라는 것이 과학이나 합리성이라는 기준에서 볼 때 마치 비과학적이고, 심지어 미신의 영역에 있는 것처럼 보이기 때문일 것이다.

1970년대 이전까지 이성, 자유주의, 진보를 믿는 경향이 역사학계의 주류를 형성하면서, 이른바 민간 신앙, 민속, 주술을 포함한 '비과학'의 영역들은 도외시되었다. 관상학은 아주 오랜 기간 정통과학의 틀 속에서 대접받아왔음에도 불구하고, 왠지 과거를 지향하는 느낌을 주는 주제이기 때문에 진보를 지향하는 현재의 과학에 비해 주변적일 수밖에 없었다.

그러나 과학과 비과학, 또는 미신이나 유사과학과 같은 것의 경계란 사실 구분짓기 어려운 것이다. 어제까지 미신으로 치부되던 것이 오늘날 과학으로 입증되는 경우도 있고, 한때 과학으로 대접받던 것이 어느 순간 미신의 영역으로 추락하는 경우도 많다. 여기서 과학이란 철저히 사회적인 산물로, 그 정통성이나 일탈성은 과학 자체가 지닌 절대적 객관성보다는 사회의 변화에 의해 영향받는다는 사실을 되새길 필요가 있다.

관상학에 대한 역사가들의 연구가 부진한 또 다른 이유로는 이것이 생활에 녹아 있는 일종의 관습이기 때문일 것이다. 따라서 관상학은 두드러진 역사적 사건과는 달리 이것을 주제로 다룬 사료가 귀할뿐더러 달리 참조할 수 있는 연구결과도 많지 않기 때문에 연구가 활발하게 이루어질 수 없었을 것이다. 그러나 기록이 많지 않다는 것은 오히려 너무나 보편적인 일상의 행위였다는 이야기도 될 수 있다.

그런데 1970년대에 들어서면서 그 동안 엘리트, 남성, 이성, 서유럽, 정치사 중심이었던 역사학에서 숨겨져 온 부분들을 복원해보고자 하는 다양한 시도들이 활발하게 이루어졌다. 흔히 '아래로부터의 역사'라고 부르는 역사학의 영역에서 파생된 일상사나 생활사 같은 연구의 경향들은 이제 새로운 문화사의 한 축을 형성하고 있다. '정신'에 밀려 도외시되었던 몸에 대해 역사가들의 관심이 높아진 것도 이러한 맥락에서 이해할 수 있다.

푸코(Michael Foucault)가 권력이 파고드는 규율(discipline)의 대상으로서의 육체[2]를 선보인 이래 래커(Thomas Laqueur), 포터(Roy Porter), 코르뱅(Alain Corbin)과 같은 학자들은 인간의 육체가 역사의 흐름에 따라 다르게 인식되어왔을 뿐만 아니라, 물질문화의 변화, 기술의 발전, 통제수단의 변천과 맞물려 독특한 육체만의 역사를 이루고 있다는 것을 인식하였다.[3]

육체는 고대로부터 정신의 상대물(counterpart) 또는 정신과 직접적 상호관계를 갖는 것으로 인지되었다. 몸은 이념과 자의식의 소재지였고, 개인의 운명적 표지가 되기도 하였다. 뿐만 아니라, 육체 자체가 사회의 구성인자인 개인에게 표현의 수단이자 의사소통의 매체가 되어, 훈련과 통제가 부여되기도 하였던 것이다. 육체의 문화사를 다룬 최근의 연구에서는 시대별 담론이 어떻게 남녀의 구분이나 계층 간의 육체적 차이를 생물학적 또는 문화적으로 만들어나가는가 하는 문제에 관심을 기울이고 있다.

이런 측면에서 관상학은 몸을 인식하는 사람들의 사고방식과 그 변화를 보여주는 아주 좋은 연구대상이 될 수 있다. 더욱이 이 주제를 연구하는 것은 다양한 분야에 대한 관심을 요구하기 때문에 학제간 접근의 중요성을 강조하는 요즘 역사학에서는 더욱 의미가 있을 것이다. 왜냐하면 관상은 '남'의 모습을 판단하기 위한 도구로 사용되는 경우가 많기 때문에 도덕철학, 심리학, 사회학, 나아가 미학을 아우르는 분야이며, 더구나 관상학은 의학과 뗄 수 없는 관계를 맺어왔기 때문이다.

뿐만 아니라 관상학의 역사는 사람들이 세계를 이해하던 방식, 즉 세계관의 역사를 보여주기도 한다. 여기서 관상학에 대한 담론들은 각 시기의 지적·과학적 패러다임과 상호 영향을 끼치며, 때로는 순응하고 때로는 반항하는 역학관계를 보여준다.

따라서 서양 관상학의 흐름을 알아보는 것은 의미 있는 시도일 것이다. 우선 관상학의 탄생과 지속이 과거 사람들의 삶에서 어떤 역할을 해왔는가를 추적해보는 것은 흥미로운 역사학의 과제가 된다. 이것은 서양 역사에서 기타 문명권과 마찬가지로 관상학이 팽배하였고 나름대로 제 기능을 하였다는 것을 보여주는 작업으로, 인간의 역사에서 보편성이라는 문제를 생각하게끔 한다.

나아가 고대에서 현대에 이르는 역사의 변천에서 관상학이 어떻게 각 시대의 '과학'이라는 틀 속에서 살아남기 위해 탈바꿈을 해왔는가를 살펴보는 것도 중요한 작업일 것이다. 이것은 다른 학문 분야보다도 역사학적 접근방법이 가장 잘 규명해낼 수 있는 문제이다. 즉 각 시대에 이른바 '과학'이라는 이름으로 불렸던, 사람들이 세상을 이해하는 방식이 어떤 것이었으며, 무엇이 그것을 변화시켜나갔는가를 당대를 살고 있던 사람들의 시각에서 조망하게 해주기 때문이다.

또한 이른바 '포스트모더니즘'과 '세계화'라는 두 문화적 축 속에서 살고 있는 우리에게 서양의 관상학은 서구사회의 '구별짓기'의 한 양식을 보여준다는 점에서 의미가 있다. 과학적 합리주의를 내세우며 관상학과 같은, 이른바 '비과학'의 역사를 극단적으로 주변화시킨 서구사회가, 바로 관상학을 통해 안으로는 자신들의 사회 내 계층 간의 차별을 만들어내고, 밖으로는 다른 문명권으로의 침략과 억압을 정당화시켜왔기 때문이다.

따라서 서양 관상학의 역사를 알아보는 작업은, 지극히 과학적이고 합리적으로 보이는 서구사회의 역사와 문화 속에 아직도 길게 드리운 관상학의 그림자를 찾아내고, 나아가 그 불합리성을 걷어낼 수 있는 정확한 인식을 만들어내고 싶은 소망을 담고 있는 것이다.

1
관상학의 탄생

둔한 사람은 목 언저리와 다리에 살이 많고 뻣뻣하게 보인다.
골반 부분은 둥글고 어깨뼈가 높이 솟아 있으며
이마는 넓고 둥글며 살집이 많다. 눈은 창백하고 멍하며
턱은 크고 살이 쪘으며 허리에도 살이 많다.
• 아리스토텔레스, 『관상학』[1)]

문명의 발생과 관상학

인류의 역사에서 관상학이 정확히 언제 시작되었는지는 분명치 않다. 그러나 문명의 발생과 더불어 관상이 생겨난 것으로 볼 수 있다. 이집트, 인디아, 중국 등 고대문명권 대부분에서 사람의 생김새에 관한 이야기와 우화들이 수없이 발견되기 때문이다.[2] 유럽 문명권에서 관상은 적어도 기원전 2000년경에 이미 발생한 것으로 보인다. 메소포타미아 유적에서 다음과 같은 내용이 새겨져 있는 서판(書板, tablet)들이 발견되었는데, 이것은 일종의 관상학 핸드북의 한 부분으로 밝혀졌다.[3]

— 만약 비뚤어진 얼굴에 오른쪽 눈이 튀어나와 있다면, 그는 고향에서 멀리 떨어진 곳에서 개떼에게 잡아먹힐 운명이다.

— 만약 어떤 남자의 얼굴에 누런 선이 뚜렷이 보이면 재무를 담당하는 국가의 관리가 와서 그의 전재산을 압류하거나, 좋은 가구를 가져갈 것이다.

— 어깨에 곱슬곱슬한 털이 난 남자에게는 여자들이 따를 것이다.

— 어떤 남자가 잠을 자다가 크게 웃는다면 그는 심각한 병에 걸릴 것이다.

— 만약 남자가 생리 중인 여자와 함께 잠자리에 들 때, 매번 너무 일찍 사정한다면 그는 인생의 절정기에 죽을 것이다.[4]

위의 내용으로 알 수 있는 것은 메소포타미아 문명에서 관상이란 일종의 점을 치는 것과 같은 '예언적' 성격을 띤 행위였다는 점이다. 이것은 인간의 신체적 특징이 미래에 일어날 일을 예측하는 근거가 되었다는 것을 말한다. 고대문명에서 관상학은 주로 점(divination)을 치는 것, 또는 어떤 일이 발생할 징조를 예측하여 예언(prognostication)하는 것에 집중되어 있었다. 그리고 인간의 몸은 메소포타미아의 예언가들에게 가장 중요한 연구의 대상이었다.

과학자의 지위를 차지하는 사제

그렇다면, 왜 사람의 생김새를 가지고 점을 치는 예언적 관상이 출현하였을까? 고대 세계에서 인간은 흔히 '신'이라고 부르는 초자연적 존재들에 대한 강한 믿음을 갖고 있었다. 초자연적 존재에 대한 믿음이 강하였다는 것은 그만큼 인간들의 사고로는 설명할 수 없는 현상이 자주 일어났다는 것을 뜻한다. 고대 사람들은 이처럼 세상에서 일어나는 현상을 설명하기 위하여 '신의 뜻'이라는 개념을 동원하였다.

인간사의 많은 부분이 신성으로 채워지고 있었기 때문에 신의 뜻을 아는 것은 무척 중요한 일이었다. 그래서 나타난 것이 점술이고, 예언이었다. 사학자 노스(John North)는 "점복은 전통적인 종교체계에서 핵심요소이다. 온갖 종류의 신탁, 계시, 꿈, 전조를 해석하여 신의 의지나 앞으로 일어날 일을 알 수 있게 하는 것이다"[5]라고 말한다. 예언이란 신성의 범주로부터 인간이 궁금한 것을 끌어오는 일종의 해석법이라 볼 수 있는데, 여기서 예언은 크게 점복이라고 불리는 초자연적 현상에 근거한 설명체계 가운데에서 미래지향적인 한 요소를 일컫는다.

현대사회에서는 흔히 점복을 미신으로 치부해버리곤 하지만, 고대 세계에서 정통과학과 미신을 구별하기란 불가능한 일이었다. 오히려 점복은 그 사회에서 '합리적'이라 통용되는, 사물을 이해하는 '과학적'

예언과 마법의 내용이 쒸어 있는 점토간. 동물의 간 모양으로 만들어진 이 점토는 고대 예언을 행함에서 매우 중요한 도구였다.

방식이었다. 나아가 점복은 지식의 한 형태이기도 하였는데, 종교와 과학이 분리되지 않았던 과거 사회에서 사람들이 사물과 현상, 운명을 해석하는 방법이란 바로 종교이자 과학적 지식이었기 때문이다. 따라서 이런 상황에서 점술을 행하는 사제는 대표적인 '과학자'로서의 지위를 누린 것이다.

고대의 삶에서 점복이 커다란 비중을 차지하는 만큼, 점을 치는 많은 방법들이 고안되었다. 고대문명을 살펴보면 다양한 사물들이 점을 치는 기구로 사용되었음을 알 수 있다. 동물의 내장과 뼈, 별자리, 촛농, 나뭇잎, 손톱, 심지어 분뇨까지도 점을 치기 위해 동원되었다. 고대 중국에서 점을 치기 위해 동원한 대표적인 매체가 거북이 등껍질이었다면 고대 서양에서 점복에 동원된 대표적인 매체는 인간의 몸이었다. 그러므로 관상

학은 고대문명에서 예언을 담당한 사제들의 전문분야였다.[6]

그런데 동물의 뼈나 별자리로 치는 점과 비교해볼 때 관상은 점술에 사용된 매체와 점술의 대상이 같다는 점에서 크게 다르다. 이는 인간의 '몸'이 점을 치는 대상이자 도구였음을 말해주는 것으로, 기타 무생물이나 생물로 치는 점에 비하여 한 단계 높은 방법일 수 있었다. 또한 큰 변화를 겪는 물질문명과 비교해볼 때 본질적으로 항상 같은 모습을 하고 있는 것이 인간의 몸이라는 사실로 미루어 몸을 통해 점을 치는 관행은 역사적으로 관상이 오래 지속될 수 있었던 한 이유가 될 것이다.

예언이란 속성상 일상성에서 벗어난 특별한 일이 일어날 것을 말하는 것이다. 따라서 관상을 통한 예언도 몸에서 찾아볼 수 있는 독특한 부분에 우선 관심을 갖는 것이 당연할 것이다. 그렇기 때문에 고대 관상에서는 점(birthmark)이나 흉터, 반점이나 기형적 외모처럼, 신체에서 독특한 부분에 관심이 많을 수밖에 없었다.

관상을 통한 예언이라는 것이 비단 움직이지 않는 고정된 생김새만을 보는 것만은 아니었다. 몸의 움직임과 건강상태, 심지어 청결도나 고의적 변장 같은 것들도 앞날에 일어날 일을 예언하는 실마리가 되었다. 앞서 예시한 것처럼 '잠자다가 크게 웃는 것'과 같은 예가 그것이다. 하지만, 잠자다가 웃는 것이 예사로운 일은 아니듯이, 신체 부위의 생김새나 움직임에서 예언의 근거가 되는 일차적 대상은 평범한 것이 아닌, 이른바 정상적인 범주에서 벗어난 것들이었다.

책임을 운명 탓으로 돌리다

메소포타미아 문명에서 나타나는 관상학적 예언들은 그 당시 사람들의 삶의 모습을 생생하게 보여준다. 특히 예언의 내용은 사람들이 살아가면서 염려할 만한 사안들, 즉 일상을 벗어난 '특별한 사안'이라는 일상성의 경계를 보여주는 것이다. 앞서 살펴본 예들은 당시 사람들이 죽음, 특히 갑작스런 죽음이나 요절, 질병, 그리고 국가 권력의 침투와 같은 것들을 근심하였음을 잘 보여준다고 할 수 있다.

그런데 미래를 예언한다는 것은 다른 한편으로는 어떤 일이 발생한 까닭을 설명하고 정당화하는 것이었다. 당시의 합리적 사고체계에서 예측할 수 없는 일이 발생하였을 때 "예언에 나와 있는 일이었다"고 이야기하는 것은 그 일이 발생한 원인을 충분히 설명해주는 것이었다. 하지만 예언으로 이야기되는 사안이 많다는 것은, 또한 그만큼 인간의 능력이나 노력으로 해결할 수 없는 부분이 많았다는 것을 반증하는 것이기도 하다. 따라서 예언 중심적 사회에서는 인간이 무기력을 느끼는 부분이 많이 존재했다고 볼 수 있다.

그런데 흥미롭게도, 예언에 의해 설명된 사안은 초자연적 영역으로 귀속되어버리고, 그 사안에 대한 인간의 책임은 배제되는 경향을 보인다. 즉 어떤 사람의 신체적 표지가 특정한 운명을 나타내는 것이라면 그 사람은 자신의 행동양식이나 책임, 또는 미연에 방지하고자 하는 노력과는 무관하게 어떤 일을 당하였다는 해석을 가능케 하였던 것이다. "어깨에 곱슬곱슬한 털이 난 남자에게는 여자가 많이 따른다"와 같은 관상학적 예언을 살펴보자. 이는 "곱슬곱슬한 체모를 가진 사람이 여성을 많이 유혹한다"가 아니라 '여성들이 그를 따른다'는 형태로 이야기되는 것이다. 여기서 '곱슬곱슬한 털을 가진 사람'의 책임은 배제되어 있다. 이와 같은 관상학적 예언의 표현들은 아마도 어떤 미래의 일들—대부분이 암울한 사고나 불행—에 대한 '관상의 대상이 되는 이의 자의적 책임'을 배제함으로써 그런 일을 당하는 이의 책임을 경감하고 '운명'의 탓으로 돌리는 감성을 유포하는 것이 아니었을까 하는 추측을 가능케 한다.

그런데 고대의 관상학적 예언을 살펴볼 때 신체상의 표지를 미래에 일어날 특정한 사안으로 연결시키는 논리적 연관성을 찾기는 어렵다. 현재 우리로서는 왜 '곱슬곱슬한 털'이 여성을 많이 끌어들이는가를 설명할 수 있는 당시의 추론체계를 규명할 수가 없는 것이다. 물론 지금 우리의 사고방식으로는 이해할 수 없는, 당시 사람들 사이의 논리적 연결고리가 존재할 수도 있다.

하지만 더욱 설득력이 있는 해석은, 설사 특정 생김새와 특별한 사안 사이의 연관성을 설명하는 논리적인 추론의 체계가 있다 할지라도 그것은 보통 사람들이 알 수 없는, 신성에 준하는 영역이었을 것이라는 것이다. 즉 일반 사람들로서는 절대로 알 수 없는 논리상의 불가해함 자체가 예언자들이 가진 힘의 원천이었을 수도 있다. 즉 관상을 보는 사람과 관상의 대상이 되는 사람은 전혀 다른 집단이었고, 그들 지식의 범주 자체가 별개의 것일 수도 있었으리라는 것이다.

정치와 종교가 일치되었던 고대사회에서 관상이나 기타 점술의 지적 기반은 바로 정치적 권위로 이어질 수 있는 것이었다. 더구나 그 해석 자체가 '신의 뜻'을 전달하는 것으로 설명되는 상황에서, 논리적인 추론의 체계란 대중에게 유포해서는 안 될 독점적인 힘의 원천이 될 수 있었다. 때문에 점술이나 예언과 같은 것들이 고대 사회의 정치권력을 형성하는 강력한 기반의 하나로 자리잡을 수 있었던 것이고, 관상 역시 마찬가지였다.

고대 메소포타미아 문명에서 나타난 '예언적 관상'은 서양 역사를 관통하는 관상학의 한 축을 이루게 된다. 이후 그리스 시대에 '분석적 관상'이 출현하면서 서양의 관상학은 예언과 성격분석이라는 두 축으로 나뉘게 된다. 예언적 관상학이 미래지향적이고 개인적인 성격을 지닌 반면, 성격분석적 관상학은 현재나 과거를 중심으로 다분히 사회적인 목적과 기능을 품고 있는 것이었다. 이후 점성술이 가미되면서 예언적 관상학은 중세를 풍미하지만 과학혁명과 더불어 급격히 쇠퇴하게 되고, 분석적 관상은 그후로도 오래 살아남게 된다. 하지만 생명을 유지하기 위해 관상학은 변화하는 문화적 맥락 속에서 끊임없는 탈바꿈을 해야만 하였다.

2

그리스 - 로마 시대의 관상학

네로는 자신이 여자에게나 남자에게나 거스르기
힘든 매력을 지니고 있다고 확신했으나, 실제로는 손발이 가늘고
약했으며 배불뚝이였다. 그리고 푸르뎅뎅한 얼굴은 스스로
황금빛이라 말한 노란색 곱슬머리에 뒤덮여 있었다.

• 파울 프리샤우어, 『세계풍속사』[1]

고대 그리스의 관상학

그리스-로마 시대에 관상은 널리 시행되던 관행이었다. 당시 관상이 상당히 유행하였던 사실을 보여주는 흔적은 여러 곳에서 찾아볼 수 있다. 17세기의 제주이트 학자 니퀘티우스(Niquetius)는 관상에 대하여 언급한 그리스-로마 시대의 학자가 최소한 129명이었다고 조사한 기록을 남기기도 하였다.[2] 그들 가운데에는 아리스토텔레스, 플라톤, 세네카, 테툴리아누스 같은 철학자로부터 크세노폰, 플루타르코스, 타키투스와 같은 역사가, 유베날리스, 루키아노스와 같은 시인들도 포함되어 있다.

그런데 그리스 시대에 관상의 역사에서 매우 중요한 변화가 일어났으니, 관상이 학문의 형태로 거듭나게 되었던 점이다. 과거에는 인간의 외형이나 태도를 통해 미래에 일어날 사건을 예측하였던 예언적 관상이 주를 이루었지만, 이제 인간의 성격을 추론하고 인간형을 구분짓는 분석적 관상이 나타났던 것이다.

이러한 변화는 관상에서 신비주의적 측면을 걷어낸 것이고, 더불어 관상가가 지닌 초자연적 해석의 능력을 상당 부분 배제하는 것이기도 하다. 이 과정은 예언적 관상에서 '신성에 준하는 영역'이었던 관상가의 독점적 지식을 대치할 수 있는 다른 형태의 지식을 필요로 하는 것이었다. 이제 새로운 관상학은 원칙을 세우고 방법을 제시하면서 인간의 외형을 정형화하여 분류하기 시작하였다. 그리고 그 원칙에 따라 인간의 성격을 추론해내는 것은 새로운 지식을 습득한 사람들이 예언이 아닌, 해석을 내리는 것을 말한다.

그리스의 기적

그렇다면 왜 새로운 형태의 관상이 나타났을까? 그것은 새로운 과학적 방법론이 생겨났기 때문이다. 과학에서 새로운 체계가 나타난다는 것은 이미 존재하는 모든 지식과 관행에 대한 새로운 설명방식이 출현한다는 것을 의미한다. 따라서 그리스 시대에 새로운 형태의 과학이 등장하자 관상학 역시 그에 맞는 설명체계가 필요해졌고, 그에 부합하는 형태로 거듭나게 되었던 것이다. 이로부터 최소한 19세기 말 이전까지 관상학은 늘 '과학'의 영역 안에서 자리하게 된다.

기원전 6세기경 이탈리아와 소아시아 지역에 살던 그리스인들은 지금 우리 눈으로 볼 때 이른바 '진정한 과학'의 기원이 되는 합리적 사고를 출범시켰다. "신들을 버리지는 않았지만, 더 이상 [신의 영역으로 설명되는] 초자연적 해석이 모든 현상을 설명할 수 있다고 믿지 않는" 현상이 일어난 것이다.[3] 혹자가 '그리스의 기적'이라고까지 부른 이러한 과학의 발생은, 그리스 사회에 불어닥친 변화로 인해 생겨난 것으로 풀이될 수 있다.

기원전 7세기와 6세기에 화폐경제의 발달로 새로운 사회경제적 엘리트들이 나타나고, 교역과 식민지를 찾아 먼 곳으로 여행한 이들은 소아시아와 아프리카 지역의 발달된 문물을 받아들이게 되었다. 페르시아 제국 아래 각각 다른 지역의 관습들이 보편적인 법으

고대 그리스의 동전. 한쪽 면에는 신의 모습을 새겨넣곤 했는데, 그것은 이상적인 얼굴의 모습과 특정한 신에게 부여된 특성을 일반화하는 데 한 몫을 했음이 틀림없다.

로 통합되는 것을 본 그리스의 학자들은 자연에도 그러한 법칙이 있지 않을까 의심해보았을 것이다.

또한 이 당시 그리스의 종교는 새로운 과학의 출범을 쉽게 만들어주는 성격을 띠고 있었다. 고대 과학이란 흔히 신성의 영역에 속하던 것이어서 종교를 벗어난 과학을 탄압하곤 하였다. 하지만 이 당시 그리스의 종교는 상당히 세속적인 것으로, 다양한 형태를 띠며 존재하는, 비교적 자유로운 것이었다. 따라서 기존 종교의 영역에 속하던 과학이 별다른 방해 없이 독립적으로 탐구되어 독자적인 영역을 구축해갈 수 있었다. 또한 과학자들은 도시나 군주들로부터 후원을 받음으로써 만일에 있을지도 모르는 종교상의 박해에 대비책을 세워나갔다.[4] 이런 사회적 분위기는 이른바 '진정한' 과학을 탄생시키게 되었고, 그 분야에 종사하는 사람들은 스스로를 지식인 엘리트라 칭하게 되었다.

과학적 기반 위에 놓인 관상학

새로운 과학적 토대 위에 새로운 관상학이 탄생되었다. 흔히 관상학을 창시한 사람은 기원전 6세기의 피타고라스라고 전해진다. 그는 친구를 사귀거나 제자를 뽑을 때 관상이 마음에 들지 않으면 절대 택하지 않았다고 한다. 한편, 갈레노스는 히포크라테스가 관상학을 창시한 자라고 주장한다. 그 이유는 '관상을 보다'(physiognomize)라는 동사를 최초로 사용한 사람이 히포크라테스였기 때문이라는 것이다.[5]

관상학이 새로운 과학의 발흥 속에서 생겨난 것이기 때문에, 관상학에 대하여 지식이 있거나 이 분야에서 두각을 나타낸 이들은 대부분 자연철학자였다.[6] 관상학은 그들의 교육과정 속에서 배워야 할 학문 가운데 하나였으며, 기타 학문과 마찬가지로 대부분 스승과 제자의 토론 가운데 도출되는 형태를 띠었다. 한 예로, 키케로가 전하는 소크라테스의 관상에 대한 일화는 다음과 같다.

어느 날 소크라테스의 제자는 이집트의 관상학자인 조피로스가 소크라테스에 대하여 "그는 멍청할뿐더러 고루하다. 왜냐하면 쇄골에 움푹 팬 곳이 없기 때문이다. 게다가 여자를 밝힌다"고 말하는 것을 들었다. 분노한 제자가 스승에게 이 사실을 일러바치자, 소크라테스는 그 관상이 옳으며, 자신은 단지 이성을 통해 악덕을 극복하는 법을 배웠다고 말하였다.[7]

이 예는 당시 자연철학자들이 관상을 어떻게 이해하고 있는가를 보여준다. 우선, 소크라테스의 말은 그 자신이 관상학 자체의 신빙성에 대하여 긍정적인 태도를 취하고 있음을 나타낸다. 여기서 그는 관상으로 파악할 수 있는 개인의 성격은 다분히 극복될 수 있는 것으로 상정하고 있다. 관상이 관장하는 영역을 거역할 수 없는 숙명이 아닌, 개인의 노력 여하에 따라 고칠 수 있다고 보는, 인간의 이성에 대한 긍정적인 여지를 암시하는 것이다.

같은 맥락에서 플라톤은 영혼의 아름다움이 외양의 아름다움과 일맥상통한다는 소크라테스의 이론을 받아들였다고 전해진다. 따라서 그는 젊은이들에게 매일 아침 거울을 보면서 자신의 내면이 얼마나 성숙해졌는가를 알기 위해 외모의 변화를 확인하라고 충고하였다는 것이다.

한편, 이 새로운 관상학은 자신의 미래에 대하여 알고자 하는 사람이 관상을 보러 가서 얻는 개인적인 차원의 정보가 아니라, 사회 구성원 누구나가 관상학적 판단의 대상이 될 수 있음을 시사한다. 즉 무작위로 보이는 모든 대상들, 나아가 이미 죽은 사람들에 대해서까지 성격 분석이 시행될 수 있음을 이야기하는 것이다. 이제 위대한 선인들의 초상이나 조각들은 관상학적 분석의 단골 메뉴가 되었다. 이런 맥락에서 볼 때 관상의 대상이 되는 범위는 그리스 시대에 들어 갑자기 무한대로 팽창하는 것처럼 보인다.

소크라테스 역시 생김새와 본성 사이에 연관성이 있다는 관상을 인정하였다. 그러나 그는 후천적 노력에 의하여 타고난 성질을 극복할 수 있다는 열린 시각을 가지고 있었다.

이제 관상의 중요한 내용은 메소포타미아의 경우처럼, '어깨에 곱슬 곱슬한 털을 가진 사람'이 겪을 특별한 인생 역정, 즉 인간사의 특별한 불행이나 재앙이 아니었다. 오히려 어떤 사람의 성격, 특히 인간관계에서 주목되는 성격상의 요소들이 몸을 읽는 주요 사안이 되었다. 이제 관상의 성격은 사회적 목적을 강하게 띠게 된 것이다.

나아가, 그리스 관상학에서는 관상가가 그 대상보다 중요해지기 시작했다. 원칙을 만들고 추론과 해석을 가하는 관상가, 즉 과학자에게로 관상의 중심이 옮겨가게 되었다. 이제 관상학자는 누구나 공감할 수 있는 과학적 기반 위에, 이를 둘러싼 판단의 원칙을 정하고, 해석하는 주체가 되어 관상학적 세계관을 만들어낸다. 이것은 한마디로 운명을 점치는 '사제의 영역'에서 과학이 분리되어 나왔음을 상징적으로 보여주는 것으로, 신의 뜻을 매개한다는 추상적 연결고리를 걷어내고, 그 자리에 인간의, 과학자의 합리적 추론이 자리하는 것을 의미한다.

아리스토텔레스의 관상학

그리스의 관상학에서 가장 중요한 사람은 아리스토텔레스이다. 그의 관상학에 대한 관심은 『분석론 전서(前書)』(*Analytica Priora*), 『영혼론』(*De Anima*), 『동물의 역사』(*Historia Animalium*), 『동물의 생체학』(*De Partibus Animalium*) 등과 같은 많은 저서에 반영되어 있다. 이 가운데 독립적으로 관상학만을 다룬 저서를 들자면, 『관상학』(*Physiognomonics*)을 꼽을 수 있다.[8] 아리스토텔레스의 관상학은 "외양을 보고 성격을 추론할 수 있다"는 논리를 기본으로 내세운, 몸과 정신이 하나라는 고전적 믿음에 근거하는 것이다.

사람의 정신은 몸의 상태와 밀접한 관계가 있다. 술에 취하거나 아플 때 몸의 상태가 변화함에 따라 명백하게 정신적인 변화가 일어나는 것을 보아도 알 수 있다. 또한 거꾸로, 몸은 감정과 공포, 그리고 즐거움이나 고통과 같은 정신적 변화에 영향을 받는다.[9]

정신과 육체를 하나로 보는 아리스토텔레스 관상학의 개념은 유럽 관상의 기본이 되는 것이었다. 특히 그의 『관상학』은 중세를 거쳐 16세기에 이르기까지 절대적으로 대접받는 텍스트의 원형이 된다. 아리스토텔레스는 크게 다음 세 가지 방법에 기초하여 관상의 원칙을 제시하였다.

첫째 다양한 동물과 인간을 비교하여 신체의 특성과 성품을 추론하는 것, 둘째 인종에 따라 사람을 구분하고, 각 인종별로 특색을 찾는 것, 셋째 다양한 표정을 통하여 표정이 의미하는 감정이나 감성을 찾는 것.

기원전 5세기에 만들어진 인감들.
고대 그리스 시대에 동물은 인간의 생활과 밀착된 친숙한 대상이었다.

아리스토텔레스가 만들어낸 이 원칙들 가운데 동물과의 비교는 유럽 관상학의 전통 가운데 가장 독특하고도 매력이 있는 분야이다.[10] 아리스토텔레스가 이러한 관상학적 법칙을 만들어낸 데에는 그 자신이 뛰어난 동물학자였던 데 이유가 있을 것이다. 그는 540종에 이르는 동물을 발전 정도에 따라 분류하였는데, 그의 분류는 1758년 린네(Carl von Linné)가 동물을 분류하는 새로운 체계를 내놓기 이전까지 유럽 문명에서 기본적인 법칙이 되었다.

동물과의 비교를 통한 관상학의 논리는 비교적 간단하다. 동물을 분류하고, 동물에게 인간의 삶에서 나타나는 덕성을 부여한다. 그리고 그 동물과 닮은 사람은 거기에 해당하는 덕성을 가지고 있다는 것이다. 이는 논리학의 기본이 되는 삼단논법을 관상학에 적용시킨 것으로, 가=나, 나=다, 따라서 가=다라는 결론을 맺는 것을 의미한다. 예를 들어 "누구누구는 바다괴물을 닮았다, 바다괴물은 잔혹하다, 따라서 그 사람은 잔혹하다"는 논지가 된다.

16세기의 대표적인 관상가였던 델라 포르타의 인간과 동물에 대한 인상의 비교이다.
『인간의 관상』, 1586.

　사람에게 나타나는 성격이나 덕성이 다양하기 때문에 이를 표현하기
위하여 동원해야 할 동물의 종류는 그만큼 많아야 할 것이다. 그러나 아
리스토텔레스는 동물들은 비슷한 특징들을 갖고 있으며, 따라서 모든
동물들에게서 하나하나씩 다른 특성을 찾는 것은 무의미하다고 말한다.
따라서 그는 성격상 공통점을 갖고 있는 동물들의 생김새에서 사람의
성격을 말해주는 신체적 특징을 가려내야 한다고 생각하였다.[11]
　사람의 생김새에서 특징적인 성격을 찾기 위해서는 특정한 성격을
가진 동물들을 고른 다음, 그들과 다른 동물들이 어떻게 다른지를 비교
해서 대표적인 차이점을 찾아내는 것이 우선적 과제였다. 이런 분석은
철저히 경험론적인 것이라고 아리스토텔레스는 강조한다.

　무례와 오만은 복슬복슬한 꼬리를 가진 동물들이 공유하는 특성이
다. 광포한 성적 흥분은 당나귀와 돼지에게서 발견된다. 마구 욕을
퍼붓는 것은 특히 개한테서 나타나며, 고통에 둔감한 특성은 당나귀
가 가진 것이다.[12]

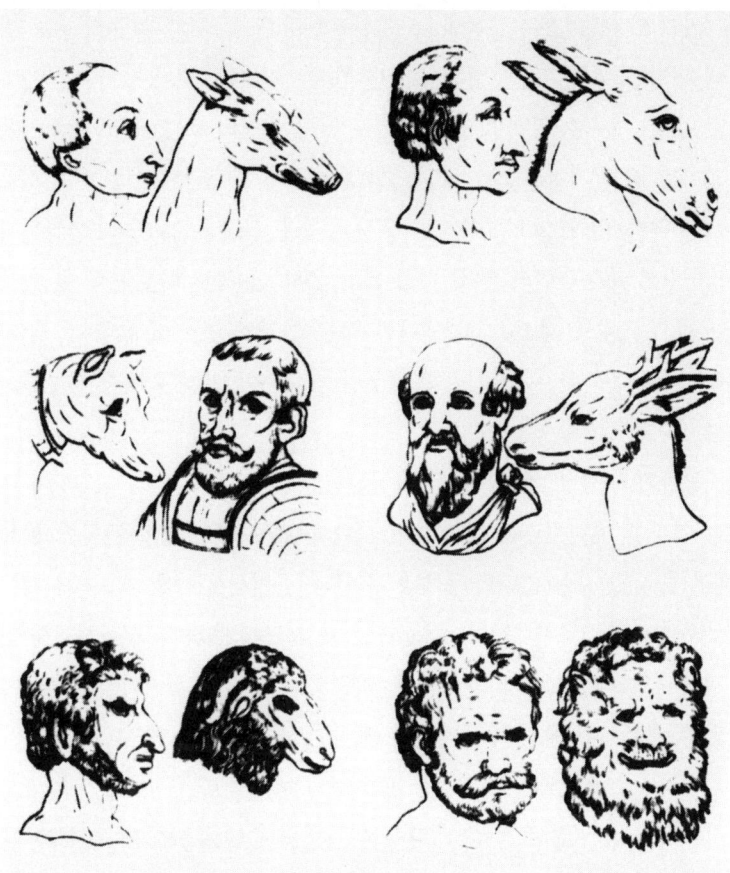

고대 그리스의 관상학을 재현해 그린 델라 포르타의 그림. 16세기. 사람과 동물의 외형적 유사성을 통해 한 사람의 내적 자질을 판단하는 방법은 고대 분석적 관상학이 만든 가장 대표적인 전통이었다. 이 방법은 중세 때 침체기를 겪었으나 르네상스와 더불어 부활하였다.

그런데 이 방법은 한 종류의 동물에게 두 가지 이상의 전혀 다른 덕성을 부여하지 않음을 전제로 한다. 따라서 사자라는 동물의 경우는 용맹성만을 보아야 한다고 주장하였다. 만약 사자에게 상부상조하는 미덕이 있을지라도 그것은 용맹성과는 매우 다른 성격이므로 사자에게 부여할 수 없는 것이다. 이처럼 한 가지 덕성을 강조하고 다른 덕성을 밀어내버리는 아리스토텔레스의 논지는 그의 동물관에서 비롯된 것이다.

아리스토텔레스는 동물의 구조가 동물의 형상,[13] 즉 원초적 물질 위에 새겨진 계획, 모양, 형상의 표현이라는 것이다. 여기서 자연은 쓸모없는 일, 즉 무계획적인 일은 하나도 하지 않으며, 처음에는 숨어 있을지라도 결국 계획한 의도가 나타난다는 그의 철학이 모습을 드러낸다. 그는 "어금니와 뿔, 두 가지를 동시에 갖춘 동물은 없다"면서, 동물이 방어용으로 어금니와 뿔 둘 다를 필요로 하지는 않는다고 말한다. 결국 어떤 부분에서 제거된 것은 다른 부분이 강화됨을 이야기하는 것이다.[14] 따라서 사자에게서는 용맹성만을 보아야 한다는 논지가 도출되는 것이다.

동물학적 관상학의 또 다른 원칙은, 사람과 동물 사이의 유사성이 특정 부위에 제한된다는 것이다.[15] 이는 어떤 사람도 특정 동물의 전체 형상을 닮을 수는 없다는 뜻이다. 그런데 이 원칙은 이후 사람의 신체를 부분별로 조각조각 고찰하게 하고, 전체를 보지 못하게 하는 한계를 가져왔다. 나아가 그렇게 몸을 나눌 경우 몸의 한 부분은 미덕을 나타내지만, 다른 부분이 악덕의 표지일 수 있다는 모순을 안게 되었다.

아리스토텔레스는 관상학적 표지가 되는 것들로, "제스처, 색깔, 성격과 관련된 얼굴 표정, 머리카락의 길이, 피부의 부드러움, 목소리, 살집의 상태, 몸의 각 부분들, 그리고 몸 전체의 체격"을 보아야 한다고 말한다.[16] 그런데 그는 표정에 대해서는 그다지 신빙성이 없다고 말한다. 그 이유는 성격이 다른 사람들일지라도 같은 표정을 지을 수 있다는 것이다. 또한 표정은 기본적으로 '그 사람의 것'이 아니라는 것이다.[17] 이것은 관상에서 사람의 '본질'을 보고자 하는 아리스토텔레스의 신념을 나타내는 부분이다.

각각의 표지들은 동물의 특성과 비교되면서 사람의 성격을 이끌어낸다.

부드러운 머리카락은 소심함을, 거친 머리카락은 용기를 나타낸다.

이 추론은 동물군 전체에 대한 관찰에 입각한 것이다. 가장 소심한 동물들로는 사슴, 토끼, 그리고 양을 들 수 있는데, 양은 가장 부드러운 털로 덮여 있다. 반면 사자와 멧돼지는 가장 용감한 동물들로 가장 거친 털을 가지고 있다. 똑같은 원칙을 새들에게도 적용할 수 있다. 거친 깃털을 가진 새들이 용감하고 부드러운 깃털을 가진 새들은 겁이 많다. 수탉과 메추라기의 예를 보면 잘 알 수 있다. 마찬가지로 이같은 특성은 인류에게서도 관찰된다. 북쪽에 사는 사람들은 거친 머리카락을 갖고 있으며 용감한 반면, 남쪽에 사는 사람들은 부드러운 머리카락을 갖고 있으며 겁이 많다. 배에 난 굵은 털은 새들의 경우에서 증명되듯이 수다스러움을 상징하는데, 새들에게만 나타나는 신체적 표지와 정신적 경향이다.[18]

이마가 좁은 것은 돼지에게서 보듯이 멍청함을 나타내고, 지나치게 넓은 것은 소처럼 무기력함을 나타낸다. 이마가 둥근 사람은 당나귀처럼 감각이 무디다. 반면 길고 편편한 이마는 개처럼 기민함을 나타낸다. 사각으로 균형 잡힌 이마는 사자와 같이 자존심이 강하다는 것을 나타낸다.[19]

동물의 모습을 동원한 이 관상에서 사람의 미덕과 악덕은 쉽게 구별되는 것이었다. 아리스토텔레스 자신이 이미 미덕을 상징하는 동물과 악덕의 표상인 동물을 구분지으며 논리를 전개시키기 때문이다. 따라서 미덕을 상징하는 동물들에 표현된 성상은 사람의 미덕을 표현하기 위해 동원하는 언어나 기호에 가깝다. 예를 들어 사자에게서 강조되는 '균형 잡힌 몸'이라는 기호를 사람에게 적용하면, 곧 '균형 잡히지 않은 몸'은 그 사람이 무뢰한임을 나타낸다. 반면, "똑바로 선 균형 잡힌 몸은 그 사람이 용맹하다는 것을 나타낸다"는 분석을 낳는 것이었다.

몸의 각 부분이 어떤 성상들을 나타내는가 하는 고찰과는 반대로, 특정한 미덕이 있는 자는 어떻게 생겼는가 하는 고찰도 시도되었다. 여기서는 독특하게도 사람의 전체적인 모습이 그려진다. 이런 고찰을 시도한 이유는 몸을 부위별로 따로따로 고찰하는 방법론의 한계를 알고 있던 아리스토텔레스가 사람의 전체적인 모습도 보려고 했기 때문이 아닌가 생각된다. 한 예로 '용맹'을 드러내는 관상은 다음과 같다.

용기 있는 자는 숱이 많은 머리, 똑바른 자세, 굵고 강한 뼈대, 넓고 편편한 복부, 좌우로 튼튼하게 균형 잡힌 떡 벌어진 어깨, 강건하나 군살 없는 목, 넓고 살집이 많은 가슴, 편편한 엉덩이, 무릎 아래는 넓고 굵은 종아리, 너무 크지도 작지도 않으면서 빛나는 눈, 약간 건조한 피부, 매끈한 이마, 너무 넓지 않으나 곧고, 주름이 많지 않으면서도 너무 부드럽지 않은 것.[20]

아리스토텔레스가 관상을 통해 보고자 했던 인간의 특성은 매우 다양한 것이었다. 용기, 비겁함, 좋은 기질, 무감각, 뻔뻔함, 반듯한 행동, 쾌활함, 우울함, 여자 같은 성격, 잔혹함, 불 같은 성격, 부드러운 기질, 내숭, 비열, 도박성, 욕설, 동정, 대식, 호색, 비몽사몽, 기억력 등 감정, 사고, 행위에 이르기까지 다양한 범주를 포괄한다. 이런 특성은 그 시대의 삶에서 매우 중요하다고 생각되는 성격상의 특질이었을 것이다.

—도박에 중독된 사람은 족제비처럼 짧은 팔을 갖고 있으며, 춤꾼이다.
—동정적인 사람은 섬세하고, 창백하며, 욕정적인 눈을 갖고 있다. 코의 윗부분에는 깊은 주름이 잡혀 있고 항상 흐느껴 운다. 또한 성격상 애욕에 차 있으며 과거를 생각하고 몸이 좋으며 불 같은 성격이다.
—대식가는 배꼽에서 가슴까지의 길이가 가슴에서 목까지의 길이

보다 길다.

　—수다쟁이는 상체가 비정상적으로 크고 둥근 배를 갖고 있으며, 배 둘레에 무성하고 굵은 털이 나 있다.

　—기억력이 좋은 사람은 상체가 유달리 작고 뼈대는 가늘지만 살이 보기 좋게 차올라 있다.[21]

　이런 정형들은 아주 긴 생명력을 가지고 중세 말까지 회자된다. 그렇게 오래 지속될 수 있었던 이유는 이 특질들이 어느 사회에서나 사람들 사이에 늘 관심을 끄는 것이었기 때문일 것이다. 하지만 고대 관상학과 이후의 관상학에서 강조되는 덕성은 분명히 변화한다. 아리스토텔레스가 용맹과 같은 이상화된 덕성을 매우 강조하는 데 반하여, 17세기 관상서에서는 배신에 대한 내용을 많이 다루고, 19세기 관상서에서는 탐욕이나 방탕이 자주 언급되었던 것이 그 예이다.

열등한 동물–여자, 비그리스인

　고대 그리스라는 세계에서 평등과 자유를 누리는 유일한 존재란 그리스 남자였다. "세 가지는 행운이다. 네가 짐승이 아닌 사람으로 태어난 것, 여자가 아닌 남자로 태어난 것, 그리고 야만인이 아니라 그리스인으로 태어난 것"이라는 그리스 시대의 격언은 그같은 사실을 잘 나타낸다.[22]

　아리스토텔레스는 이 세상의 모든 동물을 나누는 가장 큰 기준으로 암수의 기준을 들었다. 이에 근거하여 관상 역시 남성과 여성이라는 두 유형으로 크게 나누었다. 남성성을 상징하는 동물들 가운데 높은 덕성을 지닌 대표적 동물로 사자, 용, 수퇘지, 독수리, 매 등이 거론되었고, 여성과 비유된 동물로는 표범, 독사, 사슴, 산토끼, 공작새, 자고새, 까치 등을 들 수 있다. 이 동물학적 관상학의 체계 가운데 가장 높은 덕성을 지닌 동물은 사자였다.

적당한 크기의 입, 너무 뼈가 드러나지 않는 사각형의 얼굴, 두터운 코, 크지도 작지도 않은 깊숙이 자리한 쏘아보는 눈은 너무 둥글지 않고 길게 째져 있지도 않다. 적당히 난 눈썹, 이마는 사각이고 가운데 부분이 약간 패였다. 적당한 크기의 머리통과 굵고 적당히 긴 목, 황갈색 갈기는 너무 뻣뻣하지도, 굽슬굽슬하지도 않다. 쇄골 부분은 단단하게 발달하기보다 오히려 상당히 느슨하게 부드럽고, 어깨는 강하며, 가슴은 힘이 넘치고, 골반이 넓고도 섬세하다. 옆구리에 군살이 없고, 다리는 힘차고 근육질이며, 골격 자체가 짜임새 있고 팽팽하다. 피부는 너무 딱딱하지도 습하지도 않다. 천천히 제왕과도 같이 걸으며, 어깨를 움직인다.[23]

이런 외양이 투영하는 성격은 어떤 것일까? 그야말로 최고의 덕성들이다. "관대하고, 자유롭고, 고결하고, 승리를 사랑하지만 부드럽고 정의로우며 자신을 따르는 무리들을 사랑한다."[24] 이러한 덕성은 남성의 영역이고, 곧 최고의 남성상을 제시하는 것이다.

반면 사자와 대비되는 동물로 표범을 내세운다. 표범의 외양은 "작은 얼굴, 큰 입, 작고 밝은 눈, 이마는 길고, 귀 주변은 편편하기보다는 곡선을 이루고 있으며, 좁은 가슴, 긴 허리, 엉덩이에 살집이 많고, 얼룩무늬로 뒤덮여 있으며, 몸 전체 관절은 약하고, 균형 잡히지 않았다"고 묘사된다. 따라서 이런 외양 속의 내면은 좋을 리가 없다. 표범의 성격은 "마음이 좁고, 떳떳하지 못하며, 대체로 교활하다"고 묘사되고 있다.[25]

아리스토텔레스는 암컷들이란, "모두 진지하지 못하고, 좀더 양순하고, 힘이 없고, 더욱 쉽게 길들여지고, 좀더 쉽게 다룰 수 있다"[26]면서 신체의 특징 때문에 "위풍당당하기보다는 남을 즐겁게 해주기에 알맞다"고 말한다.[27] 철저한 가부장적 사회였던 그리스에서 아리스토텔레스는 남성과 여성의 차이를 이 세상의 모든 동물군 사이에서 나타나는 차이보다도 더 본질적인 차이로 인식하였던 것이다. 따라서 남성과 여성의 신체적 차이는 당연히 본질적인 내면의 차이를 드러내는 것이고, 나아가 사회적으로 차별적인 위계에 정당성을 부여해주는 것이었다.

아리스토텔레스의 관상학적 개념은 남녀의 구분뿐 아니라, 그리스인과 비그리스인을 뚜렷이 구별하는 차별적인 육체관을 성립시켰다. 그는 『정치학』(Politics)에서 인종 간에는 마치 다른 두 종의 생물이 구별되는 것과 같은 차이가 있다고 말한다.

> 대부분 추운 지역에 사는 사람들, 특히 유럽 지역의 경우, 기운은 충만하나 기술과 지성이 빠져 있다. 따라서 이들은 상대적으로 자유로운 상태로 지내면서도 정치 발전을 이루지 못하는 것이다. 또한 이는 이들이 다른 사람들을 지배할 능력이 없음을 보여준다. 반면 아시아 지역의 사람들은 기술이나 지성은 있으나 기운이 없다. 때문에 그들은 언제나 노예 상태가 되는 것이다. 그리스인들은 지리적으로 이들의 가운데 있기 때문에, 이 두 집단의 장점들을 모을 수 있다. 따라서 그리스인들은 기운과 지성을 모두 소유한다. 하나는 그들로 하여금 자유를 지속하게 하는 것이고, 다른 하나는 고도의 정치적 발전을 이루며 다른 사람들을 지배할 수 있는 능력을 보여주는 것이다.[28]

여기에 드러난 그리스인의 우월성과 이민족에 대한 폄하는 당시 그리스 사회에서 보편적인 개념이었다. 이는 다른 인종을 '야만인'이라 부르며 그들을 정복하는 것을 당연한 것으로 여기는 그리스 중심적인, 문화적 우월주의의 소산이었다. 그리스의 세계관에서 인종을 구별하는

데 가장 빈번히 쓰인 기준은, 그리스를 중심에 놓는 개념상의 지리적 세계관이었다. 그리스 지역을 둘러싼 기타 세계는 동서남북 사방의 틀 안에서 단순히 동쪽, 서쪽이라 부르는 곳으로 구분되었고, 그곳에 사는 사람들의 특성은 지리적 입지에 따라 정의되었다. 아리스토텔레스는 우선 지리적 특성에 근거한 지역별 스테레오 타입을 정했다. 그러고 난 후, "그런 성향을 가진 이들이 어느 민족(민족들)이다"라는 예를 들곤 하였다.

그리스인들은 다른 민족을 이해하려고 노력한 것이 아니라, 오히려 부정적인 이미지를 가진 상대를 설정함으로써 자기의 정체성을 찾고자 하였다. 따라서 그리스를 둘러싼 사방은 각각 나쁜 이미지들을 가진 극단적 예들이고, 한가운데 위치하는 그리스인이야말로 가장 균형 있고, 적절한 지역이자 사람들이라는 결론으로 몰고 가는 것이었다.

이러한 그리스 중심적인 인종관은 이후 천문학이 발달하면서 천문학적 이론에 의해 뒷받침되기도 하였다. 예를 들어, 프톨레마이오스는 황도대에 따라 12성좌를 배치한 12궁을 기준으로, 세상을 남쪽, 북쪽과 그 가운데로 구분한다. 남쪽에 사는 사람들은 태양이 많이 내리쬐므로 피부가 검고, 굵고 꼬불거리는 머리카락을 가졌다고 보았다.

> 덥기 때문에 그들은 몸이 오그라져서 키가 작다. 또 야만적인 습성을 지녔는데, 이는 끊임없이 열을 받기 때문이다. 이 지역의 동물과 식물도 마찬가지로 열에 익고 있다. 이런 특성은 에티오피아인이라고 알려진 이들에게서 보인다.[29]

여기서 과도한 열에 노출된 이들은 정상의 범주에서 벗어나 있는 사람들이다. 이렇듯 관상학을 동원하여 다른 인종을 폄하하는 경향은 로마 시대에도 마찬가지로 나타나는 현상이었다. 로마 시대의 관상가 폴레몬(Polemon) 역시, 남쪽에 사는 사람들은, "피부가 검고, 꼬불거리

그리스의 인종주의적 전통을 나타내는 그림. 플리니우스의 『박물지』에서 선명히 드러나듯이, 그리스인은 비그리스인을 흔히 무시무시하고 기형적인 모습을 한 괴물이라 생각하였다. 그림은 그리스 바깥 세상의 사람들에 대한 고대적 개념을 전하는 15세기 독일의 문헌이다.

는 머리카락을 가졌으며, 발목이 가늘고, 금속 빛이 나는 눈을 가졌으며, 머리카락이 검고, 살이 없다……. 이런 외모를 가진 사람들은 재치가 있고 기억력이 좋으나, 항상 거짓말을 할 궁리를 하며 탐욕스럽고 도벽이 있다"[30]고 말하였다.

마찬가지로 북쪽 사람들에 대하여, "이 지역의 사람들은 키가 크고, 얼굴이 희고, 붉은빛이 나는 머리카락과 회색 눈을 가지고 있다. 그들은 거칠고 굵은 다리를 가지고 있으며, 우둔하고 피둥피둥한 몸집에, 살결은 부드럽고 배가 많이 나왔다"면서 이러한 인상을 가진 이들은, "성을 내기 쉽고, 쉽게 싸움을 걸며, 경솔하고 솔직하며 지적 능력이 떨어진다"고 말하였다.[31]

때때로 열등한 범주로 구분된 것들——동물, 여자, 그리고 비그리스인——의 열등성을 강조하기 위하여 상호 유사성이 동원되기도 하였다. 그리스인들이 야만인이라 불렀던 비그리스인들은 실제로 짐승들과 흡사하게 묘사되거나 짐승과 다름없다고 규정되곤 하였다. 야만인들은 이렇게 묘사되곤 하였다.

마른 눈을 아래로 내리깔고, 거친 이마, 멍하게 쏘아보는 눈, 머리카락은 축 늘어지고, 뻣뻣하게 곤두선 눈썹은 짐승과도 같은 완벽한 열등함(저급, 저속)의 표지이다……. 북슬북슬한 다리털, 이것은 짐승을 연상시키는데, 무지함과 저열한 습성을 나타내는 것이다.[32]

실제로 그리스 철학자들은 종종 그리스인들에게 비그리스인들을 "짐승이나 식물처럼" 여기라고 충고한 바 있다.[33] 그런데 리치(Edmund Leach)는 『사회인류학』(*Social Anthropology*)에서 먼 곳에 사는 사람들의 세계를 마치 동물의 왕국처럼 여기는 경향이 인간에게는 보편적인 일이라고 말한다.[34] 관상학의 비유에 나타나는 비그리스인에 대한 묘사는 직접 조우한 적이 없어도 다른 곳에 살고 있는 사람에 대한 구체적인 이미지를 주입시키는 것이다. 이것은 나와 타자를 구별하는 강력한 개념상의 기제가 되는 것이다.

실제로 이방의 세계를 야만의 사회로, 짐승들의 사회로 보는 시각은 비단 그리스만이 아닌 고대사회의 어디서든 흔히 일어났던 일이다. 그리고 먼 곳의 사람들의 모습에 동물의 이미지를 부여하는 이 전통은 최근까지도 서양 역사에서 지속되는 현상이었다. 이른바 신대륙의 발견이라 불린 아메리카 대륙의 정복 과정에서, 그리고 19세기 유럽의 제국주의의 물결 속에서, 그리고 수많은 낯선 문화 간의 조우에서 반복적으로 나타났던 경향이었다.

십자군전쟁에 참전한 유럽인들은 교황으로부터 이슬람교도들을 살해해도 좋다는 일종의 '허가'를 받고 떠났다. 그들에게 비기독교인은 사람이 아니라 짐승에 가깝기 때문에 마음대로 죽일 수 있고, 그것에 대해 죄의식이나 책임을 지지 않아도 된다는 논리였다.

또한 1647년 아일랜드 요새를 정복한 영국 병사들에 의해 잔인한 살육이 저질러진 후 이에 대한 책임을 묻는 자리에서 영국 병사들은 아일랜드 병사들의 시체에서 20센티미터가 넘는 꼬리를 발견하였다고 보고하였다. 그 사실에 의심을 품는 사람들 앞에서 무려 40명이 넘는 병사들은 자신들이 직접 보았다며 증언을 하기도 하였다.[35] 나와 타자를 구별하고 타자에 열등한 동물적 속성을 부여하는 전통은 유럽 사람들에게 체화되고, 문화적으로 전수되면서 역사상 수많은 희생을 불러일으켰던 것이다.

로마의 관상학

로마 시대에 들어서 관상학에서 커다란 변화가 일어났으니, 바로 고대 메소포타미아 문명에서 볼 수 있었던 예언적 관상학이 부활하였다는 것이다. 이같은 사실은 실용성을 강조하는 로마 문화의 특이성에서 비롯한 것이었다.

이론에 치중한 자연과학이 발달하였던 그리스 시대에 비해 로마 사회에서는 실용과학이 대접을 받았다. 실제로, 아리스토텔레스까지도 그리스 과학을 일컬어 "지식의 실용적 응용과는 거리가 먼 자들의 기록"이라고 말한 바 있다.[36] 로마인들은 의학이나 공학과 같이, 이른바 '쓸모 있는' 과학이 아닌 순수과학에 바치는 열정을 시간낭비라 여기게 되었던 것이다.

이런 상황에서 자연과학자나 철학자와 같은 이들의 사회적 위치는 떨어지게 되어 과거만큼의 존경과 지위를 누리지 못하였다. 반면 예언을 행하는 새로운 지식인들이 나타나 거대한 로마 제국을 다스리는 권력의 측근에서 막강한 영향력을 행사하게 되었다. 새로운 지식인 집단이란 천문학에 바탕을 둔 점성술을 행하는 점성가들이었다. 관상학 역시 이러한 맥락에서 점성학과 연계되었고, 예언적 성향을 띠게 된 것이었다.

점성학의 보급

천문학은 고대 이집트와 메소포타미아 등지에서 발달된 학문이었다. 천문학은 강의 범람과 같은 자연재해를 예측하기 위한 과학으로서, 엄밀하게 말해서 인간의 운명과 별자리의 관계를 추론하는 점성학과는 다른 것이었다. 개인의 미래, 더 나아가 국사(國事)의 향방을 점치는 점성학이 등장한 것은 기원전 5세기경 소아시아 지방이고, 이런 점성학을 판별 점성학(judicial astrology)이라 부른다. 하지만 크게 보아 과학혁명 이전까지 천문학과 점성학은 거의 동일한 것이라 할 수 있으며, 이들은 이른바 '과학적'인 고급 지식의 중심에 있다.

점성학은 기본적으로 모든 소우주(인간세상)와 대우주(거대한 하늘 위의 세상)가 하나라는 개념에 입각한 것이었다. 따라서 하늘에 있는 행성들과 세상에 있는 모든 원소, 색깔, 식물, 동물 등의 존재들이 상응하는 하나의 포괄적인 체계를 형성한다. 아리스토텔레스 역시 별을 신성한 존재라고 말하였다.

우리 조상들에게 별은 곧 신이었고, 자연의 질서는 신성한 것이었다. 후에 편의상, 대중들을 감동시키고자 신들은 인간이나 동물의 형상을 하기 시작하였다……. 그러나 천체가 신성하다는 이 기본적인 개념은 모든 학문과 과학을 거듭 파괴해온 역사의 순환 속에서도 살아남아온 것이다.[37]

판별 점성학이 그리스-로마에 나타난 것은 기원전 2세기경으로 추정된다. 흔히 점성술이라고 불린 이 새로운 형태의 점복은 대중들에게 크게 호응을 받았는데, 지배자들은 점성술이 체제전복을 가져올지도 모른다고 우려하여 이를 통제하고자 하였다. 농업에 관한 카토(Cato)의 저술을 보면 "농장 관리인들이 점성술사와 상담하지 못하게 하라"

는 경고가 들어 있다.[38] 3세기의 로마 교황이었던 코르넬리우스는 혹세무민한다는 이유로 점성가들을 이탈리아에서 쫓아내기도 하였다.[39] 이런 가운데 점성가는 종종 정통 과학자들과는 차별적인, 혹세무민을 일삼는 사이비 과학자로 규정되기도 하였다.

그러나 점성학의 토대는 그리스 시대의 과학이 다져놓은 것이었다. 또한 로마 시대에 대중들 사이에 점성술이 널리 퍼져나가게 된 배경에는 엘리트 천문학자들의 지지가 숨어 있었다. 대중들 사이에 유행하였던 유사과학에 가까운 점성술에도 고도의 수학적 계산과 별들의 운행에 대한 해박한 지식이 함축되어 있었는데, 그런 원칙을 수립한 것도 바로 그들이었다. 과학자들은 숭배의 대상으로서 별을 다신교 사회의 전통적인 신과 연결시킴으로써 까다로운 천문학의 대중화를 이루어낸 것이다.

이런 전통 위에서 로마 공화정 후기부터 천문학은 점성학의 형태로 널리 보급되었다. 뿐만 아니라 대중적 지지기반 위에서 가장 높은 지위를 누리는 과학으로서 확고한 지위를 구축하였다. 특히, 제국의 안팎에서 무척 혼란을 겪었던 로마 말기에는 이른바 신비주의 경향이 커짐에 따라 점성학의 지위도 높아져갔다.[40]

로마 시대의 점성학의 최고 목적은 기본적으로 신들과 사람 사이의 평화스러운 관계를 유지하는 것이었다. 따라서 메소포타미아 시대에 점이나 예언이 중요하였듯이 이제 '신의 뜻'을 아는 것은 미래를 알고, 특정한 사안에 대한 설명과 정당화를 얻는 길이 되어갔다. 바꾸어 말하여, 로마 후기의 점성학은 모든 것을 '운명적 사실'로 규정하여 사람이 겪을 갈등을 최소화하며 받아들이도록 하는, 즉 심리적 안전을 꾀하는 장치의 역할을 하였던 것이다.

대중들의 마음 속에 천체는 세상의 질서와 그 문제점을 실질적으로 해결해줄 수 있는 것이었던 것이다. 그리스의 희극작가 알렉시스(Alexis)는 이런 믿음을 다음과 같이 이야기한 바 있다.

전투를 기피하는 배신자만 빼놓고

누구나 구하는 모든 것에 답을 주는 것은 '발견'이라는 것이다.

이제 어떤 이들은 발견을 하늘의 영역까지 넓히면서

그 일부분을 깨달았다.

어떻게 별이 뜨고 지는지, 천구가 돌아가는지

그리고 일식에 대해서.

그렇게 먼 곳의 세상을 이해할진대, 지상의 문제도 알게 마련이지.

우리가 태어난 이 공동의 집말이지, 그건 문제도 아니지 않나?[41]

정치와 예언의 함수관계

서기 1세기부터 로마의 권력자들 사이에는 전속 점성가를 구해 조언을 구하는 경향이 두드러졌다. 제정기 로마에는 동방으로부터 들어온 마술사, 신비스런 예식을 행하는 사제들과 예언자들, 기적을 행하는 마법사들이 들끓고 있었다. 지배자를 보좌하는 사람들 가운데 과학자로는 유일하게 천문학자들이 포함되었는데, 그들의 역할은 점성학을 통한 예언을 담당하는 것이었다. 국사에 대한 조언을 담당한다 하여 점성술은 합법적 정치기구에 편입이 되었던 것이다.

이 시기 촉망받는 예언가들이 강력한 정치적 인물들과 밀접하게 연결되어 있었음을 보여주는 일화는 무수히 많다. 카이사르가 등극하기도 전에 이미 로마에는 제국의 왕이 출현함을 예고하는 예언[42]이 돌았다. 키케로의 친구이자 로마 최초의 저명한 점성가였던 니기디우스 피굴루스(Nigidius Figulus)는 카이사르가 루비콘 강을 건널 때 새로운 시대가 열릴 것을 예견하였다고 알려진다.[43] 또한 아그리파가 네로의 운명을 물어보았을 때 네로가 황제는 되겠지만 어머니를 죽일 것이라는 예언이 나오기도 하였다.[44] 서기 3세기의 엘라가발루스 황제는 또한 자신이 살해되리라는 예언을 믿어서 가장 화려한 최후를 맞기 위해

만반의 준비를 갖추었다고 전해진다.[45]

역사가 부르크하르트는 디오클레티아누스의 즉위와 관련된 예언을 들려준 바 있다. 디오클레티아누스의 즉위는 궁극적으로 그가 아페르라는 선임자를 칼로 찔러 죽였기 때문에 가능했다. 그런데 사실은 오래전 디오클레티아누스가 갈리아에 거주하는 켈트족 여사제로부터 자신의 미래에 관한 예언을 들었다는 것이다. 즉 그가 수퇘지를 잡아죽이면 황제가 된다는 것이었는데, 공교롭게도 수퇘지를 가리키는 라틴어가 '아페르'였다.[46]

점성가들이 황제의 측근을 형성해가자 그들은 종종 시기와 비난의 대상이 되곤 하였다. 서기 1세기 도미티아누스 시대의 풍자시인 유베날리우스는 황제가 총애하는 그리스인들에 대하여 이렇게 비아냥거린다.

그리스인들은 누구인가? 그들은 우리에게 가능한 일이 무엇인가를 보여주는 존재들이지. 웅변가, 측량기사, 화가, 안마사, 예언가, 곡예사, 의사, 점성가. 만일 누군가 이들에게 하늘로 날아오르라고 한다면 아마 틀림없이 그렇게 할 수도 있을 것이다.[47]

이 당시 점성학을 신봉하는 천문학자들이 정치집단에 편입되는 경향은 '학자'의 영역에 머물러야 할 사람들이 권력을 좇아 힘있는 자들의 수행원으로 전락해버리는, 바람직하지 않은 행태로 보였던 모양이다. 이것은 실용적인 것만을 추구하며 순수과학을 버리는 당시의 세태에 대한 비난이기도 하였다. 갈레노스는 이제 로마에서 진정한 과학이 돈 많고 힘있는 자들을 위해 본질을 포기하였다면서 이렇게 말한다.

천문학이든 점성학이든, 사람들은 이런 학문의 특별한 가치를 알지도 못하고 지식인들의 꼴을 보려고 하지도 않는다. 기하학이나 수학은 오직 자신들의 대저택을 확장하거나 경비를 산출할 때 필요하고

천문학이나 예언은 오직 앞으로 자기가 누구의 돈을 상속받을까를 점치기 위해 필요할 뿐이다.[48]

점성학을 신봉하는 사람들이 많아지자 지배자의 입장에서는 그것이 불러일으킬지도 모르는 정치적 전복을 염려하게 되었다. 특히 황제가 거느리고 있는 1급 점성가에게, 황제의 정적들 역시 상담을 요청하는 일이 종종 있었기 때문에 황제로서는 걱정이 되지 않을 수 없었을 것이다. 따라서 황제들은 종종 점성학을 금지시키기도 하였다. 서기 11년 아우구스투스는 칙령을 통해 "제3의 증인이 없는 상태에서는 누구도 예언을 행할 수 없고, 이를 지키지 않을 때는 죽음을 면치 못하리라"고 선포하였다.[49]

인간의 운명을 결정짓는 12개의 별자리

로마 사회에서 점성술이 발달하고 정치영역으로 합법적으로 진입하면서 그리스 사회에서 퇴조를 보였던 예언적 관상학도 발달하기 시작하였다. 점성학적 예언가들이 관상을 적극적으로 도입하면서 정치적 사안에 대한 조언을 하게 된 것이다. 관상가들은 궁성에 머물면서 정치적 사안에 대한 예언을 관장하였는데, 관상가들마다 자신들의 전문영역이 있었다.

클로디우스가 어린 브리타니퀴스(Britannicus)의 미래를 점치기 위해 불러 온 한 관상가는 이마를 전문적으로 보는 관상가(metoposcopus)였다. 이 사람은 브리타니퀴스가 결코 황제가 될 수 없다고 단언하고는, 오히려 곁에 서 있던 티투스가 황제가 될 것이라 예언하였다.[50] 이마를 보는 관상이란 이마의 주름살을 통해 미래를 점치는 것으로, 점성술을 기본으로 하는 것이었다.

즉 이마에 가로로 난 주름이 일곱 개가 있다고 가정하고 각각의 주

『사물의 특성에 관한 책』(15세기)에 그려진 세밀화. 5행성과 해와 달이 황도 12궁에 둘러싸여 있는 점성술사의 하늘을 그린 그림이다.

름이 음양오행의 영향을 받는다고 보는 것이다. 따라서 그 주름살의 모양, 주름이 있는 이마의 모양이나 피부색 등에 따라 개인의 운명을 점치는 것이었다. 이마의 주름을 보는 관상은 수상학과 더불어 유럽 사회에서 17세기 말까지도 큰 인기를 끌었던 점성학적 관상학의 한 분야였다.

또한 아우구스투스의 운명은 그의 몸에 나타난 별자리의 표지에 의해 이미 예언되었다고 전해진다. 그의 가슴과 배에는 쟁기 모양의 별자리 무늬가 있었는데, 이것이 주변의 모든 것을 갈아엎는 상징이었다는 것이다. 이런 일화들은 이미 관상학에 점성학적 개념이 깊이 스며 있음을 말해준다.[51]

별자리	지배를 받는 행성	신체의 해당 부분
양자리	화성	머리
황소자리	금성	목구멍, 목
쌍둥이자리	수성	팔과 손
게자리	달	가슴과 위
사자자리	태양	심장과 등
처녀자리	수성	소화기 계통
천칭자리	금성	신장, 등의 아래쪽
전갈자리	화성	생식기와 배설 계통
궁수자리	목성	엉덩이, 허벅지
염소자리	토성	무릎
물병자리	토성	다리
물고기자리	목성	발

그러나 관상학에 점성학이 본격적으로 가미되기 시작하는 것은 프톨레마이오스(100~178년경) 이후로 보는 것이 옳다. 왜냐하면 프톨레마이오스에 의해 점성학의 체계가 완성된 후, 이를 기반으로 한 점성학적 관상학의 체계가 확립되었기 때문이다. 여기서 관상학은 프톨레마이오스가 확립한 우주의 체계를 기초로 천궁도를 사용하여 인간의 모습과 운명을 이야기한다. 이 경우 출생의 순간, 또는 알 수만 있다면 잉태한 순간이 천궁도의 판단의 근거가 되는 것이었다.

점성학적 관상학에는 그리스의 분석적 관상학에서 나타난 동물과의 비교라는 원칙도 포함되었다. 황도 12궁에 나타난 상징주의가 바로 그것으로, 대표적 동물들과 그들이 표현하는 상징적 특질들이 이제 별자리와 연결된 것이다. 즉 양자리는 단순하고 즉각적인 성격, 황소자리는 물질적이고 안정적인 성향을 암시하였다. 사자자리는 자기 중심적이고 용기 있으며 귀족적인 사람을 나타내고, 전갈자리는 성욕, 힘, 마력 등 삶과 죽음의 신비와 관련되었다.

여기서 인간의 몸은 소우주로서 대우주인 하늘과 상응하고, 신체의 각 부분이 별자리인 12궁을 대표하며, 별의 움직임이 곧 육체에 변화를 미친다는 개념이 성립되었다.

이 점성학적 관상학은 프톨레마이오스의 우주관이 확고한 위치를 차지했던 중세에 특히 확고한 지위를 누리게 되었으며, 의학 분야와 깊은 관계를 맺으며 발전하게 되었다.

폴레몬의 관상학

예언적 관상학이 가장 크나큰 발전을 이룬 때는 서기 2세기였다. 이 시기를 대표하는 관상학자로는 폴레몬을 꼽을 수 있다. 서기 88년에 소아시아의 라오디케아에서 출생한 그는 당대 유명한 학자들로부터 수사학을 섭렵하였고, 웅변가로 이름을 떨쳤다. 탁월한 능력에 힘입어 로마의 트라야누스 황제에게 보내진 후(113년), 외교관의 임무를 띠고 세계 곳곳을 여행하기도 하였다. 이후 하드리아누스 황제에게도 총애를 받았으며, 황제의 측근으로서 외교관, 웅변가, 관상학자로서 활발한 활동을 펼쳤다.

폴레몬은 133년에서 136년 사이에 당시의 관상학을 집대성한 저서를 완성하였다.[52] 그의 관상학은 선행하는 아리스토텔레스류의 관상학에 그 기본적인 틀을 두고 있지만, 여러 가지 면에서 로마 특유의 실용성을 나타내는 것이었다. 우선, 그리스 시대 아리스토텔레스류의 관상학에서 보였던 논리들이 대폭 단순화되었다. 이것은 아리스토텔레스가 수많은 사례를 통해 경험론적으로 도출한 관상학의 원칙들을 좀더 단순화시켜서 알기 쉽고도 실생활과 직접 연결되도록 체계화시킨 것을 말한다.

예를 들어, 아리스토텔레스는 '대식가'에 대한 관상의 표지로 "배꼽에서 가슴까지의 길이가 가슴에서 목까지의 길이보다 길다"는 논지를 제시한 바 있다.[53] 폴레몬은 이를 수용하면서, "식욕이 왕성할뿐더러 탐욕스럽다. 음식이 차지하는 부분이 커지는 만큼, 마음과 지성이 자리할 지역이 짓눌리는 것이다"라는 명쾌한 추론의 근거를 제시했다.[54]

또한 폴레몬은 관상을 보는 우선 순위를 매겼다. 물론 몸 가운데 어떤 부분이 가장 중요한가를 따져보고자 하는 시도는 그리스 시대부터 있어왔지만, 폴레몬의 저술은 이를 매우 중요하게 다룸으로써 이후 중세 관상학에 영향을 끼친 일종의 분류체계를 확립한 것이었다. 또한 이것은 몸의 각 부분이 상반되는 성향을 표현하기도 하였던 아리스토텔레스의 관상학의 모순을 최소화시키려는 것으로 보아야 한다.

폴레몬은 관상에서 가장 중요한 표지로 눈을 강조한다. 눈을 가장 우선적으로 고려해야 한다는 그의 주장은 그후 관상학에서 매우 큰 원칙으로 자리하게 된다. 그 다음 순서로는 속눈썹, 눈썹, 코, 입, 그리고 일반적 두상을 꼽는다. 얼굴 다음으로는 목, 가슴, 어깨, 배, 등, 팔과 다리, 그리고 발이 차례로 중요하다고 주장하였다. 더불어 피부색과 머리카락의 색을 꼽고, 목소리, 숨결, 제스처를 기타 고려해야 할 중요한 요소로 보았다.

나아가, 그는 관상의 대상이 되는 신체 부위에서 "무엇을 고찰할 것인가"에 대한 구체적 지침을 제시하였다. 눈에는 움직임과 색깔, 밝음, 크기, 질감, 습도, 돌출 정도, 모양, 바라보는 방향과 같은 것들이 판단의 척도들이다. 이렇게 관상의 대상을 세심하게 분류하는 것은, 실제

로마의 귀족들은 완고하고 거만하며 근엄한 인상으로 보이기를 원하였다. 기원전 1세기 전반, 귀족의 두상. 로마, 토를로니아 박물관.

생활에 응용할 수 있는 관상의 내용 자체를 그만큼 확장시키는 결과를 가져오는 것이다. 그가 강조하는 눈의 관상 가운데 '움직임'에 관한 해석을 살펴보자.

눈을 빨리 움직이는 경우는 상심, 약간의 의심, 진지함의 결여와 겁과 용기 사이의 어디쯤인가를 나타낸다. 만약 눈꺼풀과 눈 속이 같이 떨리는 자라면 그는 겁 많은 자이다. 만약 안쪽은 떨리는데 눈꺼풀은 떨리지 않는다면 그자는 무척이나 대담하고 용감한 자이다……. 눈동자가 침착하여 거의 움직이지 않는 것처럼 보이는 자는 무슨 일에나 중용을 지키는 자이다. 그러나 무엇이든 쏘아보는 눈길을 가진 자는 성범죄를 저지르기를 좋아하며 수치가 없는 자이다. 큰 눈을 깜박거리거나 떠는 경우, 그자는 게으르고 느리고 욕정에 불타며 소심하나 성범죄를 저지를 가능성이 높은 술꾼이다. 만약 어떤 자가 마치 티가 들어간 것처럼 눈을 깜박거리며 움직인다면 그자는 섹스에 미친 자라 보아도 틀림없다.[55]

그런데 폴레몬이 관상에서 고찰 대상의 우선순위를 매겼음에도 불구하고, 신체 각 부분이 정반대의 덕성을 표시하는 모순이 다시 발견되곤 하였다. 이런 모순들에 대해 폴레몬은 관상의 우선순위와 "얼마나 두드러지는가"를 잘 조합하여 판단하라고 말한다. 그러나 이런 해결책은 사실 상당히 추상적이고도 너무 복잡한 것이었다. 그러자 폴레몬은 관상학적 지식을 갖추게 되는 것은, "어린아이가 글을 깨우치는 것과 마찬가지"[56]라며 스스로 습득할 것을 종용하였다.

폴레몬이 이렇게 불완전한 해결책을 제시한 이면에는 관상학을 소수의 사람들만의 고급지식으로 묶어두고자 하는 의도가 깔려 있다고 볼 수 있을 것이다. 폴레몬은 "아무리 관상학적 표지가 두드러지게 나타날지라도 보통 사람들은 단 한 가지도 제대로 알 수 없다"[57]고 말하였다.

이것은 관상학의 복잡성 그 자체가 관상학자들이 엘리트 지식인으로 행세할 수 있는 권위의 기반임을 암시한다.

황제의 관상

폴레몬의 관상학은 대중들에게 관상학의 보편적인 기초지식을 전달하는 것이 아니라, 당시 정치 지도자들의 관상을 중점적으로 연구하는 데 초점이 맞춰져 있었다. 따라서 그의 관상학은 황제를 비롯한 권력자 개인의 이익에 맞추게 되어 객관성을 잃는 경우도 많았다. 그가 가장 중시한 '눈'에 대한 기술을 보자.

눈에 관하여 말하자면 맑고 빛나는 사람은, 특별히 몸의 다른 부분이 나쁘지만 않다면 아주 좋은 사람임을 나타낸다……. 이런 눈은 하드리아누스 황제의 눈을 예로 들 수 있는데, 빛나고 촉촉하며 날카롭고 크면서도 밝음으로 가득하다.[58]

눈이 몸에서 가장 중요한 관상의 표지임을 강조한 폴레몬이 자신이 모시고 있는 황제의 눈을 가장 바람직한 예로 든다는 것은 황제의 지위를 한껏 고양시키는 효과를 노리는 것이다. 사실 오현제(五賢帝) 가운데 한 사람인 하드리아누스 황제는 키가 크고 체격이 당당하였으나, 턱이 한쪽으로 일그러졌기 때문에 수염을 길러서 감추었다고 한다. 이 수염은 이후 로마 남성들에게 유행이 되었다.[59] 따라서 폴레몬이 턱의 모양을 도외시하고 대신 눈을 강조한 것은 아마도 하드리아누스 황제의 몸 가운데 눈을 제외한 다른 부분의 관상이 별로 좋지 않아서가 아니었을까 하는 추측이 가능하다.

그런데 황제나 정치적 인물의 관상학을 연구하는 것은 이 당시 관상학의 한 경향이었다. 로마 시대는 대중통치의 영역에서 관상을 포함한 예언을 둘러싼 고도의 기술이 사용되던 때였다. 대중들은 황제의 관상이나 운명에 대하여 궁금해했고, 이런 경우 관상학과 점성술 같은 것은 단순한 지식이 아니라 정치영역에서 장악하여야 할 기술이 된다. 따라서 아우구스투스 황제는 자신의 출생과 관련된 자세한 점성학적 해석을 대중들에게 발표하기도 하였다.[60]

따라서 로마 시대 관상학을 주도한 사람은 황제의 측근들이었지만, 그 진정한 입지는 대중들에게 있는 것이었다. 이 시기 대중들 사이에는 얼굴에 대한 관심이 매우 높았다. 로마 중기에는 밀랍으로 만든 데드마스크를 수집하는 것이 유행하기도 하였다.[61] 또한 제국의 전성기에 각 가정의 정원이나 공공장소에 수없이 세워진 조각상들은 위대한 사람들의 외모를 보여주면서 관상학에서 가시적인, 공통의 코드를 만들어가는 것이기도 하였다.

122년 수에토니우스가 편찬한 『황제전』(*De Vita Caesarum*)은 황제의 관상이 어떤 사회적 파급효과를 노리고 있는가를 잘 보여주는 예이다. 이 당시 사회에서는 생김새가 내면을 투영한다는 관상학적 개념이 팽배하였고, 그 개념을 활용하여 황제의 관상을 보급시키는 것은 황제에 대한 평가와 직결되었기 때문이다. 예를 들어, 칼리굴라는 외모 자체가 이미 대중들에게 호감을 줄 수 없는, 전형적인 무뢰한으로 묘사된다.

키가 매우 크고, 몹시 창백하며, 아주 비대한 몸집을 하고 있었으며, 목과 다리는 매우 가늘었다. 눈은 움푹 들어갔으며, 이마는 넓으나 잔혹해 보였다. 머리카락은 가늘고 앞머리는 머리카락이 모두 빠졌으며, 몸은 산양과 같이 털로 뒤덮여 있었다. 그는 얼굴 자체가 워낙 엄하고 못생겼음에도, 뺨이 홀쭉하게 들어간 얼굴을 거울에 비추어 보며 온갖 무시무시하고 흉측스러운 표정을 지어보는 것이 버릇이었다.[62]

네로의 얼굴은 적대감에 가득한 잔인한 모습이다. 로마의 카피톨리노 미술관에 있는 이 두상은 원래 도미티아누스 황제의 두상이었지만, 1631년 네로의 얼굴로 보완한 것이다.

위의 묘사는 고대 그리스-로마 관상에서 분명히 드러나는 열등한 집단의 관상을 적극 동원한 것이다. 특히 여성성을 띤 동물인 표범이나 염소에게 부여되었던 관상학적 특질들이 그대로 나타난다. 아리스토텔레스의 관상학에서 이 부분과 일치하는 내용을 찾아보자.

  —눈은 작고, 창백하고 움푹 들어가 있으며, 약간은 평평한 느낌을 준다. 목은 지나치게 가늘고 길다. 몸 전체의 균형이 잡혀 있지 않으며 관절이 약하다. 염소도 마찬가지의 모습을 하고 있다.
  —다리에 털이 많은 자는 색정적이다. 염소를 보라. 그리고 인간의 경우도 마찬가지다. 창백한 피부를 하고 있으며 검고 곧은 털로 뒤덮여 있다.
  —이런 표지들은 비겁자의 표지다.
  —이런 모습을 한 자는 우둔하고, 미련스럽다.

수에토니우스가 말하기를 칼리굴라는 아주 어린 시절부터 본성적인 잔인함과 사악함을 숨길 수 없었다고 하였다. 여기서 황제에 대한 관상학적 묘사 자체는 마치 역사가가 후대에 남긴 글과도 같이 황제의 치적이나 악덕을 평가하고 후세에 전할 수 있는 근거가 된다. 그리고 그 권위는 당시 사회에서 이른바 객관적이라 받아들여지는, 생김새가 성상을 투영한다는 절대적 원칙에 기반한 것이다. 심지어 수에토니우스는 관상으로 보아 칼리굴라가 황제가 된다는 것은 상상할 수 없는 일이었다면서 그의 일대기는 바로 '괴물의 그것'이었다고 비난한다.

반면 아우구스투스를 묘사함에서 수에토니우스는 매우 호의적이다. 아우구스투스의 관상은 다음과 같은 특징이 있다.

> ―밝고 쏘아보는 눈을 갖고 있는데, 그는 이런 눈빛에 어떤 신성한 열정이 있기를 바랐다.
> ―약간 곱슬거리는 머리카락
> ―약간 황갈색의 피부
> ―키는 그다지 크지 않으나 균형 잡힌 골격을 가지고 있다.[63]

이런 외형적 묘사는 그리스 관상학에서 가장 이상적인 남성성을 나타내던 사자에 대한 관상학적 분석과 흡사하다. 따라서 아우구스투스의 인품은 사자의 관상에 부여되었던 고매함과 일맥상통하는 것이다.

> 그는 군사들에게 가장 엄격한 규율을 강조했다. 또한 극도의 부지런함과 관대함으로 정의를 구현하였으며 후견인이나 군주로서의 행위는 온화하고 화합을 이끌어내는 것이었지만 필요한 경우에는 아주 엄격해질 수 있었다. 그는 쉽게 친구를 사귀지 않았지만 일단 사귀면 초지일관 충실했다.[64]

같은 맥락에서 플리니우스가 기술한 로마 황제들에 대한 묘사 역시 외모에 도덕적 가치판단을 부여하는 관상학적 원칙을 그대로 드러내는 것이었다. 저자는 황제의 특정한 생김새를 빌려 그에 대한 개인적 호감을 여지없이 드러낸다.

푸른빛이 도는 회색 눈은 어둠 속에서도 사물을 선명하게 볼 수 있다. 티베리우스는 한밤중에 일어나서도 대낮처럼 모든 것을 환하게 볼 수 있는 인간 유일의 체질을 갖고 있었다. 아우구스투스는 말과 같은 회색 눈을 갖고 있었는데, 흰자위가 다른 사람들보다 유달리 커서 사람들이 너무 가까이서 자신을 바라보면 화를 내곤 하였다. 클로디우스는 핏발이 자주 서고 눈가에 살집이 번득였다. 네로의 눈은 시력이 좋지 않아 사물을 보려면 눈에 바짝 대고 눈살을 찌푸려야만 하였다.[65]

위의 예들은 아리스토텔레스가 세운 분석적 관상학의 개념이 로마 사람들 사이에서 보편적으로 통용되고 있었다는 사실을 분명하게 보여준다. 역사가의 기록은 철저히 당시 사람들의 사고체계에 부합하면서 이루어지는 것이다. 따라서 점성학적 관상학이 로마 사회에서 주류를 이루고 있었다 할지라도 아리스토텔레스 관상학의 전통 역시 꾸준히 계승되고 있었던 것이다. 나아가, 황제에 대한 관상을 널리 알리는 일에는 아리스토텔레스류의 관상학이 더 많이 이용되었을 것이다. 개인적 성향이 강한 예언적 관상보다 사회성이 강한 분석적 관상이 '공동의 코드'를 만들어내는 데 훨씬 유용하였기 때문이다.

점성학적 관상이 맹위를 떨치고 있던 바로 그 시기에 폴레몬의 관상학이 편찬되었음에도 불구하고 철저히 아리스토텔레스류를 계승하고 있다는 것 역시 이 추론을 뒷받침한다고 볼 수 있다. 폴레몬은 저술을 통해 대중을 향한 분석적 관상을 설파함과 동시에 관상의 시행에서는 황제를 위한 예언적 관상을 시행한 것으로 풀이할 수 있다. 여기서 황제 개인이 조언을 구하는 사안에 대한 점성학적 예언은 대중화시킬 필요가 없는 것이었다. 하지만 황제의 관상을 편찬하는 것은 사람들 사이에 형성되어온 분석적 관상학의 공통의 코드를 이용하여 궁극적으로 정치적 목적을 달성하기 위한, '보이기 위한' 저술이다.

홉킨스(K. Hopkins)는 로마인의 삶에서 "정치적 권력과 정당성은 세금이나 군대에 기반한 것이 아니고 사람들의 마음 속에 있는 것이다"라고 말한 바 있다.[66] 황제를 둘러싼 신화가 만들어지고 이야기되는 것은 일상생활에서 정치라는 영역을 한 차원 높은 것으로 승화시키는 것이었다. 여기서 관상가들의 역할은 이 '신화화'에 관상을 동원하는 것이었다고 볼 수 있다.

연극, 수사학, 의학에 적용된 관상학

　그리스-로마 시대의 분석적 관상학은 강한 사회성을 띠고 있었다. 집단 사이에 공통적으로 인지할 수 있는, 사람의 성격에 대한 외형적인 스테레오 타입을 만들어내기 때문이었다. 따라서 이런 특성 때문에 관상학은 제3자에게 누군가에 대한 정보를 전달할 수 있는 일종의 기호가 될 수 있었다. 때문에 관상학이 가장 먼저 쓰일 수 있는 부분은 신상 파악과 관련된 부분이었다.

　이미 이집트 시대의 파피루스나 그리스의 법률문서에는 징병 대상자나 재판받는 이를 묘사하는 데 관상학적인 기술이 쓰이고 있다.[67] 기원전 107년의 토지매매문서를 보면 땅을 사는 사람에 대하여 "약 48세 정도, 중키, 고운 피부, 둥근 얼굴, 코는 곧고, 이마에는 흉터가 있다"고 씌어 있다.[68] 그런데 여기서 관상은 비단 어떤 사람에 대한 외모의 객관적인 묘사가 아니라 도덕적 가치를 함께 싣곤 한다.

　단턴의 『고양이 대학살』(The Great Cat Massacre)에서는 문필가들을 감시하던 18세기 파리의 한 경찰관이 작성한 보고서를 소개한다. 이 경찰관은 자신이 감시하던 사람들을 기록하면서 '용모'라는 항목을 대단히 중요시하였다. 그는 볼테르의 용모를 "큰 키에 말랐음, 호색가의 풍모"라고 기록하였다.[69] 이것은 그 경찰관이 볼테르를 어떻게 보았는가를 말해주는 것으로, '호색'이라는 도덕적 가치판단을 수반한 것이다.

용모에 도덕적 가치판단을 부여하는 전통은 그리스-로마의 분석적 관상이 이룩한 업적이다. 자연철학자들이 만들어낸 관상학의 코드들은 사회 전반에 보급되고 계승되어 실제생활에 적용되었다. 실생활에서 관상이 가시적으로 가장 두드러지게 나타나는 분야는 연극, 수사학, 그리고 의학이었다.

연극 속의 관상학

정형화된 외모를 꾸밈으로써 특정한 성격이나 캐릭터를 나타내는 것은 연극에서 빈번히 쓰이는 것이다. 그리스에서 행해진 최초의 연극 공연은 기원전 6세기 아테네에서 시작되었던 것으로 알려진다. 연극은 종교축제인 주신제(酒神祭)의 프로그램 가운데 하나로 시작되어 헬레니즘 시대에 수많은 도시로 퍼져나갔다. 연극은 도시국가의 많은 사람들이 한자리에 모여 의사소통을 나눌 수 있는 중요한 기회였던 것으로 보인다. 비극은 고대의 신화와 전설을 모티프로 당시 아테네 도시국가의 민감한 사회 정치적 사안들을 다루곤 하였다. 희극 역시 정치제도와 사회적 문제점들을 풍자하고 비판하였던 것으로 알려진다. 당시 관객들은 오늘날의 관객보다도 훨씬 능동적으로 호응하였다.[70]

아테네 비극에서는 몇 가지 정형화된 가면들이 등장한다. 각각의 가면은 누구나 공감할 수 있는 코드를 이용해 특정한 처지에 놓인 인간형을 뚜렷이 나타내고자 한 것이었다. 기원전 5세기 희극에 쓰인 가면들이 좀더 개성을 띠면서 배우들은 가면을 쓰면 좀더 자유롭게 아테네의 유명인사를 비판하고 풍자할 수 있었다. 왜냐하면 그것은 대부분 미치광이, 불구자, 바보의 모습을 하고 있어서 자신이 취한 행동에 책임을 지지 않아도 되기 때문이었다.

연극이 비극, 희극, 풍자극의 장르로 구분되어 극이라는 형식을 갖추게 되면서 가면은 극중에 나오는 인물의 고정된 타입을 보여주는 도구

로마 시대 모자이크에 나타난 연극의 리허설 장면. 앞쪽에 사티로스 등의 캐릭터를 표현하는 가면이 보인다.

로 사용되었다. 성격 유형과 신체를 결합시키는 경향이 두드러짐에 따라 거꾸로 '외양'이 성격과 역할을 규정하는 것이다. 이들 가면에 사용된 관상학적 특질들은 다음과 같다.

    —쐐기 모양(V자 모양)의 턱수염을 기른 늙은이가 눈썹을 치켜 뜨고 있는 모습은 고집불통을 표현하는 것이다.
    —쓸데없이 참견하기를 좋아하는 자는 곱슬머리에 긴 턱수염을 하고, 한쪽 눈썹이 올라가 있다.
    —노예장수는 슬쩍 이를 드러내고 웃으나, 이마에는 내 천(川)자를 그리고 있다.
    —시골뜨기는 넓은 입술에, 피부가 검고, 들창코이다.

연극은 고대 그리스에서 매우 중요한 커뮤니케이션의 수단이었다. 배우가 쓸 가면을 점검하는 극작가 메난드로스. 기원전 3세기경.

　　－허풍쟁이 병사, 아첨꾼, 남에게 빌붙어 사는 자들의 안색은 검고,
　　　매부리코를 하고 있다.
　　－아첨꾼은 사악해 보이는 눈썹을 가진 반면, 남에게 빌붙어 사는
　　　자들은 훨씬 명랑해 보인다.[71]

　노예를 표현하고자 할 때는 붉은 곱슬머리, 붉은 안색, 사팔뜨기, 그리고 대머리로 묘사된 마스크가 사용되곤 하였다. 이런 요소들은 아리스토텔레스가 그의 관상학에서 말한 인종적 편견과 일치하는 것이다.[72] 중세 동안 신비극에 밀려 침체기를 겪었던 풍자극은 16세기 이탈리아에서 부활하였는데, 교활하고 탐욕스런 상인을 표현하기 위해 매부리코에 검고 여윈 얼굴을 하고 거기에 지저분한 회색 수염을 붙이곤 하였다.

가면은 배우가 묘사하는 극중 인물의 신분, 직업, 때로는 개성을 드러낼 수 있는 공공의 시각적 코드를 담고 있는 것이었다. 왼쪽은 트로이 왕 프리아모스, 오른쪽은 청년, 아래는 각각 사티로스와 광대를 표현하는 가면이다.

수사학과 관상학의 절묘한 결합

그리스 시대는 말이 아주 중요한 때였다. 도시국가들에서는 모든 일반적인 관심사를 토론으로 결정했다. 모든 사안을 담화 형태로 고쳐야 했고, 상반된 내용을 논증하는 형태로 만들어야 했다. 이런 맥락에서 고대사회에서 정치란 "본질적으로 말을 다루는 것이다"라고 정의한 것이다.[73] 말이 중요한 권력기구가 되면서 말을 잘하는 방법을 가르치는 일도 중요해졌다. 여기서 새로운 의사소통의 기술인 수사학이 탄생한 것이다.

이렇듯 그리스 사회는 스스로를 잘 표현할 수 있는 사람이 높이 평가되는 사회였다. 아리스토텔레스는 웅변을 법정 웅변, 정치 웅변, 첨언적 웅변으로 나눈 바 있는데, 이 모든 것이 말을 통해 결국 무엇이 옳고 그른가를 다른 사람에게 납득시키는 것이었다. 정치 웅변에서는 정치적 선과 악을, 법정 웅변에서는 법률적 선과 악을, 첨언적 웅변에서는 윤리적 선과 악에 대해 의견을 개진하는 것이었다.[74] 따라서 수사학은 실용학문이었다. 특히 이 시대에 법정 웅변은 매우 중요한 것이었다. 왜냐하면 아테네에서는 소송 당사자들이 소송 이유를 스스로 변호해야 한다는 법 규정이 있을 정도로 실생활과 직결되었기 때문이다.

로마 사회에서도 웅변술은 매우 중요한 기술이었다. 웅변술은 고등교육을 위한 기초과정이었을 뿐만 아니라, 철학, 자연과학, 법률학에 이용되었다. 특히 정치에서 웅변술은 매우 중요한 요소였다. 그 까닭은 관직을 수행하면서 논리적 사고와 명료한 진술, 그리고 분명한 제스처 등이 정치적 입지를 확립하는 데 필수요건이었기 때문이었다.

카이사르를 암살한 이후 일어나는 일련의 사태는 로마 사회에서 웅변술이 얼마나 효과적인 정치적 수단이었는지를 드러내는 대표적 사례이다. 카이사르를 암살한 브루투스의 웅변이 로마인들의 마음을 한순간에 돌려놓았던 것이다. 네로의 어머니였던 대(大) 아그리피나는 유명한 철학자 세네카에게 네로의 교육을 맡길 때 통치능력을 향상시키는 방법으로 별로 도움이 되지 않는 철학수업을 없애고 웅변술을 철저히 가르치게 하기도 하였다.[75]

앞서 살펴본 관상가 폴레몬은 뛰어난 수사학자이기도 하였다. 그는 관상학을 수사학에 응용시키는 방법론을 세우는 데 큰 기여를 하였다. 아리스토텔레스의 분석적 관상의 원칙들을 웅변의 내용과 웅변가의 제스처에 적용한 것이다. 거꾸로, 그의 관상에 대한 저술은 마치 웅변가의 논증과 같은 구성을 취하고 있다. 독자가 마치 웅변가 앞에서 직접 연설을 듣는 것처럼 매우 설득적으로 서술된 것으로, 언어에 시각적 효과를 불러일으켜서 감정을 고양시킨다.

한 예로, 리디아에서 온 어떤 남자를 묘사하는 데 매우 구체적인 사례를 들고 있으며, 상당히 동적인 느낌을 동원해 그 사람을 생생하게 보여준다.

쏘아보는 어두운 눈은 마치 술에 취했거나 성난 것처럼 핏발이 서 있고 눈꺼풀을 크게 치켜 뜨고 있다. 그자의 눈길은 야비한 자, 고발당한 자, 위험한 자의 것이다. 그는 사냥꾼의 피냄새를 맡은 멧돼지와도 같이 이를 갈며, 높은 음조로 웃는다……. 나는 그가 사악함으로 가득 차 있다는 것을 안다. 그의 죄는 배은망덕, 폭력, 살인, 미성년자와 여성에게 가하는 성폭력 등 끝이 없다.[76]

그리고 폴레몬은 말한다. "그는 적보다도 친구에게 더 사악한 사람이며 친구를 적처럼 해치기에 급급하다. 자유인이건 노예이건 말이다."[77] 이쯤 되면 듣는 사람 모두는 자신의 입장에서 볼 때와 마찬가지로 자신의 친구에 대하여 의심하기 시작할 것이다. 바로 이 시점에서 폴레몬은 "누구도 그자가 얼마만큼 위험한가 알지 못한다는 것은 놀라운 일이다"[78]라고 말한다.

폴레몬의 뛰어난 점은 이렇게 관상학적인 가치판단을 하는 자신이 옳다는 것을 뒷받침해줄 수 있는 '실증적인' 예를 내놓는다는 점이다. 이것은 그의 관상학이 성숙한 수사학적 틀을 취하고 있음을 보여주는 것으로, 수사학과 관상학의 오묘한 결합의 결과물이다. 리디아에서 온 그 사내에 대한 폴레몬의 결론은 "축제일에 그가 이웃에서 열리는 잔치에 굴이 가득 찬 바구니를 보냈는데, 그 속에 사람의 머리가 들어 있었

다. 그는 독극물에 정통한 사악한 마술가로, 수없이 많은 사람을 죽였다"는 것이었다.[79)]

웅변가와 제스처

웅변술에서는 듣는 이들에게 효과적인 의사전달을 위해 '눈에 보이듯이' 내용을 묘사하는 기술이 매우 중요하였다. 듣는 사람들에게 '독백'의 형식으로 전달되는 말에는 청중들 사이에서 공통의 이해를 끌어내기 위해 관용적 표현이 빈번하게 사용되었다. 특히 누군가를 묘사하는 것은 청중들에게 보이지 않는 제3자를 정확하게 그려내는 기술을 필요로 하는 것이었다. 여기서 많이 동원된 것이 관상학이다.

웅변술에 쓰인 관상학은 크게 두 가지 종류로 나눌 수 있다. 그 하나는 웅변가가 전달하는 내용 속에서 관상학적 표현을 사용하는 것이다. 웅변가는 이미 그 사회에 형성되어 있는 관상학적 코드를 사용하여 특정하게 정형화된 인간형을 묘사할 수 있었다. 이는 모두가 알 수 있는 외형적 특징을 통해 한 사람의 특정한 성격을 표현할 수 있는 효과적인 기제이다. 수사학에서 아이콘(eikon)이라는 특별한 용어까지 붙은 이 기술은 다른 것과의 비교를 통하여 어떤 사람의 외모를 묘사하는 기술을 뜻한다.

관상학은 외모가 곧 내면이라는 등식을 가정하고 성립하는 것이기 때문에 상대방의 외모를 평가하는 것이 곧 그 사람에 대한 평가가 되는 것이었다. 이 기술은 특히 누군가를 공격하는 데 주로 쓰였다. 키케로는 『퀸투스 로시우스를 대신하여』(Pro Quinto Roscio)에서 로시우스가 카이레아(Chaerea)를 속일 수도 있었을 것이라는 가정을 비웃는다. 외모조차 카이레아는 속일 수 없을 정도로 지극히 간교한 사람이기 때문이라는 것이다.

저 바짝 민 머리카락과 눈썹에서 사악한 의도가 풍겨나오고 날카롭기 그지없는 행위들이 퍼져나오지 않는가? 만약 어떤 사람의 침착한 얼굴이 어떤 추측을 가능케 한다면, 카이레아의 온몸, 발가락 끝에서 머리끝까지, 그 전체가 그의 속임수와 간교함을 나타내지 않는가? 그의 눈, 눈썹, 이마, 요컨대 얼굴 전체가 말하지 않는 마음을 그대로 다 표현해주는 것들이 아닌가? 이 얼굴이야말로 사기꾼의 얼굴이다.[80]

이 기술은 특히 정적을 공격하는 데 많이 사용되었다. 남성중심적 고대사회에서 최고의 효과를 지닌 공격방법은 상대방을 여성과 비교하는 것이었다. 웅변술은 정치영역에서 가장 큰 힘을 발휘하였고, 여성은 정치영역에서 배제된 무의미한 존재였다. "곱슬거리는 머리카락, 부드러운 피부, 높은 목소리, 전반적으로 부드럽고 약하고 떨리는 것"과 같은 표현들은 모두 여성의 이미지를 나타내는 것이었다.

상대 남성을 공격하기 위하여 여성뿐 아니라 환관의 이미지도 종종 동원되었다. 환관에 비유된다는 것은 남성에게 가장 수치스러운 모욕이었다. 여기서 환관은 무성이라기보다는 열등한 여성에 가깝다. 남녀 양성자 역시, 중성이나 양성이라기보다는 여성성을 나타내는 것으로 인식되었다.

그는 여기저기를 둘러보며 끊임없이 촉촉한 눈길로 눈동자를 굴린다. 좁은 이마를 찌푸리고, 볼을 움씰대며 눈썹을 심하게 움직인다. 머리를 치켜들고, 가끔 등을 움직이고 사지가 빠져나간 것처럼 흐느적거리며 움직인다. 그는 깡총거리듯 종종걸음으로, 어기적거리는 걸음걸이로 걷는데, 손바닥은 하늘로 향해 있다. 그의 목소리는 가늘고 날카로우며 매우 무기력하다.[81]

폴레몬도 자신이 싫어하는 상대를 묘사하면서 이와 같은 기술을 그대로 적용한 바 있다. 아를레스의 파보리누스(Favorinus of Arles)는 폴레몬과 정적관계에 있었던 사람으로, 두 사람은 소아시아에서 살던 시절부터 로마로 입성한 후까지 싸움을 계속하였다. 폴레몬은 파보리누스의 이름을 직접 거론하지는 않았지만, 누구라도 그 사람이라는 것을 알 수 있는 묘사를 통하여 그를 공격한다.

켈트인의 땅에서 온 이자는 호색가이다. 그리고 그는 말할 수 없이 방종하다……. 이자의 눈은 짐승의 눈과도 같은데, 눈을 뜨면 나타나는 광채가 마치 대리석과도 같다는 것은 수치를 모르는 뻔뻔함을 드러내는 것이다……. 이 짐승의 눈을 가진 자는 갈리아 출신이고…… 환관의 신체를 갖고 있다.[82]

웅변술에 관상학이 적용된 또 다른 분야는 제스처이다. 제스처는 웅변가가 신체의 움직임을 통해 감정의 변화를 표현하는 것을 말하는데, 종종 웅변가의 외모 자체를 일컫는 말로 쓰이기도 한다. 또한 음성의 높낮이와 표정 역시 제스처의 중요한 요소이다. 웅변가가 제스처를 사용하는 목적은 청중으로부터 동의, 분노, 반대 등을 유도하는 효과를 극대화하기 위한 것이다.

관상학의 전통 가운데 제스처와 가장 밀접한 관계를 맺고 있는 것은 아리스토텔레스의 분석적 관상학의 세번째 범주, 즉 "다양한 표정을 통하여 그것이 의미하는 감정이나 감성을 찾는 것"이라 할 수 있다. 음조에 관한 아리스토텔레스의 구분을 살펴보자.

크고 깊은 목소리는 당나귀에게서 볼 수 있듯이 오만함을 나타낸다. 낮게 시작하였지만, 높이 올라가는 목소리는 소에게서 볼 수 있듯이 낙담과 불평을 표시한다. 가늘고 갈라지는 음색은 계집애의 언어이다. 깊고도 공허하고 단순한 목소리는 큰 종류의 개에게서 볼 수 있다. 부드럽고 들척지근한 목소리는 양한테서 볼 수 있듯이 점잖음을 나타내고, 날카로운 부르짖음과 같은 목소리는 염소가 그러하듯이 무례함을 나타낸다.[83]

한편, 표정에 관한 아리스토텔레스의 관상학 원칙은 다음과 같은 것들이다.

  –눈을 깜박거리는 것은 비겁함을 나타낸다. 왜냐하면 도망치는 것은 눈에서부터 시작되기 때문이다.
  –길게 곁눈질하는 것은 멋쟁이처럼 뽐내는 것이다.
  –눈동자를 고정시킨 채 한쪽 눈만 반쯤 윙크하는 것, 그리고 눈동자를 위로 올려서 지그시 바라보다가 감는 것, 그리고 일반적으로 부드럽고 촉촉하게 바라보는 것 모두가 멋쟁이인 척하는 것이다. 우리는 이런 식으로 바라보는 것이 여자들에게 공통적으로 나타나는 현상이라는 것을 안다.
  –눈의 흰자위가 항상 보일 만큼 천천히 눈을 굴려서 거의 정지된 것처럼 보이는 것은 사려 깊다는 것을 표시한다. 왜냐하면 정신적으로 깊은 생각에 빠져 있을 때는 눈동자도 움직이지 않기 때문이다.[84]

로마 제정 초기의 웅변가 퀸틸리아누스(Quintillianus)는 제스처에서 확고한 발달을 가져온 중요한 저서를 남겼다. 그의 『변사가의 훈육』(*Institutio Oratoria*)은 이후 오랫동안 웅변술에서 교과서 역할을 하게 된 것이다. 그는 훈육하는 데 철학보다도 언어와 그를 전달하는 스타일을 중요시하였다. 여기서 그는 "제스처란 언어의 도움을 받아 아주 많은 것을 명확히 표현하게 해준다. 심지어 말을 할 수 없는 동물들도 분노, 기쁨, 아양부리는 것을 눈이나 다른 사인을 통해 표현한다. 고개

의 각도란 의사를 전달하는 데 가장 중요하다"고 말한 바 있다.[85]

퀸틸리아누스 이후 로마의 웅변술에는 아리스토텔레스가 확립한 제스처의 원칙을 계승하면서 동시에 웅변이라는 상황에 맞는 보다 실제적인 기술들이 추가되었다. 키케로는 웅변술에서 몸짓의 중요성을 다음과 같이 설파하였다.

> 웅변가의 표정은 목소리의 톤과 부합하여야 한다. 그리고 반드시 위엄 있는 대화 스타일을 견지하며, 똑바로 서서, 오른손은 많이 움직이지 않는 것이 좋다. 주제에 따라 기쁨과 슬픔을 적절히 수용한다. 논쟁에 들어가면 팔의 움직임을 빨리 하며, 얼굴의 표정을 즉시 바꾸며, 날카롭게 보여야 한다. 앞뒤로 걷거나, 가끔 발을 구르거나, 쏘아보는 듯 굳은 표정을 줄곧 짓는 것도 효과적이다. 훈계를 할 때에는 느린 제스처가 필요하다. 그러나 표정은 바꾸지 않는 것이 좋다. 감정을 최대한 표현하려면, 허벅지를 치거나, 머리를 치거나, 가끔씩 슬프고도 긴장된 표정을 지어주는 것이 좋다.[86]

위 내용은 키케로의 웅변술이 관상학적 개념을 적극 수용하고 있음을 보여준다.

관상학이 웅변술에 적용된다는 것은, 관상학이 지닌 사회적 성격을 뚜렷이 보여주는 예라 할 수 있다. 개인 차원의 미래에 대한 예언이 아니라, 현재를 살고 있는 사람들 사이의 의사소통의 도구로 관상학이 사용되고 있기 때문이다. 이런 경향은 이후 연극 분야에 많은 영향을 끼쳤으며, 특히 마임의 등장과 더불어 그 가치가 극대화되었다. 또한 이 분야의 관상학은 소설의 캐릭터 묘사와 회화에서 감정을 표현하는 데 기본이 되는 원칙을 제시하기도 하였다. 특히 16세기에 나타나기 시작하여 19세기에 그 발달이 두드러졌던 캐리커처는 고대 웅변술에 적용되었던 제스처와 표정의 전통에서 가장 큰 도움을 받은 부분이다.[87]

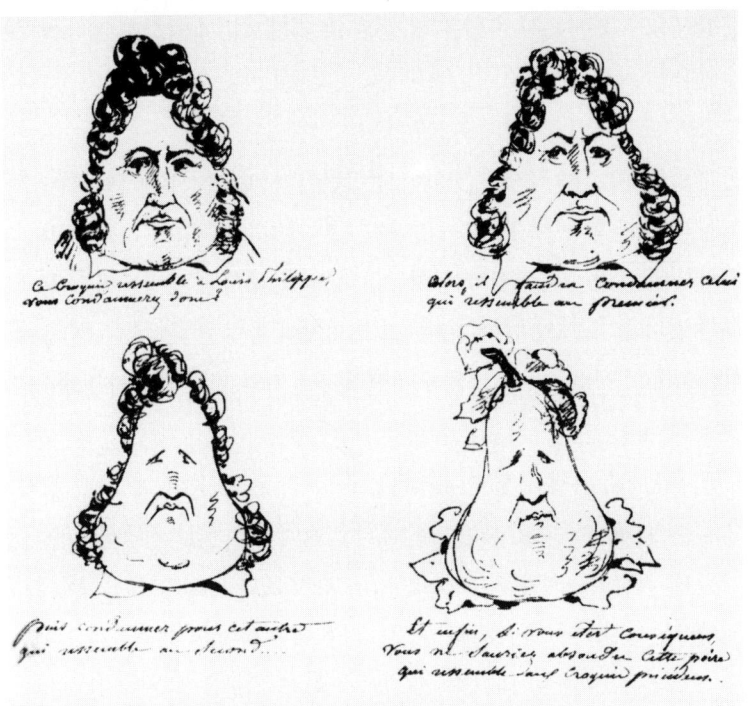

1830년 7월혁명으로 왕위에 오른 루이 필리프를 풍자한 그림. 두 눈을 똑바로 뜨고 있던 루이의 얼굴은 점점 눈이 내려앉으면서 배로 변한다. 여기서 화가는 루이의 얼굴이 배와 닮았음을 강조하면서 당시의 언론탄압을 비난하고 있다.

관상학에 드러난 의학

고대 관상학의 영향을 가장 많이 수용한 부분은 의학 분야이다. 의학이 언제부터 관상학을 수용하였는지는 정확하지 않다. 그러나 히포크라테스는 최초로 '관상을 보다'라는 동사를 사용하였다고 알려져 있을 만큼 관상학을 긍정적으로 받아들인 사람으로 알려져 있다. 실제로 그는 의사의 외모에 대하여 이렇게 말한 바 있다.

의사는 바람직한 외모를 갖추어야 한다. 그리고 건강하고 영양 상태가 좋으며 적당한 체격을 유지해야 한다. 왜냐하면 사람들은 대개

깔끔하지 못한 의사가 남을 잘 돌볼 수 있다고는 생각하지 않기 때문이다.[88]

히포크라테스는 의학의 영역에서 미신이나 마술을 배제해야 한다고 역설하며, 경험을 토대로 한 의학체계를 세웠다. 따라서 그가 적용한 관상학은 예언적인 관상학이 아니라 철저히 분석적 관상학의 전통에 따른 것이었다. 그의 임상기록은 그가 환자의 질병을 파악하는 데 체액설(humoral theory)에 더하여 분석적 관상학의 원칙들을 적용하였음을 보여준다.

체액설이란 인체가 혈액, 황담즙, 흑담즙, 점액 등의 네 가지 체액으로 이루어져 있다고 보는 것인데, 이 체액들이 서로 적당한 균형을 이룰 때 건강이 유지된다는 것이다. 네 가지 체액은 각각 공기, 불, 흙, 물이라는 4원소와 봄, 여름, 가을, 겨울의 4계절을 대표한다. 따라서 의술의 본질은 이 네 가지 체액의 적절한 균형을 회복시키는 것이었다.

사람의 겉모습은 건강 상태를 측정하는 가장 확실한 징후 가운데 하나였다. 여기서 관상과 의학의 결합이 생기는 것이다. "위장이 튼튼한 경우는 몸이 가볍고, 이해가 명확하며, 움직임이 신속하다. 그러나 위장상태가 나쁘고 소화가 안 되는 경우는 몸이 무겁고 피부가 물컹물컹하며, 눈과 얼굴이 붓고, 하품을 자주 하며, 눈꺼풀이 무겁고, 고약한 트림을 한다"는 등 고대로부터 내려온 전통적 개념이 그 한 예가 될 것이다.[89]

히포크라테스의 저서 가운데 관상학적 개념을 가장 많이 드러내는 부분은 인종을 비교하는 분야이다. 그는 사람의 생김새에서 아주 큰 차이가 나타나는 것은 여러 인종이 있기 때문이라고 생각하였다. 그리고 유럽인과 아시아인(여기서는 소아시아를 말함)의 체질과 외모의 차이를 가져오는 원인으로 기후와 풍토를 꼽았다. 그의 저서 『공기, 물, 장소에 대하여』(*Upon Air, Water and Situation*)는 기후 · 풍토와 질병의 상관관계를 기술한 것이다. 그는 사람의 몸을 구성하는 4체액이 기후와 풍토에 의해 큰 영향을 받는다고 생각하였다. 아시아의 기후와 사람의 몸의 관계는 다음과 같다.

> 땅이 비옥하여 모든 것이 크게 성장하고, 기후도 온화하여 인간의 기질을 보다 부드럽고 온건하게 만든다. 생물이 성장하는 데 특별히 나쁜 조건이 존재하지 않고, 모든 것이 균등하여 제반 성장이 최고에 달한다……. 따라서 이곳의 사람들은 발육이 좋고 몸매가 단단하고 아름다우며 키가 크다. 몸매나 키의 개인차가 대단히 적다.[90]

아시아에 대한 이런 호의적인 평가를 히포크라테스 혼자만 내린 것은 아니었다. 앞서 살펴본 것처럼, 그리스인들은 비그리스인들을 전반적으로 폄하하였으나, 간혹 소아시아만은 예외로 들곤 한다. 이는 아마도 그리스인들이 소아시아의 발달된 문물에 대한 경외심을 품고 있었기 때문이 아닐까 한다. 헤로도투스와 같은 역사가도 "페르시아 사람들은 용기나 힘에서 그리스인에 뒤지지 않는다"[91]고 말한 바 있다.

소아시아 지역에 대한 호의적인 평가는 기후와 풍토뿐만 아니라 '장소'와 체질 간의 관계를 이야기하면서도 그대로 반영된다. 히포크라테스는 "해가 뜨는 쪽에 위치한 지역은 인간의 몸에 이롭다. 그것은 따뜻함과 차가움이 적당하기 때문이다. 이런 곳에 사는 사람들의 얼굴색은 다른 지역 사람들보다 밝고 붉은색을 띠며, 목소리가 곱고 기질도 우수하다"고 말하였다.[92]

그러나 아시아를 제외한 다른 지역의 사람들에 대한 히포크라테스의 생각은 다른 민족을 폄하하는 당시 사회의 인종관을 그대로 답습하고 있는 것이었다. 오히려 그는 일반적인 인종적 구분에 체질이라는 요소를 추가하여 더욱 구체적이고 '과학적인' 차별의 기준을 세운 결과를 가져왔다. 예를 들어, 스키타이족(Scythian Race: 옛날 카스피 해와 흑해 북쪽에 살던 민족들)의 특성을 이야기하면서, 이들의 몸이 비만하고 관절이 튀어나오게 된 원인이, 상당히 추운 지방에서 계절의 변화가 크지 않아 항상 같은 음식을 먹고, 같은 옷을 입고 습기 많은 공기를 마시기 때문이라고 말한다. 이들의 내장은 더욱 많은 수분을 함유하고 있으며 지방과 체모가 없어, 남자끼리 또는 여자끼리 비슷한 체형을 가지고 있다는 것이다.[93]

이와 같이 히포크라테스는 질병이나 사람의 생김새에 영향을 미치는 가장 근본적인 원인이 환경이라고 주장하였다. 연못의 물과 같이 고여 있는 물을 마시는 사람은 "점액 분비가 촉진되어 쉰 목소리를 내며, 비장이 커지고, 복부가 팽만하며, 위장이 딱딱해지고, 위액이 엷어지며 열이 많다. 양쪽 어깨와 쇄골, 그리고 얼굴이 마르고, 대식가여서 목구멍이 건조해진다"고 했다.[94]

또한 산악 지역의 사람들은 체형이 크고 지구력이 있으며 용맹한 반면, 따뜻한 바람이 부는 늪지대에 사는 사람들은 키가 크고 균형 잡히지 않은 몸매를 가지고 있으며, 뚱뚱하고, 검은 머리카락과 검은 피부, 담즙질의 체질을 갖고 있다고 말한다.[95] 여기서 체질에 좋지 않은 영향을 미치는 '환경들'이란 그리스가 아닌 다른 지역을 말하고 있음은 물론이다.

히포크라테스 이후 서양 고대 의학의 대표적인 존재로는 갈레노스(Galenos, 129~200년경)를 꼽을 수 있다. 그는 마르쿠스 아우렐리우스를 비롯한 황제의 주치의로서 고대 의학을 집대성한 사람이다. 갈레노스는 고대 그리스의 체액설을 발전시켜 4체액의 분포에 따라 인간을 크게 네 부류(다혈질, 담즙질, 점액질, 우울질)로 나누었다. 이후 이 분류에 따라 의학 분야에서 관상학이 발전하게 되어, 중세 관상학에서는 생김새로 체질을 판단하는 것이 매우 중시되고 강조되었다.

좋은 체질의 표상

적당히 살이 있고, 목과 두상에는 군살이 없고, 외양이 떡 벌어지고 잘 배치되어 있다. 얼굴이 훤하고 이목구비가 잘 배치되어 있고, 갈비뼈가 제대로 붙어 있고, 부드러운 피부, 등에 적당히 살집이 있고, 머리카락이 지나치게 뻣뻣하지 않고 너무 검지도 않다. 검거나 갈색의 눈동자가 적당히 촉촉하다.

나쁜 체질의 표상

목에 너무 군살이 많고 무릎부터 강하지 않으며, 살이 많다. 노란 눈, 턱은 살집이 많고 늘어진다. 살집이 많은 콩팥, 긴 다리, 살찐 목, 전체적으로 살이 찌고 벌어진 몸을 하고 있다.

정직한 자의 표상

움직임이 신중하고 현명하며, 다혈질처럼 발그레한 볼에 얼굴은 둥글고 가슴이 위로 솟았다. 목소리는 강하고 풍부하며, 똑바로 뜬 눈은 갈색이다.[96]

이런 내용들은 기본적으로 겉모습에 의해 건강상태를 파악할 수 있다는 의학적 관상학의 원칙을 드러낸다. 그런데 의학 분야에 적용된 관상학에서는 단지 내면과 외양 사이의 상응만을 이야기하는 것이 아니라 '체질'이라는 요소를 추가한 것이었다. 생김새를 통해 성격을 파악하고, 그 성격이 지배적으로 나타나는 체질을 알아내어 사람을 분류하는 것이다. 체질을 분류하는 이유는 각각의 체질에 맞는 처방을 내리기 위해서였다. 성마른 자의 성격은 열기가 지나치게 많기 때문에 나타나는 외형적인 현상이다.

성마른 자는 보통 쭉 뻗은 몸집에 용기도 있다. 그러나 성질 때문에 열기로 가득 차 있어서, 강건하고, 붉은빛이 도는 몸을 가지고, 떡 벌어진 어깨와 큰 사지를 가지고 있다. 강하나 거칠지 않은 가슴과 단단한 턱, 얼굴과 긴 머리를 갖고 있다. 이런 자는 성을 내야 할 때나 내지 않아야 할 때나 쉽게 성을 내므로 좋은 성질을 가진 자가 아니다. 그러나 내가 생각하기에 이런 자는 동정의 대상으로, 끈기도 없다.[97]

질병이라는 것이 인간의 역사에서 변함없는 골칫거리였기 때문에 의학 분야에서 나타난 관상학은 기타 관상학이 부침을 겪는 변화 속에서도 쇠퇴하지 않고 지속되는 경향을 보인다. 특히 갈레노스의 체액설이 확고한 자리매김을 하게 된 중세에는 체액설과 점성학이 결합하면서 의학 분야의 관상학은 일상 생활에 깊숙이 파고들어 공고한 영역을 구축하였다.

3

조각난 육체와 중세의 관상학

눈이 심히 높으며 그 눈꺼풀이 높이 들린
무리가 있느니라.
앞니는 장검 같고 어금니는 군도(軍刀) 같아서
가난한 자를 땅에서 삼킨다.

• 잠언 30: 13~14

학문의 지배자, 신학

　로마 제국이 붕괴한 후 상당히 오랫동안 유럽의 모습은 다른 시대에 비하여 잘 알려져 있지 않다. 유럽이 이른바 뚜렷한 중세적 특징을 갖게 된다고 알려진 11세기 이전까지는, 굵직굵직한 정치적 변동을 제외한 유럽의 생활상의 대부분이 신비한 안개에 싸여 있는 셈이다. 관상의 역사도 마찬가지여서 중세의 관상학은 가장 연구가 덜 진행된 분야이고, 남아 있는 문헌도 지극히 제한적이다. 여기서 살펴볼 중세의 관상학은 주로 11세기 이후를 다루고 있음을 미리 밝혀두기로 한다.

　중세 유럽에서 관상학은 고대 그리스-로마의 경우와 마찬가지로 학문의 한 분야로 간주되었다. 이 시대 학문은 주로 성직자들이 담당하였는데, 그들은 아리스토텔레스, 폴레몬이나 아드만티우스(Admantius) 등이 그리스어로 쓴 관상학 저술들을 고대가 이뤄낸 지적 결과물의 하나로 소중히 생각하였다. 고대 문헌들은 중세의 지적 · 문화적인 전통에서 볼 때 중세 학자들이 끊임없이 따라가야 할 하나의 정형으로 제시되었다. 그리고 중세 학문체계에서 고대인들에 대한 의도적인 모방은 사실 어느 시기보다도 더욱 두드러진 것이었다.

　대부분의 저술에서 앞 부분은 성서와, 그리스-로마의 현인들의 이름과 저술들을 한없이 나열하고 수많은 인용구들로 채우기 일쑤였다. 중세 말부터 유럽에 널리 퍼지기 시작한 대중용 관상서『저명한 의사 아칸담』역시 고대의 관상학적 유산을 소개하는 내용들로 가득하다.

히포크라테스는 첫번째 저서인 『일반적인 질병』에서 언제나 관상을 볼 때 머리를 가장 우선적으로 고려하여야 한다고 말하였다. 왜냐하면 정상보다 크거나 작은 머리는 항상 나쁜 징조로, 결국 심성이 잘못되면 그것이 머리의 크기로 나타난다는 것이다……. 머리의 형태를 만드는 것은 두개골이다. 만약 두개골이 못생겼다면 두뇌 또한 좋지 않다. 인간의 두개골은 다른 어떤 동물보다 균형 잡힌 것이다. 남성은 여성보다 더 나은 뇌를 갖고 있다.[1]

여기서 히포크라테스가 실제로 관상에서 머리가 가장 중요한 부분이라고 말하였는지의 여부는 중세 사람들에게는 별로 중요하지 않은 것이었다. 그의 이름을 거론하는 것 자체가 저술에 권위를 싣는 방법이었기 때문이다. 중세 연구가인 르 고프(Jacques Le Goff)는 중세 사람들이 고대 문화에 엄청난 지적 권위를 부여하였던 이유를 중세의 특징인 "물질적, 도덕적 불안감" 때문이라고 설명한다.[2] 뒤비(Georges Duby) 역시 중세의 삶이 굶주림, 미래, 전염병, 폭력과 전쟁, 나아가 사후세계에 대한 두려움으로 가득 차 있었다고 이야기한 바 있다.[3]

중세의 불안한 정서 속에서 사람들은 고대를 풍요롭고 영화로운 황금기로 포장하곤 하였다. 이런 사회에서 지적 권위란 현재사회보다는 고대사회를 모델로 삼고, 학문적 정당성을 과거에서 끌어오는 경향이 짙다. 이 과정에서 지식인들은 항상 과거 현자들의 '권위'를 빌리게 마련이었다. 하지만 이런 지적 열등감은 오히려, 아주 많은 고대적 전통들을 수용할 수 있었던 바탕이 되기도 한다. 따라서 중세는 표면적으로 신학이 모든 학문의 지배자로 군림하였음에도 불구하고, 수많은 기타 학문들을 적극 수용하여 중세만의 독특하고도 풍부한 학문체계를 만들어낼 수 있었다.

신학 속으로 들어간 관상학

하지만 중세의 학문체계에서 고대의 지적 결과물들이 온전히 독립적인 학문으로 위치를 확보할 수는 없었다. 기독교가 중세 유럽의 이데올로기적 헤게모니를 장악하면서 모든 학문들은 신학 속으로 편재되어야 했다. 따라서 관상학을 비롯한 고대 지식들은 때로는 조각조각 나뉜 채로, 때로는 그 의미가 왜곡되면서 기독교 신학을 강화시키는 보충 지식으로 이용된다.

고대 그리스-로마의 학문적 유산들은 결국 신학의 탄생을 위해 준비되었던 지식인 양 신학의 테두리 안에서 끊임없이 재인용되고 재해석되곤 하였다. 이 과정에서 신학 속으로 재포장되어 들어올 수 없는 성격의 지식들은 잘 보이지 않는 한쪽 구석에 쌓인 채 빛을 보기를 기다리고 있는 셈이었다.

이런 흐름 속에서, 관상에 관한 고대적 지식들도 상당 부분 가톨릭 신학의 한 부분으로 편입되었다. 중세 가톨릭 교회는 관상학을 이교도의 신앙이나 위험한 유사종교로 치부하기보다는 오히려 신학을 강화하기 위한 요소로 받아들임으로써, 존재에 정당성을 부여하면서 합법적 지식체계 안으로 끌어들였던 것이다.

관상학에 관심이 있던 학자들은 성서의 구절 가운데 관상학과 관련이 있을 만한 구절들을 찾아내어, 이 학문이 하느님에 의해 창조된 것으로 해석하고자 하였다. 다음의 구절들은 관상학이 결국 신학의 테두리 안에 놓여 있을 뿐이라고 주장하는 근거로 사용된 예들이다.

불량하고 악한 자는 그릇된 말이나 하고 돌아다닌다. 그들은 눈짓과 발짓과 손짓으로 서로 신호를 하며, 그 비뚤어진 마음으로 항상 악을 꾀하여 다툼을 일으킨다(잠언 6: 12~13).

눈짓을 하는 자는 그릇된 일을 도모하며 음흉하게 웃는 자는 악한 일을 이루느니라. 백발은 영화의 면류관이다(잠언 16: 30~31).

지혜는 슬기로운 자의 앞에 있거늘 미련한 자는 눈을 땅 끝에 두느니라(잠언 17: 24).

눈을 치켜 뜨는 자는 교만한 마음이 있다(잠언 21: 4).

악한 사람은 굳은 표정을 짓지만 정직한 자는 그런 행위를 삼가느니라(잠언 21: 29).

사람의 마음은 그것이 선한 것이든 악한 것이든, 안색으로 나타나게 마련이다. 즐거운 마음은 생기 있는 안색을 만든다. 생기 있는 안색은 마음이 풍요롭다는 증거이다(전도서 8: 25~26).

외모로 그 사람을 알 수 있다. 네가 그를 만났을 때 그의 표정만으로 그가 어떤 사람인지를 알 수 있다. 옷차림, 지나친 웃음과 걸음걸이가 그를 말해준다(전도서 19: 29~30).

수상학 분야도 마찬가지여서 수상학을 옹호하던 신학자들은 그 원리가 이미 성서에 나와 있는 것이라고 주장하였다.

이것으로 네 손의 기호와 네 미간의 표를 삼고 여호와의 율법으로 네 입에 있게 하라(출애굽기 13: 9).

그가 각 사람의 손을 봉하시나니, 이는 그가 지으신 모든 사람으로 하여금 그것을 알게 하려 하심이니라(욥기 37: 7).

오른손에는 장수가 있고 왼손에는 부귀가 있나니(잠언 3: 16).[4]

중세 기독교가 이데올로기적 헤게모니를 장악하기 위해서는 유럽에 이미 존재하는 모든 지식과 관행을 아우르는 것이 급선무였다. 따라서 세상사의 전체적이고 완전한 모습을 이해하기 위해 이교도적 지식의 범주는 적극적으로 수용되곤 하였던 것이다. 이교적 관행의 수용은 유럽 곳곳으로 기독교가 전파되던 중세 초기에 가장 두드러지게 나타났다. 하지만 기독교가 확실한 위치를 차지한 이후에는 그 지식들이 종종 박해의 대상으로 전락하곤 하였다.

사실 중세에서 고대 지식이 가진 권위를 비단 고급 학문의 범주에서만 찾아볼 수 있는 것은 아니었다. 농민들 사이에도 나름대로 전해오는 관습과 처방 등이 있었고, 그들은 그런 삶의 지혜가 고대의 유명한 현인들로부터 비롯된 것이라고 믿곤 하였다. 물론 대중들 사이의 전통적 지식과 해석방법은 신학자의 그것과는 달랐을 가능성이 높다. 또는 신학을 중심으로 펼쳐지는 지식인들의 세계관과 농민들의 세계관은 마치 교집합처럼, 서로 공유하는 부분과 공유하지 않는 부분이 있었을지도 모른다.

'미시사' 분야의 선구자 격인 진즈부르그(Carlo Ginzburg)는 사회 엘리트와 농민 사이의 대화를 통해 두 집단이 '같은 것'을 말하면서도 머릿속으로는 '전혀 다른 세계관'을 갖고 있었다는 것을 멋지게 보여준 바 있다. 그의 저서 『치즈와 구더기』(*The Cheese and the Worms*)에는 '창조설'에 대한 한 농부의 자의적인 해석이 나온다. 엘리트들의 정통적 해석과는 달리, 농민은 마치 우유에서 치즈가 만들어지고 거기서 구더기들이 생겨나는 것처럼 천사들과 세상이 만들어졌다고 생각한 것이다.[5]

따라서 실제로 필요에 따라 추려지는 관상학의 내용과 그 해석들은 이 두 계층에서 아주 다른 것일 수도 있었다. 중세사회에서 대다수를 차지하던 농민들은 신학체계를 통해 관상학을 이해하기보다는 관습적으로 내려오는 속담을 통해 그것의 원칙들을 배울 수 있었을 것이다. 프랑스에 전해 내려오는 다음과 같은 속담들은 아리스토텔레스의 분석적 관상학의 영향을 드러내는 부분들로, 중세 농민의 삶에서 관상학이 일종의 문화적 '규범'의 역할을 하고 있었음을 보여준다.

―매부리코를 가진 사람은 인색하다.

―비뚤어진 코를 가진 사람은 도둑의 손을 가지고 있다.

　　―들창코를 가진 사람은 교활하지 않다.

　　―머리가 비죽비죽 솟은 사람은 퉁명스럽다.

　　―무기력한 눈을 가진 사람은 온화한 성품을 지녔다.[6]

　농민들 사이에 이런 관상학적 개념들이 계속 회자되는 상황 속에서 중세 신학자들은 이들을 아예 뿌리뽑지 못할 바에야 신학 안으로 끌어들일 필요를 느꼈을 것이다. 이것은 곧 기독교 신학의 한계를 말해주는 것이며, 동시에 신학이 포용해야만 하는 지식의 범주를 나타내는 것이기도 하다.

　하지만 이러한 이교적 지식에 대한 거부감도 만만치 않았다. 이교적 지식을 수용해야 할 필요성과 거부감 사이의 갈등은, 특히 12세기 이후 아라비아에서 들어온 아리스토텔레스 학문체계를 수용하는 과정에서 두드러지게 나타났다. 아라비아인들이 작성한 해석과 주석서가 함께 들어온 아리스토텔레스는 처음에는 기독교 교회를 경악시켰다. 그러나 기독교 신학의 포용성과 융통성은, 이를 지적인 적으로 두기보다는 신학의 보충물로 수정하여 스콜라 철학이라는 체계로 구현해낸 것이었다.

아라비아 문명권에서 역수입된 중세 관상학

　중세 유럽에서 관상학이 본격적으로 나타난 것은 12세기 이후로, 그리스-로마 시대의 문화유산이 아라비아 문명권에서 역수입되면서 일어난 현상 가운데 하나였다. 아라비아 문명권을 거쳐 들어온 고대의 관상학은 순수한 그리스-로마 전통에 아라비아의 지적 전통도 가미된 것이었다.

　서기 1000년경 아라비아의 철학자들 사이에 아리스토텔레스의 학문이 연구되면서 관상학과 관련된 학문들도 연구되었다. 특히 페르시아

의사였던 라겔(Ali ben Ragel)과 라지(Abu Bakr Muhammad ibn Zakariya ar-Razi)[7]는 그리스어로 씌어진 고대 문헌들을 토대로 총 열 권에 이르는 의학백과를 편찬하였는데, 이 가운데 두 권에서 집중적으로 관상학을 논하고 있다. 이 책은 아리스토텔레스류의 관상서에 기초하고 있지만, 내용에서 많은 차이점이 발견된다. 시간이 흐르면서 관상학에 새 시대와 환경에 맞는 실제적인 내용들이 보강된 것이다. 이렇게 변모한 관상학이 12세기경 유럽으로 건너오게 된다.[8]

12~13세기 유럽에서는 고대 관상학서에 새로운 주해를 달아 편찬된 문헌들도 생산되었다. 현재 약 22종이 발견되었는데, 비록 이 문헌의 저자가 고대 철학자들이라고 주장되기는 하지만, 그 내용은 고대 텍스트에 중세적 비판과 첨삭이 가해진 것으로 중세인들의 지적 결과물이라고 보는 것이 옳다.

이 시대에 가장 주목할 만한 관상서는 프리드리히 2세의 궁정 점성가였던 스콧(Michael Scot, 1175~1235)에 의한 번역본 『인간의 관상』(De Hominis Physiognomia)』이다.[9] 1210년 파리에서 아리스토텔레스 금지령이 내려지고 유럽의 대부분에서 아리스토텔레스의 번역이 어려움에 처하게 되었던 당시, 툴루즈는 예외적으로 아리스토텔레스 번역의 천국이었다. 스콧은 당시 툴루즈의 대표적 번역가로 활동하고 있었으며, 아리스토텔레스의 아라비아어 번역본을 다시 라틴어로 중역하였다.

스콧의 관상서는 중세 후반 가장 인기 있는 관상학서의 하나로 자리 잡아 1501년 이전에 이미 21판을 찍어낼 정도였다. 그 밖에 많은 판본을 자랑하는 관상학서로는 대(大) 앨버트(Albert the Great)의 『여자와 독약의 비밀』(Secreta Mulierum et Virorum)을 들 수 있다. 또한 자일스(Giles of Corbeil), 앨버트(Albert), 아널드(Arnold of Villanova), 보나티(Guido Bonatti), 오렘(Nicole d' Oresme) 등의 관상서들이 중세 유럽에 회자되었다.[10]

관상학이 부활하였다고는 하지만, 앞서 지적하였듯이 신학과 철저히 분리되어 독립적인 학문영역을 구축할 수는 없었다. 관상학은 신학과 연계하여 발달하였기 때문에 정당성을 확보한 고급 지식으로 취급되어 많은 지식인 엘리트들을 매료시켰다. 따라서 신학자들에게서 고대 관상학의 흔적을 읽는 것은 당연한 귀결이다. 로저 베이컨(Roger Bacon)은 신학을 위하여 수학, 과학, 점성술까지 연결시킬 것을 주장하였다. 아퀴나스(Saint Thomas Aquinas) 역시 『동물학』(De Animalibus)에서 관상학을 언급하였고, 켄터베리 대주교였던 베키트(Thomas Beckett) 조차도 관상학자에게 조언을 구하였던 것이다.

동물과 비교하지 말라

비록 그 기반이 고대 그리스-로마의 전통에 있다 할지라도 기독교가 문화적 이데올로기를 구축한 이상 관상학에 기독교적 요소들이 스며드는 것은 당연한 이치이다. 여기서 중세만의 독특한 관상학의 모습이 갖추어진다. 중세 관상학의 가장 두드러진 특징으로는 우선 아리스토텔레스 관상학의 원칙이었던 동물과의 비교가 현저히 위축된 점을 들 수 있다.

이런 변화는 기독교가 인간을 동물과 비교하거나 인간에게 동물의 상징을 쓰는 것이 금기시되었기 때문이다. 「창세기」는 "하느님이 말씀하시길, 우리의 형상을 따라 우리의 모양대로 우리가 사람을 만들고"[11] 라고 규정한다. 인간이 도저히 접근할 수 없는 존재인 신은 스스로의 모습이 묘사되고 표현될 수 있도록 인간의 육체를 취하였다는 것이다. 이것은 인간의 모습에 지상의 존재를 뛰어넘는 엄청난 가치를 부여하는 것이었다. 심지어 20세기에도 사람의 육신은 "빈약하고 덧없는 자연 속에서, 여전히 신의 초상 또는 동일 형상으로 존재한다. 모든 존재와 본질의 출발점인 그가 육신의 형상 속에 써넣은 이름"[12]이라고 생각되곤 한다.

따라서 인간이 신의 형상을 하고 있다는 개념은 인간이 비단 동물보다 우월할 뿐만 아니라 인간을 동물과는 현저히 다른 존재로 승격시켰다. 1930년대 관상학을 철학적 관점에서 분석한 피카르(Max Picard)는 사람의 얼굴과 신의 모습 사이의 연관성을 이렇게 이야기한다.

신은 생성되지 않고 존재한다. 존재성은 신의 본성에 속하기 때문에 생성보다 차원이 높다. 얼굴은 각각의 존재에 따라 달려 있다. 그것은 신성한 존재성 자체를 반영한다. 사람의 얼굴 속에서 이 영원한 존재에 참여하고 있는 그것은 결코 소멸될 수 없는 것이다.

무엇보다도 각각의 형상은 저마다 신의 다른 모습을 보여준다. 수많은 사람의 얼굴들을 보면, 영원성 전체가 오로지 사람의 얼굴 속에서 신의 참모습을 드러내는 것으로 족하다는 생각이 든다. 신의 모습은 무한하다. 사람의 얼굴은 신의 참모습을 전부 보여주기 위해서라도 영원히 존속해야 한다.[13]

이제 인간의 외모는 고대 사람들이 파악했던 것과는 매우 다른 의미를 지니게 되었다. 고대 그리스에서 인간은 동·식물과도 공유되는 공통점이 있는 생물군의 하나였다. 아리스토텔레스는 사람의 영혼이 세 가지 요소로 이루어졌고, 그 가운데 하나는 식물과 공유하고 다른 하나는 동물과 공유하며, 이성이라는 나머지 하나로 인하여 인간이 특이하다는 개념을 정립한 바 있다. 그러나 기독교는 인간을 동물과 근본적으로 다른 존재로 규정하였다. 따라서 이제 신학자들은 몸에 대한 통제마저도 신성과 연관지어야 한다고 설파하게 된다. 대(大) 안토니우스는 이렇게 말한 바 있다.

성령은 지성과 연합하여 머리끝에서 발끝까지 몸 전체를 질서 있게 유지하라고 가르친다. 눈은 순수하게 보고, 귀는 평화롭게 들으며, 혀는 좋은 것만 말하고, 손은 기도하거나 사랑의 행위를 수행하며, 배는 적절하게 먹고 마시며, 발은 하느님의 뜻 안에서 바르게 걸어야 한다.[14)

이런 분위기 속에서 중세의 지식은 인간이 동·식물과 공유하는 유사성보다는 차이점을 강조하는 담론을 팽창시켰다. 고대 철학자들이 남긴 유산 가운데 인간의 우월함을 드러낼 수 있는 부분들이 강조되기도 하였다. 예를 들어 동물은 아래를 보며 기어가는 데 반해, 인간이 천국을 지향하기 때문에 직립할 수 있다고 플라톤이 주장하였다는 것이나, 아리스토텔레스가 주장하였다고 알려진 인간만의 특성들——예를 들어 인간은 웃을 수 있는 동물이고, 나이가 들면서 머리카락이 희게 변하며, 혼자 힘으로는 귀를 움직일 수 없다——과 같은 내용들이 주목받게 되었다.[15)

인간의 월등하고도 고유한 입지가 주장되면서 많은 금기가 새로 등장하기도 하였다. 신학자들은 수영을 비난하곤 하였는데, 그 이유가 앞으로 나아가는 방법이 '인간적'이지 않기 때문이라는 것이다. 즉 "사람은 걷고, 새는 날고, 오직 물고기만이 헤엄친다"[16)는 것은 신이 창조한 이치이다. 또한 놀이나 제례에서 동물로 분장하는 것도 매우 불경스러운 일로 간주되었다. 많은 도덕론자들은 인간이 동물로 가장하는 것 자체가 인간의 성스러운 이미지를 타락시키는 것이라고 비판하였다.[17)

따라서 신학체계로 편입한 관상학에서 인간과 동물을 직접 비교하는 일은 불경스러운 일이 되어버렸다. 동물과 비교를 하는 경우는 어떤 인간을 극도로 비하하려는 은유적 표현에만 주로 사용될 뿐이었다. 968년 독일 황제 오토 1세가 콘스탄티노플에 파견한 리우트프란트(Liutprand of Cremona)는 자신이 만난 비잔틴 황제 니케포루스 2세(Nicephorus II Phocas)에 대한 인상을 고국에 적어 보냈다. 리우트프란트의 표현은 그가 비잔틴 황제에 대하여 얼마나 적대감을 갖고 있는가를 여지없이 드러낸다.

그는 매우 흉물스럽게 생겼는데, 마치 머리가 거대한 난쟁이 같았고, 노파처럼 작은 눈에, 무성하고 희끗희끗한 짧은 수염으로 더욱 추하게 보였습니다. 목은 손가락보다 가늘었고, 길고 무성한 머리는 영락없는 돼지 같았습니다. 그의 얼굴색은 에티오피아인 같아서, 밤중에 그를 만나기가 꺼려질 정도입니다. 그 거대한 배에 어울리지 않는 빈약한 엉덩이라니. 작은 키에 비하면 너무 긴 허벅지와 짧은 다리, 그리고 그에 걸맞는 발목과 발에, 옷은 화려하지만 너무 낡고 색이 바랬으며, 시시니엔 식의 신발을 신고 있었습니다. 무례한 언사와 여우 같은 간계를 가진데다 카이사르처럼 맹세를 저버리고 거짓말을 일삼았습니다.[18]

여기서는 고대 관상학이 만들어낸 열등한 세 그룹——여자, 이방인, 동물——의 이미지가 교차되어 사용되고 있다. 한 사람의 외모에 대한 이런 인식은 그 사람의 내면에 대해 더없이 부정적인 가치를 부여하는 것이다.

고대 그리스의 관상학에서 동물들은 종종 인간의 미덕을 나타내는 비교 대상이었지만, 이제 중세 유럽에서 동물은 미덕 부분에서 제외되고, 오직 인간 이하의 열등함을 강조할 때에만 동원되었다. 이것은 기독교가 만들어낸 인간과 기타 생물 사이의 위계라는 개념에 바탕을 두고 있는 것이다.

기독교는 이 세상이 인간을 위해 창조된 것이고, 인간을 제외한 다른 종의 생물은 단지 인간을 보충해주기 위하여 존재한다는 개념을 설파하였다. 따라서 인간에게 그 동물이 실제로 얼마나 유용한가 하는 척도로만 동물을 분류하였다. 그리하여 고대세계에서 사람 못지않게 고결한 성상을 가진 것으로 대접받았던 몇몇 동물들이 그러한 지위를 잃게 되었던 것이다.

교회와 점술

고대로부터 관상은 비단 체계를 갖춘 학문으로서뿐만이 아니라, 예언을 끌어내는 초자연적인 점술의 성격을 강하게 내포하고 있었다. 특히 일반 대중들에게 퍼져 있던 관상학 가운데는 기독교 신학으로는 설명할 수 없는, 많은 '미신적' 개념이 포함되어 있기도 했다. 그들에게 관상학은 학문이 아닌 일상의 보편적 관행이었고, 누군가의 얼굴을 보면서 이런 이야기들을 예언할 수 있다.

　　ー곱슬머리는 사랑받는다.
　　ー일찍 이가 나는 사람은 곧 형제 자매가 생긴다.
　　ー치아 복이 있으면 부모복도 있다.[19]

기독교가 정신세계를 지배하던 중세 유럽에서 이른바 정통적 신(God)에 대한 믿음 이외에도 거대한 민간 신앙체계가 존재하였다는 것은 이미 토머스(Keith Thomas)와 같은 학자들이 제시한 바 있다.[20] 그런데 중세 대부분의 시기에 점술을 비롯한 이교적 신앙, 나아가 마법이라 불리는 온갖 것들을 뭉뚱그린 민간 신앙과 정통 기독교 신앙을 뚜렷이 구분하기란 매우 어려웠다. 왜냐하면 사실 기독교적 정체성은 기독교 초기 단계에 수용된 많은 이교의 문화적 잔재들 위에서 세워진 것이었기 때문이다.

동정녀 마리아와 아기 예수를 그린 13세기 성화에는 마리아의 치마 아래쪽에 초승달이 그려져 있다. 초승달은 고대 이집트에서 하늘의 여왕 이시스 여신을 나타낸다. 따라서 이 성화에서 마리아의 존재는 중세 사람들에게 이시스 여신의 상징을 업고, 그 코드를 통해 표현된다. 또한 크리스마스를 둘러싼 많은 상징물들은 대부분이 기독교 이전의 이교적 전통에서 빌려온 것이다. 크리스마스 장작, 겨우살이풀, 나아가

13세기의 성화. 마리아의 발치에 그려진 초승달은 고대 이집트 문화에서 하늘의 여왕인 이시스 여신을 나타내는 표지이다. 중세의 성화는 고대의 이교적 문화의 상징적 코드들을 아우르는 상징체계를 나타내곤 하였다.

크리스마스 트리는 모두 기독교 이전에 유럽에 존재하였던 이교적 전통의 잔재이다.[21]

800년에 치러진 라이스바흐(Reisbach) 종교회의에서는 점쟁이나 예언을 행하는 사람들에게 오딜(Ordeal: 신명심판)을 행한다고 공포한 바 있다.[22] 실제로 13세기 이전 유럽의 신명심판에 관한 기록들을 보면, 점을 치는 행위나 마술에 대하여 처벌을 가한 사례가 무수히 발견된다. 이처럼 처벌에 관한 기록들이 많다는 것은 거꾸로 그만큼 점을 치는 행위들이 성행하였다는 것을 암시한다.[23] 1258년 교황 알렉산더 4세가 종교재판관들에게 점복사건을 문제삼지 말고 "명백하게 이단의 낌새가 있는" 사건만을 문제삼아야 한다는 원칙을 세운 바 있다. 그만큼 점복이 보편적이었기 때문에 일일이 처벌한다는 것이 의미가 없다는 이유에서였다.

그런데 여기서 주목해야 할 점은, 신명심판 자체도 점술과 마찬가지로 이교적 관행이었다는 점이다. 신명심판은 원래 게르만족의 관습으로 고문이나 다름없는 혹독한 시험을 통해 죄의 유무를 가려내는 방법이었다. 가장 보편적으로는 불과 물이 사용되었는데, 뜨거운 다리미를 들고 일정한 거리를 걷게 하고는 며칠 후 손에 화상의 흔적이 없으면 무죄로 판명하는 식의 관행이었다. 이후 마녀사냥에 보편적으로 쓰이게 된 '수영 시험' 역시 이 오딜에서 기원한 것이다. 교회는 점술을 이교적 관행이라고 처벌하는 방법으로 또 다른 이교적 관행인 신명심판을 이용하는 모순을 그대로 드러냈던 것이다.

한편, 많은 이교적 관행이나 점술 등은 기독교적 틀을 차용하며 '기독교화' 되어갔다. 마술과 교회는 종종 얽혀 있었으며, 때로는 성직자들이 특정한 마술을 사용하거나 추천하기도 하였다. 프랑스의 악랄한 마녀 재판관이었던 보댕(Jean Bodin, 1530~96)은 끈매기 마술을 추천한 바 있다. 끈매기 마술이란 어떤 남자를 성적 불구자로 만들기 위한 것으로, 남자를 상징하는 가느다란 끈에 매듭을 만드는 것을 말한다.

끈을 사용한 이유는 지퍼가 발명되지 않았던 당시에 남자들이 바지 앞쪽을 막기 위해 양 끝에 쇠붙이가 달린 끈을 사용하였기 때문이었다. 이 마술은 누군가의 행복한 결혼생활을 막아보려는 사악한 의도를 담고 있으며, 종종 결혼 미사를 올리는 신랑 신부는 자신들에게 누군가 이 마술을 부릴까봐 매우 두려워했다고 전해진다.

가죽끈이나 명주실을 들고 있다가 성직자가 신랑 신부의 성혼을 선언하는 순간 "리발드"라고 말하면서 매듭을 맺고 성호를 긋는다. 그러고 나서 이번에는 "노발"이라고 말하면서 두번째 매듭을 만들고 성호를 긋는다. 그리고 마지막으로 "바나르비"라고 하면서 세번째 매듭

을 매고 성호를 긋는다.[24]

이 마술에 성호를 긋는 행위가 포함된다는 것은 중세 점술이 기독교적 상징체계를 차용하였음을 보여주는 예이다. 사실 떠돌이 손금쟁이들에게 손금을 볼 때도 첫 단계는 우선 성호를 긋는 것이었다. 기독교적 상징체계는 점술의 '해석' 부분에 동원되기도 하였다. 예를 들어 중세나 근세의 수상학에서 손바닥에 나타나는 십자가 모양의 손금은 늘 박해, 수난, 희생을 의미하는 것이었다. 근세 수상학서에서는 종종 다음과 같은 내용이 발견된다.

    - 두뇌선과 생명선이 만나는 윗부분에 십자 모양이 나타나면 박해
      를 의미한다.
    - 엄지의 손등을 향해 아치 모양이 나타나는 것은 십자가를 의미
      한다.[25]

14세기 종교재판관 에머릭(Nicolas Emeric)은 손금보기와 같은 점술을 비이단적으로 구분하고, 악마의 도움을 받는 다른 점술과는 달리 이를 승인한 바 있다.[26] 하지만 전반적으로 14세기 이전 중세사회에서 점술이나 마술과 같은 이교적 신앙에 대한 교회의 태도는 그 행위 자체가 이교적 성격을 지녔는가의 여부가 아니라, 누가 행하느냐에 따라 적법성이 결정되곤 하였다.

마술이나 점을 치는 행위에 대한 처벌은 주로 하층민에 해당되었다.[27] 이는 똑같이 점을 치더라도, 엘리트가 주체가 되었을 때는 처벌의 대상이 되지 않았음을 암시한다. 실제로 엘리트는 점치는 행위를 지식의 범주에 편입시켰는데, 엘리트의 지식으로 들어간 점술이 그들에게는 소중한 지적 재산이 되었을 것이다. 따라서 점술에서 엘리트는 '지적 권위'를 창출할 수 있었던 반면, 대부분의 사람들은 비난과 처벌

유럽 문화권에서 오월제는 남근을 상징하는 커다란 오월제 기둥(Maypole)에 꽃장식을 하고 젊은 남녀가 그 기둥을 돌며 춤추면서 풍요를 기원하는 풍습이었다. 이교적 전통에 뿌리를 둔 관습이었 지만, 중세 유럽 기독교 문화권에서도 오월제는 지속되었다.

을 받을 소지를 다분히 안고 있었던 것이다.

이것은 중세 유럽에서 사회적 엘리트들이 당시 사회 전반에 만연하던 이교적 행위를 '독점'하고, 궁극적으로 통제하고자 하는 적극적인 움직임일 수 있다. 이 보편적 관행을 자신들만의 것으로 독점한다는 것은, 곧 그것으로 인한 권력을 창출한다는 것을 의미한다. 따라서 기독교 엘리트들이 자신들의 기반을 확고하게 다질수록 마술에 대한 탄압도 심해지고, 관상을 포함한 점술에 대한 처벌도 강화되곤 하였다.

그리고 이 과정에서, 교회는 오히려 스스로 이교적 관행들을 시행하는 유일하고도 합법적인 주체가 되어갔다. 점치는 행위가 너무나도 만연한 삶의 중요한 부분이었기 때문에 아예 교회 안으로 끌어들였던 것이다. 공동체에서 분쟁이 생기거나 사건이 일어났을 때 성직자가 용의

자들을 모아놓고 점을 치는 것은 흔한 일이었다. 중세 영국 교회에서 가장 일반적으로 볼 수 있던 점술은 체점으로, 체와 가위를 이용해서 도둑을 가려내기 위해 쓰였다. 체를 가위 위에 올려놓고 의심 가는 사람들의 이름을 부르면서 돌리면 도둑의 이름이 불린 순간 체가 멈춘다는 것이다.

또한 중세 유럽에서는 성경점이 널리 유행하였다. 이 점술은 성경을 아무렇게나 펼친 후 손가락으로 짚어 나오는 글자를 통해 운명을 예측하는 것이었다. 처음에는 성직자들 사이에서만 시행되었는데, 이후 대중에게도 널리 전파되었다. 중세에 흔히 통용되던 점술로는 다음과 같은 것들이 전해진다.

기후(Stareomancy) 대기(Aeromancy) 악마(Doemonomancy)
물(Hyromancy) 흙(Geomancy) 성령(Theomancy)
불(Pyromancy) 인형(Idolomancy) 영혼(Psychomancy)
장기(臟器, Antinopomancy) 짐승(Theriomancy)
새(Ornithomancy) 물고기(Ichthyomancy) 꿈(Oniromancy)
약초(Botanomancy) 돌(Lithomancy) 이름(Onomatomancy)
숫자(Arithmancy) 수학의 대수(Logarithmancy)
가슴에서 배까지의 길이(Sternomancy) 손(Chiromancy)
배에서 나는 소리 또는 배의 형태(Gastromancy)
배꼽(Omphelomancy) 발(Poedomancy) 이마(Metoposcopy)
손톱(Onychomancy) 재(Tuphramancy) 연기(Capnomancy)
향(Livanomancy) 머리(Cephaleonomancy) 톱(Axinomancy)
양초(Carramancy) 물이 담긴 그릇(Lecanomancy)
거울 보기(Catoxtromancy) 종이에 쓰기(Chartomancy)
칼(Macharomancy) 반지(Dactylomancy) 체(Coseinomancy)
금속(Cattabomancy) 별(Roadomancy) 그림자(Scyomancy)

피부, 뼈 또는 체변(Spatalamancy) 주사위(Astragaiomancy)
포도주(Oinomancy) 치즈(Typomancy) 원(Gyromancy)
곡물가루(Alphitomancy) 곡물(Crithomancy)
닭(Alectromancy) 촛불(Lampadomancy)[28]

이들 가운데 관상과 관련이 있는 점술은 가슴에서 배까지의 길이, 배에서 나는 소리 또는 배의 형태, 배꼽의 모양, 손금, 발, 이마, 손톱 등을 들 수 있다. 여기서 배꼽점은 첫 아기의 배꼽이 매듭지어진 모양을 보고 산모가 앞으로 아기를 몇 명이나 더 낳을지를 알아맞히는 것이었다. 한편 뱃속에서 나는 소리로 치는 점에서는 뱃속에서 강아지가 짖는 것 같은 소리가 난다면 악마에 들렸다는 증거로 받아들이곤 하였다.

덧붙여, 사람의 몸에 선천적으로 타고난 크고 작은 점들과 후천적으로 몸에 난 상처 등을 통해 운명을 점치는 일도 많았다. 특히 관상학에 점성학적 요소가 가미되면서 몸에 있는 점이나 상처 따위의, 이른바 '표지'들이 중요시되었다. 이것은 사람의 몸이 대우주인 천체와 상응하는 소우주이기 때문에, 인체의 점이 천체의 행성과 같은 의미를 지닌 것으로 해석된 결과이다.

예언적 관상학과 분석적 관상학의 결합

중세 관상학은 고대 아리스토텔레스류의 관상과 점성학적 관상의 두 전통을 혼합하여, 중세적 맥락에서 변형시키며 발달한 것이었다. 그리스 자연철학자들이 만들어낸 성격분석적 관상학과 이후 로마 식의 예언적 관상학이 기독교 문화 속에서 새로운 중세적 관상학으로 거듭난 것이다.

비밀 중의 비밀

아리스토텔레스류의 관상서인 『세크레툼 세크레토룸』(*Secretum Secretorum*, 비밀 중의 비밀)[29]은 중세를 통틀어 유럽에서 가장 널리 알려진 관상서였다. 그 동안 이 책의 원저자가 아리스토텔레스라고 알려져왔는데, 그 이유는 이 문헌에 있는 머리말을 아리스토텔레스가 썼다고 전해졌기 때문이었다. 그 머리말에는 아리스토텔레스가 알렉산드로스 대왕으로부터 페르시아 원정에 동행해줄 것을 요청받았으나, 너무 늙어서 갈 수 없기 때문에 대신 황제가 지켜야 할 지침서를 기술한다고 씌어 있다.

실제로 중세 사람들은 이 글을 아리스토텔레스가 쓴 것으로 믿었다. 하지만 최근 학자들은 중세의 많은 문헌이 그러하였듯 책의 권위를 부여하기 위하여 아리스토텔레스라는 현인의 이름을 도용한 것일 뿐이었다고 주장한다. 특히 앞 부분에 첨부되어 있는 알렉산드로스 대왕의 편지와 아리스토텔레스의 머리말 모두가 8세기 말에야 쓰인 것이라는 주장이 설득력 있게 제기되고 있다. 이런 맥락에서 중세의 산물로 보는 것이 좋을 것이다.

중세의 지식인들 사이에 이 문헌은 매우 인기 있는 고전이었다. 이 책은 원래 그리스어로 씌어진 문헌에 기초를 두고 있으며, 9세기경에 아라비아어로 번역되어 보존되어오다가 12세기경부터 라틴어 번역을 통하여 전 유럽에 퍼졌다. 중세 지식의 발전소라 부를 수 있는 수도원과 대학들이 다투어 번역과 전파에 참여하였으며, 로저 베이컨 같은 사람도 라틴어 번역에 참여하여 1257년경 작업을 완수하였다. 필사본은 현재 영국에서만 500여 개가 넘게 발견되었다.

그런데 이 문헌은 순수한 관상학 저술이라고 하기보다는 교육서에 가까운 성격을 띠고 있는 일종의 지침서이다. 그리고 식사예법과 같은 단순한 예법만을 주로 다루는 중세의 다른 교육서에 비하여 정치사상과 도덕률 등 왕이 갖추어야 할 광범위한 덕목을 담고 있다는 특징을 가지고 있기도 하다. 훌륭한 왕으로서 지켜야 할 태도와 행동에 대한 조언으로, 인간성에 대한 상식, 자연의 법칙, 관료를 고르는 법, 관상, 건강관리, 계절에 따른 몸 관리 등의 내용이 주를 이루고 있다.

이 문헌은 중세 후반 유럽 전역에서 가장 많이 사용된 왕자의 교육서 가운데 하나가 되었다.[30] 영국에서도 리처드 2세가 이 책으로, 그 이후의 왕들도 이 문헌 또는 이 교육서의 부분을 발췌한 『군주의 섭생법』(*The Regiment of Prince*), 『원칙의 검경(檢鏡)』(*Speculum Principis*), 『군주의 거울』(*Mirror of Prince*) 등으로 교육받았다.[31] 또한 이 책에서 관상, 건강관리와 위생을 다루는 부분들은 중세 말 유럽에서 가장 넓게 보급된 『가정용 건강지침서』(*Regimen*)의 주된 골격을 이루기도 하였다.

아리스토텔레스 관상학의 중세적 적용

『세크레툼 세크레토룸』의 관상에 관한 부분은 고대 그리스의 아리스토텔레스류[32]의 관상학을 대폭 계승한 것이었다. 관상이란, "몸의 생김새, 즉 용모와 목소리 및 색깔에 나타난 상징적 특징을 보고 사람의 상태와 미덕과 매너를 판단하는 과학"[33]이라 정의되었다. 이는 육체가 내적인 미덕과 외적인 성품을 반영하는 거울과도 같은 것이라는 고대의 믿음을 그대로 투영하는 부분이다.

하지만 이 문헌은 내용상 고대 관상학에 기반을 두고 있기는 하지만, 고대 관상학과는 다른 중세적인 특징들을 분명하게 드러낸다. 우선 동물과의 비교 부분이 약화되면서 그리스의 관상학에서 만들어진, 이른바 '객관적으로' 인간의 생김새를 동물의 종을 나누듯 분류하는 경향은 현저히 쇠퇴하였다. 반면, 실제적으로 사람의 삶에 쓰일 수 있는 내용과 골격이 보강되었다.

삶에 지침이 되는 관상에서는 그리스 관상학처럼 이 세상 모든 사람들의 얼굴을 두세 가지의 관상학적 틀로 크게 나누거나 더욱 세부적으로 나누는, 이른바 인간의 '객관적인' 특성들을 나열할 필요가 없었다. 왕과 왕자들의 교육에 어떤 생김새가 어떤 성품을 나타내는가 하는 지혜를 가르친다는 것은, 다분히 신하를 고르는 데에도 그 올바른 선택을 유도하는 용도로 쓰였을 것이다.

마찬가지로 왕이 신료의 관상을 통해 보아야 하는 내용이란, 결국 일반인들 역시 상대방을 파악할 때 고려하는 요소들이었을 것이다. 따라서 이 교육서에서 관상이란, 사회라는 틀 안에서 생김새를 통해 사람의 성품을 판단하는 지침을 제공할 수 있는, 사회적인 목적을 강하게 드러내는 것이었다.

이런 경향은 물론 텍스트의 성격이 교육용 지침서였고, 관상학이 그런 맥락에서 사용되었기 때문에 두드러져 보이는 것이다. 하지만 다른 측면에서 생각해볼 때, 관상이 교육서의 한 부분으로 편입되었다는 것 자체는 이제 관상학이 수행하여야 하는 목적을 더욱 분명하게 만들어주는 것이다. 따라서 그 문헌을 기초로 한 교육을 통해 중세 관상학의 전통이 새로 만들어질 수 있었던 측면을 간과할 수 없다.

그러므로 이 문헌은 중세 사람들이 생김새를 통해 무엇을 보고자 하였나 하는 점을 투영한다는 점에서 매우 시사적이다. 그들이 중요하게 생각하였던 인간의 성격은 다음과 같은 것들로, 당시 사회에서 어떤 '인간형'들이 회자되었는가를 엿보게 해준다.

용감한 자의 표상

첫째 뻣뻣한 머리카락, 둘째 반듯한 직립 자세, 셋째 튼튼한 골격과 손발, 넷째 배는 완만하게 넓지만 약간 들어가고, 다섯째 머리통은 크고, 여섯째 길긴 목은 굵지만 살찐 것이 아니다. 일곱째 넓은 가슴과 살집이 많은 상체, 여덟째 몸과 조화를 이루는 큰 엉덩이, 아홉째 갈색이거나 낙타털 색과도 같은 머리카락은 숱이 적당하고, 너무 곱슬거리지 않는다. 열째 몸의 빛깔이 갈색이며, 열한번째는 너무 마르지도, 둥글지도 않은 똑바른 얼굴.

비겁하거나 나약한 자의 표상

약한 머리카락, 굽은 자세, 배꼽보다 훨씬 윗부분까지 쑥 들어간 배, 창백함을 띤 노란 얼굴빛, 약해 보이는 눈을 가지고 눈을 자주 감곤 한다. 작은 사지(四肢). 작고 긴 손가락, 좁고 약해 보이는 옆구리, 너무 흰 외양과 공상에 잠겨 있는 듯한 모습.

수치심이 없는 자의 표상

번득이는 눈빛, 눈꺼풀이 붉고 크고 짧다. 솟은 어깨, 몸이 굽었다.

노예의 표상

불길한 눈초리에 찌푸린 인상. 머리는 오른쪽으로 숙이고 누구에게나 고개를 끄덕이며 무릎을 꿇고, 손의 움직임이 보기 흉하다. 그리고 걸음걸이 또한 노예의 표상이다.

잔소리꾼의 표상

보통 윗입술이 아랫입술을 덮을 정도로 크다. 붉은빛의 얼굴에 털이 많다.

호색가의 표상

보통 흰 피부에 뻣뻣하고 숱이 많은 검은 머리카락을 가졌다. 관자놀이가 거칠고, 살집이 늘어졌으며, 산 사나이처럼 잘 구른다. 이런 외양은 발정기를 앞둔 짐승의 모습이다.

나태한 자의 표상

보통 큰 머리와 길고도 굵은 목을 갖고 있으며, 몸에는 군살이 많고, 배 부분의 피부가 거칠다.

주의 깊은 자의 표상

각 뼈마디부터 윗부분이 아랫부분보다 더 크고 잘 발달된 경향이 있다. 둥근 머리가 몸의 균형에 맞게 놓여 있다.[34]

네 종류의 인간형

히포크라테스 이후 관상은 의학과 뗄 수 없는 관계를 가지고 발달하였다. 의학 분야와 관련된 관상학은 일상생활에서 가장 실제적으로 운용되었던 분야였다. 지금도 그러하지만 중세 유럽에서는 의사들뿐만 아니라 일반 사람들도 질병의 징후며 체질이 그대로 얼굴에 나타난다고 생각하였다. 다음의 프랑스 속담들은 의학과 연계된 관상학의 영향을 잘 보여주는 예이다.

　－수염 없는 남자는 허약하다.
　－입술이 창백하면 건강이 안 좋은 것이다.
　－입술이 보랏빛이면 죽음이 가까워진 것이다.
　－살찐 얼굴은 건강의 상징이다.[35]

　그런데 중세사회에서는 비단 전반적인 건강상태뿐 아니라 아주 구체적으로 특정한 질병을 관상과 연결시키는 경향이 농후하게 나타나기도 하였다. 환자의 몸이 검게 변한다 하여 페스트를 흑사병이라 불렀던 것이 그 대표적 예일 것이다. 또한 호색한의 표정을 나병 증세의 하나라고 지목하기도 한다.[36] 나병과 호색한의 얼굴을 연결짓는 것은 나병이 천형이라는 개념으로 정착되면서 나타난 것으로 보인다. 기독교의 영향 아래서 과도한 성욕은 나병과 같은 천형을 가져온다고 생각되었기 때문이다.

　질병을 신이 내린 벌이라고 해석하였던 기독교의 영향 아래서 의학적 관상학은 종종 생김새와 질병 간의 상호관계뿐만 아니라 그 사람에 대한 도덕적 판단이나 가치까지도 포괄하기 시작한다. 매독이 퍼져나가던 르네상스 시기에 매독 환자를 '썩은 양고기'로 비유한다는 것은, 곧 성적으로 문란하였기 때문에 성병을 얻었다는 비난을 깔고 있는 것과 같은 맥락이다. 대중용 관상서 『저명한 의사 아칸담』은 사람의 생김새를 건강상태와 덕성 두 가지 모두에 연결시키는 개념이 아주 보편적이었음을 아래와 같이 보여준다.

　－부대자루처럼 생긴 머리를 가진 남자는 부끄러운 과거를 갖고 있

다. 탐욕, 뻔뻔스러움, 경솔함 이 모두가 머리가 건조해서 나오는 것이다. 이런 현상은 머리만 크고 신체의 다른 부분이 작을 때 흔히 나타나는 현상이다.

– 머리가 작은 사람은 좋은 사람이 아니다. 왜냐하면 머리 속에 뇌가 별로 없고 소화기관이 작기 때문이다. 따라서 모든 기운이 제자리로 가지 못한 채 꽉 막혀 있어서 병에 걸리기 쉽다.

– 개의 이처럼 길고 뾰쪽하고 입 밖으로 튀어나온 치아는 폭식가를 나타내며, 쉽게 화를 내고, 사악하며 바보이다.

– 치아가 작고 가늘고 약한 사람은 몸이 약하며 키도 작으므로 좋지 않다.

– 치아로 소리를 내는 것은 바보이며 지혜가 없다. 어린아이가 잠잘 때 이를 간다면 기생충이 있다는 표지이다.[37]

앞장에서 살펴본 바와 같이 중세 의학은 갈레노스가 재정비한 4체액설에 기본을 두었다. 중세 체액설은 사람을 점액질, 다혈질, 담즙질, 우울질 등 네 종류로 분류하고, 각 체질에 따라 빈번히 나타나는 질병과 건강상태, 그리고 성격까지도 제시했다. 이 체질설은 중세에 절대적인 지지를 받았을 뿐만 아니라, 이후 의학뿐만 아니라 일상의 영역에서 공고한 위치를 확보하였다.

체액과 체질에 대한 개념은 갈레노스의 의학이 근본적으로 흔들리기 시작한 16, 17세기 이후에도 일상생활에서 매우 오랫동안 유럽 사람들의 몸을 풀이하는 기호로 남아 있었다. 16세기 말 몽테뉴는 "우리의 육체 속에는 여러 가지 기질들이 혼합되어 있으며, 체질에 따라 그들 가운데 한 가지가 주로 우리를 지배하는 주인이 된다[38]"고 말한다. 18세기 말의 유명한 관상가 라바터 역시 『관상학』에서 이런 전통을 지지하였다.

관상의 여러 분야 가운데 체질설과 결합한 의학적 관상은 고대 그리스에서 비롯된 이래 큰 변화를 겪지 않고 20세기까지도 지속되었다. 그림은 왼쪽 위부터 시계 방향으로 다혈질, 점액질, 우울질, 담즙질의 전형적인 인상을 나타낸다.

갈레노스에 따르면 피부가 부드러운 사람은 점액질과 다혈질이고, 체액들의 축축한 기운이 사람을 단순하고 멍청하게 만드는 역할을 한다. 반대로 살이 단단한 사람은 담즙질과 우울질이며, 이것들은 지혜와 이해력을 파생시킨다. 따라서 부드러운 피부는 거친 피부보다 훨씬 나쁜 표지이다. 부드러운 피부는 기억력이 나쁘다는 것을 말해

주고 이해력과 상상력이 부족함을 말해준다.[39]

다음은 대중용 관상서에 나타난 '머리카락'으로 보는 관상인데, 일상 생활에서 관상학에 반영된 체액설이 어떻게 의학적 지식을 전파하였는지 보여주는 예이다.

- 머리카락이 드문드문 난 사람은 몸이 습하다기보다는 건조한 경향이 있다. 열과 가뭄(건조함)이 결합될 때는 머리카락은 더욱 빨리 자라며 더 많아진다.
- 머리카락이 많은 사람은 열이 많은 사람이다. 숱이 많다는 것은 열기로 가득 차 있음을 보여준다. 어린아이의 경우보다 젊은이의 경우에서 훨씬 더 빈번히 나타나는데, 어린아이의 경우 습기를 빨아들이기보다는 기화되어 날아가는 경향이 많기 때문이다.
- 머리카락이 굽슬굽슬한 사람은 열기와 건조함, 그리고 모공이 굽어 있음을 나타낸다.
- 머리카락이 뻣뻣이 서 있거나 몸 전체의 털이 꼿꼿이 선 경우는 그 사람이 공포에 질려 있음을 나타낸다.
- 머리카락의 굵기가 적당하거나 굵은 사람은 잔인한 경향이 있고, 머리카락이 별로 없는 경우는 그 사람이 배신자임을 나타낸다.
- 이마에 직모가 난 사람은 곰처럼 강한 용기가 있는 자이다.
- 머리카락이 납작하게 눌려서 이마 한가운데로 몰려 내려와 있고, 정수리 부분의 머리카락이 뻗쳐 올라간 사람은 열이 많은 사람인데, 정직함을 모르는 사람이다.
- 가늘고 힘없는 머리카락이 숱도 없으면서 관자놀이 옆으로 난 남성은 차갑고, 힘이 없다. 가는 머리는 열이 부족하다는 뜻이며, 이는 여성에게나 적합한 것이다. 왜냐하면 여성의 경우 머리숱이 있어야 할 곳에 많지 않기 때문이다.

'황도인'을 그린 15세기 프랑스 문헌. 인간의 몸은 소우주로 별자리를 포괄하는 대우주와 상응관계에 있다고 생각되었다. 이 그림에서는 열두 개의 별자리가 인간의 몸의 각 부분을 관장한다는 개념이 뚜렷이 나타나 있다.

> ─머리에 숱이 많고, 몸에도 털이 많이 난 사람은 곧 미칠 것이다.
> 다시 말하자면 어리석음의 불꽃에 사로잡힐 것이라는 이야기
> 이다.[40]

이런 의학적 관상학은 13세기에 점성학적 요소가 가미되면서 훨씬

더 복잡한 체제를 갖추어가게 되었다. 이제 사람의 체질은 점성학적 원칙에 따라 하늘의 별자리와도 밀접한 관계가 있다고 생각하게 된 것이다. 황도에 위치한 열두 개의 별자리들은 활동궁, 고정궁, 변통궁이라는 세 가지 위상(태양이 이 별자리에 들고, 여행하며, 머무는 것)을 나타내는 특질과, 네 가지 원소와 상응되는 4체질과 연관지어 인식되었다.

	활동궁	고정궁	변통궁
불(담즙질)	양자리	사자자리	궁수자리
흙(우울질)	염소자리	황소자리	처녀자리
공기(다혈질)	천칭자리	물병자리	쌍둥이자리
물(점액질)	게자리	전갈자리	물고기자리

나아가, 중세 의학에서는 각 별자리들이 사람 몸의 특정한 부위를 지배한다는 개념이 널리 보급되었다. 양자리는 머리, 황소자리는 목구멍과 목, 쌍둥이자리는 두 팔과 손, 게자리는 가슴과 위, 사자자리는 심장과 등, 처녀자리는 소화기 계통, 천칭자리는 신장, 전갈자리는 생식기, 궁수자리는 엉덩이와 허벅지, 염소자리는 뼈와 골격, 물병자리는 정강이뼈와 발목, 그리고 물고기자리는 발을 관장한다고 여겼다.

나아가 예언을 중시하는 점성학의 영향 아래 의학적 관상학에는 예언적 요소가 가미되기도 하였다. 다음의 '귀'에 대한 관상학적 해석은 그리스의 성격분석적 관상학과 체액설 및 장수나 단명에 관한 점성학적 예언들까지 고대로부터 전해 내려온 관상학의 모든 요소들을 아우르고 있음을 보여준다.

귀 속에 물질이 잔뜩 끼는 사람은 보통 목이 작고 얼굴이 희다. 이런 사람은 다혈질이며 비쩍 말랐다. 그리고 이런 사람은 참을성이 없고 성을 잘 낸다. 귀가 아주 크고 넓적한 사람은 바보라는 증거인데, 말이 아주 많으며 오래 산다. 만약 귀가 너무 커서 당나귀 귀와 비교할 만하다면 이는 어리석고 느리다는 표지이다. 만약 귀가 아주 큰데 아래로 축 늘어져 있다면 부유함을 나타낸다. 만약 귀가 가늘고 건조하다면 안절부절못하는 사람인데, 이런 사람은 많은 재물을 가질 수 없다. 귀가 너무 작은 것은 어리석은 자의 징표이고, 도둑이나 호색한이라는 증거다. 만약 귀가 좁고 길다면 이는 질투심을 나타낸다. 작은 귀는 단명을 나타낸다. 귀가 지나치게 동그랗게 생긴 사람은 지독히도 말을 안 듣는 사람이다. 만약 귓볼이 목과 딱 붙어 있다면 이는 어리석음과 허영의 상징이다……. 귀에 털이 많은 경우는 장수하며 청력이 좋다.[41]

17세기 이후 과학혁명과 함께 중세적 우주관이 무너지면서 체액설에 반영되었던 점성학적 요소는 사그라졌다. 하지만 갈레노스의 체액설을 관상과 결합시키는 경향은 19세기에도 보편적으로 퍼져 있었으며, 이후 범죄자를 식별하는 데 쓰인 '체질 심리학'과 같은 분야에도 영향을 끼치게 되었다. 1883년에 나와 폭발적 인기를 끌었던 대중용 관상서 『성격을 읽는 법』(How to Read Character)에서는 고전적인 체질설을 동원하면서 의학적 관상학의 효용을 선전하기도 한다.

첫째, 점액질은 위가 지배하기 때문에 전체적으로 둥글고 부드러운 살집을 가지고 있다. 맥박은 약하고 창백한 안색, 밝은 머리카락 색깔, 눈은 밝으나 멍하기 쉽다.
둘째, 다혈질은 동맥의 활동에 영향을 받기 때문에 적당한 살집을 가졌다. 적절하게 단단한 근육, 밝은 밤색 머리카락, 푸른 눈, 힘찬 맥박, 활기 넘치는 안색이다.
셋째, 담즙질은 간이 기본이 되는 체질이므로 검은 머리, 거무튀튀

한 피부, 검은 눈을 갖고 있고 근육은 단단하다.

넷째, 우울질은 신경계통의 영향을 받기 때문에 밝고 가는 머리카락, 전체적으로는 호리호리한 몸, 연약하며, 전반적으로 여위고 감정적으로 변화가 심하다.[42]

영혼 우월적인 점성학

프톨레마이오스가 점성학적 체계를 완성하였다고는 하지만, 확립과 전파의 측면에서 볼 때 점성학의 주요 골격은 3세기가 되어서야 갖추어졌다고 볼 수 있다. 그러나 410년 로마가 서고트족에게 점령당한 후 서유럽에서 점성학이 어떻게 계승되었는지 정확히 알 수는 없다. 일부 학자들은 유럽의 기독교화 과정에서 점성학이 우상숭배의 이교적 흔적으로 여겨져서 자취를 감추었다고 주장한다. 하지만 중세의 생활 속에서 별자리의 의미는 지속되었으리라고 보는 것이 옳을 것이다. 별자리에 대한 신비감과 별과 사람의 운명을 연결시키는 경향은 어느 문명권에서나 존재하는 것으로 기독교가 완전히 쓸어 없앨 수 있는 종류의 것이 아니기 때문이다.

사실 점성학은 유럽 문명권에 도입된 이래 종종 격렬한 비판을 받곤 하였다. 원래 점성가였으나 기독교로 개종하였던 성 어거스틴(354~430)은 점성학을 혹독하게 비판한 사람이었다. 그는 점성가들의 예언이 정확하게 나타나면 악마가 그들을 도와준 것이라고 비난하곤 하였다. 점성술은 인간을 호리는 것이고, 인간의 영혼을 유혹하는 악마의 장난이라는 것이다. 그러나 그런 비판의 이면에는 수많은 사람들의 점성학에 대한 절대적 지지가 있었음을 추론할 수 있다.

공식적으로 점성학이 유럽에 다시 나타나는 것은 12세기 이후였다. 고대 천문학의 결정체인 프톨레마이오스의 『테트라바이블로스』(Tetrabiblos)는 1138년에 번역되었다. 프톨레마이오스의 우주관과 천체에 대한 아리스토텔레스의 합리적인 개념은 기독교 사상과 타협하면서 그 위치를 확립해나갔다. 아퀴나스와 같은 학자도 판별 점성학을 받아들였다.

그러나 아퀴나스는 본질적으로 신학자로서 육체와 영혼이 분리되어 있다는 기독교적 개념을 우선으로 하였다. 따라서 그는 행성이 육체에 영향을 미칠 수는 있지만 영혼에는 미치지 못한다는 영혼 우월적 개념으로 점성학을 포용하였다. 즉 신학이라는 견고한 틀은 점성학을 수입하면서도, 신학체계 속에서 그것을 변형시켜서 수용하였던 것이다.

이런 상황에서, 관상학에 점성술이 가미되기 시작하는 시기는 13세기부터라고 볼 수 있다. 천문학의 영향을 대폭 반영한 최초의 관상서로는 파두아의 철학자이자 의사였던 아바노(Pietro d'Abano, 1250년경 ~1316)의 『고난도 관상서』(*Liber Compliationis Physiognomiae*, 1295)를 꼽을 수 있다. 또한 이탈리아의 점성가였던 아스콜리(Cecco d'Ascoli, 1269~1327)는 이탈리아의 방언으로 쓴 시를 통해 관상을 설파하였다. 하지만 그의 저작들에 나타난 지나친 예언적 성향들 때문에 그는 결국 플로렌스에서 화형당하고 말았다.

중세 말에서 르네상스 시기에 이르는 동안, 관상학을 비롯하여 점성학에 기반을 둔 점복들은 사회 전반적으로 큰 호응을 얻게 된다. 학자들은 이와 같은 점복의 부활을 종종 신플라톤주의의 영향으로 풀이한다. 즉 물질과 영혼 사이의 뚜렷한 경계가 흐트러지고 우주의 모든 것이 서로 영향을 끼친다는, 즉 상호관계를 중시하는 지적 풍조가 점복의 입지를 강화시킬 수 있었다는 것이다.[43] "이런 상응(相應, correspondences) 또는 물질세계 각 부분과의 관계를 중시하는 학설들은 수상학과 관상학이라는 점복체계에 대한 믿음을 만들어낸다. 왜냐하면 인간을 세상을 투영하는 소우주로 볼 수 있듯이, 얼굴이나 손이 인간을 투영한다고 풀이될 수 있기 때문이다."[44]

이런 맥락에서 신비론자들이 많이 출현하였고, 그 가운데 가장 유명한 인물은 아그리파(Cornelius Agrippa, 1486~1535)였다. 그는 신성로마제국의 황제였던 막시밀리안 1세의 비서였으며, 성서학 교수를 지낸 사람이기도 하였다. 그의 책 『신비학』(*Books of Occult Philosophy or Magic*)은 점성학적 관상학의 기본 개념을 이루는 상응 원리를 선명하게 보여준다. 그에 따르면 광물계, 식물계, 동물계의 모든 요소들은 서로 관계를 맺고 있으며, 서로에 대해 호의나 적개심을 품고 있으며, 나아가 행성들은 놀라운 힘을 가지고 있기 때문에 사물은 별들의 작용과 속성들을 받아들이고 궁극적으로 별들에게 속하게 된다. 이것은 행성을 일종의 생명체로 보는 것으로, 행성이 우주의 모든 힘을 이끌어간다는 점성학의 원칙을 확인하는 것이었다.

부르크하르트는 저서 『이탈리아의 르네상스 문화』에서 13세기에 들어서자마자 갑자기 점성술이 이탈리아 사람들의 생활 표면에 나타났음을 이야기한다. 당시 이탈리아의 명문가들은 점성술에 심취해 있었고, 역대 교황들 대부분도 점성술을 공공연히 신봉하였는가 하면, 점성학자가 대학교수로 임명되는 일도 빈번하였다. "황제 프리드리히 2세는 전속 점성술사인 테오도루스를 어디든 데리고 다녔고, 에첼리노 3세(Ezzellino III de Romano)는 이런 부류의 사람들을 비싼 급료로 고용하였다."[45]

이런 사회적 분위기 속에서 점성학은 고급 학문으로 굳건히 자리매김되었다. 때문에 점성학은 엘리트의 지지를 받을 수 있었고, 중세 후기 유럽의 역사에서 빼놓을 수 없는 요소가 되었다. 부르크하르트는 "유럽은 이미 중세 후기 전체를 통해서 질병, 전쟁, 지진, 홍수 등 점성술적인 예언에 떨고 있었다"고 말한다.[46] 점성학의 유행 속에서 예언적 관상학 역시 부흥을 맞았는데, 이 당시 유명한 점성가들은 동시에 관상학의 대가이기도 하였다.

예언적 관상학이 부활하였던 배경에는 분명 아리스토텔레스류의 분석적 관상이 채워줄 수 없었던 예언에 대한 수요가 있었을 것이다. 왕을 교육하는 데 사용되었던 아리스토텔레스류의 관상학이 사회적 관계에 초점을 맞춘 지침을 제공하였다면, 예언적 관상학은 개인적이고 세속적인 것이었다. 따라서 점성학적 관상학이 다시 유행한다는 것은 내세 지향적이고, 공동체적이며, 금욕적인 중세의 삶 이면에 미래에 대한 불안감과 개인적이고 세속적인 행복에 대한 큰 관심이 깔려 있었다는 것을 반증한다.

　분석적 관상학이 비교적 조용히 엘리트의 교육용으로 계승되었던 반면, 점성학적 관상학이 엘리트나 대중 모두에게 폭발적인 호소력을 가지고 널리 유행하게 된 것은 이런 맥락에서 이해해야 한다. 사실, 중세 후반기 유럽에서 점성학적 관상학은 사회 저변에 이르기까지 널리 퍼진 것으로 보인다. 14세기 영국에 나타난 초서(Geoffrey Chaucer)의 『캔터베리 이야기』(*The Canterbury Tales*)와 같은 문헌은 점성학적 관상학의 영향을 곳곳에서 드러내고 있는 좋은 보기이다. 배스(Bath)의 마누라는 이렇게 말한다.

> 금성(Venus)은 내게 욕망과 욕정을 주었고
> 화성(Mars)은 내게 대담함을 주었네.
> 아마도 화성의 영향을 받는 황소자리에서 태어나서 그런가 보다.
> 아아, 끊임없는 사랑은 죄악!
> 내 별자리의 힘에 끌려
> 난 끊임없이 내 천성을 따르네
> 그리고 사실, 부인할 수 없는 것은
> 내 금성자리 탓에 아름다운 젊음인
> 화성의 표시가 아직도 얼굴에 있고
> 또 은밀한 곳에도 남아 있다네.[47]

이런 문학작품에서 점성학적 관상에 대한 내용을 다룬다는 것은 당시 중세영어를 읽을 수 있던 독자층들이 점성학적 관상학의 기본 개념을 이미 잘 알고 있었다는 것을 암시한다.[48] 여기서 말하는 금성의 영향이라는 것은, 당시 유행한 점성학적 관상서가 "금성의 영향 아래서 태어난 여자는 키가 크고, 우아하고, 흰 피부와 눈부신 아름다움으로 반짝이는 눈을 갖고 있으며, 물결치는 머리는 숱이 많다. 금성은 여성의 독특한 우아함을 관장하는 만큼 유혹적이고 고혹적인 몸을 갖고 있다. 그녀는 눈으로 유혹하며, 그 눈이 매혹적이라 믿고 있다"[49]고 정의하는 것과 일맥상통하는 것이다.

별자리는 외모를 규정한다

점성술의 도입에 따라 중세 관상학서는 특정한 미덕을 나타내는 신체적 표지들을 나열하는 전통적 방법뿐만 아니라, 각 별자리와 관련된 사람의 모습과 성격을 개괄적으로 나열하는 방법을 도입하였다. 점성학을 대폭 수용한 탓에 이런 관상서는 과거와는 달리 예언적 내용들이 많이 포함되었다. 관상학과 점성학의 연계가 강해지고 예언적 관상학이 유행하자, 프랑스 철학자이자 성직자였던 뷔리당(Jean Buridan, 1295~1356)은 관상학과 천문학은 다르다고 주장하며, 관상학을 과학적 기반이 있는 천문학과는 다른 천박한 학문이라고 공격하기도 하였다.

예언적 관상학에서는 운명뿐만 아니라 외모까지도 별자리에 따라 이미 정해져서 태어난다고 이야기한다. 이것은 외모를 두고 성격을 추론하는 분석적 관상학의 인식체계와는 정반대의 순서를 취하는 것이다. 즉 생김새를 통해 성격을 비추어보는 것이 아니라, 별자리가 외모를 정하고, 외모가 운명을 정한다는 인과관계를 가정하는 것이다. 예를 들어 출생의 별자리가 처녀자리인 남성은 다음과 같은 용모와 운명을 타고난다.

그는 희고, 아름답고, 준수한 외모를 갖고 있다. 가슴 부분은 하얗지만 머리는 붉다. 별들의 영향으로 머리카락은 곱슬거리며 붉은 경향을 띤다. 만약 머리카락의 색이 붉지 않다면 그런 색을 띠려고 행동한다. 또한 타고나기를 얼굴, 배, 허벅지와 다리, 그리고 오른쪽 팔꿈치에 점이 있는데, 이것을 인위적으로 지울 수 없다. 천성은 정직하며, 재주가 있고, 능숙하며, 정의를 사랑하는 사람이다.

성격은 착하고 목소리가 우렁차다. 그는 양처럼 순박하며 세속적인 물욕이 없고 부를 축적하는 데 연연해하지 않는다. 그는 무엇이 좋은가를 따지지 않으며 사람들에 대해서도 누구든 믿는 경향이 있다. 그는 앞으로 당할지도 모르는 해에 대하여 주의를 기울이지 않는데, 그 까닭은 앞서 말한 것처럼 그의 얼굴, 배, 허벅지와 다리에 있는 점 탓이다. 또한 같은 이유로 그는 자신의 일을 돌보는 데 매우 부주의한 성향을 지닌다.

그러나 그가 만일 주의를 기울이기만 한다면 결과가 좋을 것은 분명하다. 그는 매우 욕심이 많고, 화를 내고 곧잘 성급해지곤 한다. 그는 공격에 대한 탁월한 선견지명이 있기 때문에 화를 막게 될 것이다. 만약 이 사람이 네시에 태어났다면 병에 걸리지 않고 죽겠지만, 다섯시에 태어났다면 죽기 전에 매우 심하게 앓을 것이다. 그리고 그는 네 차례에 걸쳐 심하게 아프거나 중병이 있을 터인데, 처음은 15세에 나타나고, 그후로는 22세, 36세, 그리고 마지막은 50세에 나타날 것이다.[50]

같은 별자리라 할지라도 남성과 여성의 경우 운명은 매우 다르게 예시되었다. 대부분 여성의 운명은 남성에 비하여 훨씬 더 혹독한 것으로 예언되었다. 처녀자리의 여성은 위의 남성과 마찬가지로 몸의 특정한 부분에 점이 있지만, 그 점들과 육체적 표지는 남성과는 전혀 다른 운명을 표시하는 것이었다.

재치가 있고, 숫기가 없으며, 순결하고, 점잖고, 관대하다. 그리고 남자를 기꺼이 즐겁게 해주고자 하기 때문에 모든 남자들로부터 사랑받는다. 그러나 그녀는 다소 저주를 받아 불행한 운명을 타고 태어났다. 17세 무렵 결혼을 하나 첫번째 남편은 그녀를 사랑하지 않으며, 곧 죽게 되어 두번째 결혼을 한다. 그녀의 첫번째 아이는 뛰어나게 아름다울 것이나, 그녀는 깊은 슬픔에 싸이게 된다. 그녀는 갖가지 질병을 앓을 것인데, 만약 그녀가 병에서 나을 수 있다면 70세 하고도 6개월 닷새가 될 때까지 살 것이다.[51]

중세사회에서 별자리에 따라 이야기되는 생김새가 실제 외모와 반드시 동일할 필요는 없다. 즉 설사 전혀 딴판이라 하더라도 그리 큰 문제가 되지는 않았다. 왜냐하면 점성학적 관상학에서 예언하는 생김새야말로 결국 그의 운명에 따라 '결정지어진' 진정한 외양이라고 사람들이 생각하였기 때문이다. 별자리와 상응하는 외양이야말로 한 사람이 자신의 진정한 운명적 외모라고 믿고 살아가게 되는 바로 그 모습이었던 셈이다.

별자리가 몸에 남긴 표지

점성학적 관상학은 곧 수상학이나 이마를 통해 보는 관상, 또는 신체의 점을 통해 보는 관상과 같이 다양한 분파들을 낳았다. 이마의 형태나 주름살을 통해 보는 '이마 관상'(metoposcopy)은 다음과 같은 내용으로 전개되었다.[52]

황소자리가 상승점에 있을 때, 이 별자리의 영향 아래 태어난 여자는 얼굴이 무척 크고, 이마가 매우 넓고, 살집이 많을 뿐 아니라 특히 이마에 주름살이 많다. 안색은 붉고, 튀어나온 눈을 가지고 있으며,

약간 오른쪽으로 고개가 기울어지는 경향이 있으며, 검은 머리는 넓은 어깨와 가슴 위로 퍼져 있다. 이런 여자는 움직임이 둔하나, 힘든 일을 별로 싫어하지 않고 해치울 능력이 있다. 황소자리가 상승점에 있을 때 받은 영향으로, 이 여자는 일생 대부분을 통해 사랑하는 사람이 있고, 종종 연애사건으로 인해 부모로부터 꾸중을 듣게 된다……. 이런 여자는 일관성이 없고, 변덕스러우며, 수다스럽다……. 별자리에 의해 이 여자의 어깨로 이어지는 목 부분에 점이 있게 마련인데, 그 점이 오른쪽에 나타나면 행복한 삶을 살 것이고, 왼쪽에 나타나면, 불행한 삶의 조짐이다.[53]

여기서 이야기하는 점 또는 표지란, 아이를 갖거나 낳을 때 그 아이의 운명을 지배할 별자리의 표지가 몸에 남는다는 관념에서 비롯된 것이다. 따라서 사람들은 이런 표지들이 각각의 별자리를 상징하며, 보통 작고 도드라진 점과도 같은 형태라고 생각했다.

출생시 금성의 영향 아래 있다면 허리, 고환, 허벅지 그리고 아마도 목에 금성의 표지가 남을 것이다. 왜냐하면 금성의 첫번째 집인 황소자리가 그 부분을 지배하기 때문이다. 표지의 형태는 아마도 도드라지거나 편편한 점일 것이고, 보랏빛이나 흰빛을 띨 것이다. 이들은 지극히 도발적인 천성을 나타낸다.[54]

여기서 황소자리의 영향을 받은 사람은 바로 황소자리가 관장하는 인체의 부분인 목에 표지가 남는다는 점성학의 원칙이 보인다. 중세 사람들 사이에는 몸의 반점이라는 것이 천체의 영향으로 몸에 남겨진 표지라는 공통의 이해가 있었다. 그리고 열두 개의 별자리가 몸의 어느 부위를 관장하는가 하는 정도는 상식이었던 것으로 보인다. 다른 관상서에서도 역시 황소자리의 표지는 '목' 부분에 나타난다고 되어 있다.

황소자리의 머리 부분(1~10도)은 4월 중순을 지배한다. 태어난 시점을 가리키는 표지는 붉은 반점의 형태로 목에 나타난다. 이 표지는 그 사람이 용기 있고, 정직하며, 사랑받을 만한 성격을 타고났음을 말해준다. 그러나 쉽게 성을 잘 내고 호색한인데, 아름다운 색깔의 긴 머리카락을 갖고 있다……. 황소자리의 심장부(10~20도)는 4월 말에 자리하는데, 이것의 표지는 목의 옆부분에 남는다……. 황소자리의 꼬리 부분(20~30도)은 5월 초순에 가장 강력한 힘을 발하는데, 이때 태어난 사람은 목의 뒷부분에 표지가 남는다.[55]

별자리와 사람 사이에 서로 관계가 있다는 믿음은 자신이나 타인의 성격을 설명해주는 일종의 상식적 설명체계를 제공하는 것이었다. 이것은 자신이 왜 이런 일을 겪어야 하는가 하는 의문에 대한 근원적 이유를 제시하는 운명론적 설명체계이기도 하였다. 때문에 별자리와 같은 초자연적인 대상을 문제의 궁극적 원인이라고 풀이하는 것은 불행한 사람들에게 엄청난 위안을 줄 수 있었다. 왜냐하면 초자연적인 섭리는 인간의 노력으로 극복할 수 없는 것이기에 그들은 그것을 운명으로 받아들이며 평화를 찾을 수 있기 때문이다.

이런 관점에서 볼 때 인간의 책임이라는 부분을 걷어감으로써 인간에게 위안을 주는 예언적 관상은 본질적으로 모든 불행의 근원이 자신의 죄에 있다고 풀이하는 기독교 사상과는 정반대의 것일 수 있다. 이런 특성 때문에 점성학적 관상학은 중세를 풍미하면서도 그 출현 자체가 르네상스를 여는 조짐으로 볼 수도 있다. 또한 이런 점성학적 관상학은 기존의 기독교적 헤게모니가 흔들리는 극심한 혼란기에 융성하는 경향을 보였다.

중세 후반으로 넘어가면서 대중들 사이에 가장 보편적으로 성행하였던 관상은 수상학이었다. 세르반테스(Miguel de Cervantes Saavedra)는『집시여인』(*La Gitanilla*)에서 당시 흔하게 볼 수 있던, 집시들이 손

피에트로 뮈토너, 「손금 보는 사람」, 12세기, 비상스 화랑

금을 보아주는 광경을 묘사한다. 점을 쳐달라는 부탁을 받은 집시소녀
는 부시장의 부인에게 손바닥을 내보이라고 하며, 동시에 자신의 손에
동전으로 성호를 그어달라고 부탁한다.

> 아름답구나, 아름답구나.
> 은으로 된 손이구나.
> 당신 남편은 알푸하라스의 왕[56]보다도
> 당신을 더 사랑합니다.
>
> (……)
>
> 언쟁은 많이 하고 거의 먹지 않습니다.

당신은 약간 질투심을 보입니다.
부시장은 장난꾸러기
그는 부시장직을 그만두고 싶어합니다.
부인, 당신은
다른 사람들을 불행하게 하고
즐거움을 부수는
얼굴이 잘생긴 사람을 사랑했어요.

(……)

아이고, 과부가 될 것이고,
다시 결혼할 것입니다.

많은 재산을 빨리 상속해야 할 것입니다.
당신의 아들은 성직자가 되나
그리 빼어나지는 못할 거예요.

당신은 점을 하나 가지고 있지요.
얼마나 예쁜 점인가!
오, 얼마나 돋보이는가!
저기 반대편에 있는 어두운 계곡까지 비춰주는 태양 같습니다![57]

이 시에서도 역시 손금의 모양과 인체의 점이 예언을 끌어내는 주요 매개체라는 것을 알 수 있다. 인체는 소우주로, 생김새는 곧 운명을 나타내는 표지로 간주하였음을 보여주는 것이다. 그러나 사실 집시들과 떠돌이 손금쟁이는 점성학적 관상학이 나오기 전부터 이미 중세사회에서 아주 친숙한 존재였다. 그들은 점성학적 원칙이 아니었을지라도 손금을 보는 나름의 논리를 갖고 있었을 것이다. 특히 시장이 서는 날이면 어김없이 손금 보는 이가 등장하여 사람들의 주의를 끌었는데, 12세기에 그려진 뮈토니의 「손금 보는 사람」은 관상쟁이를 둘러싼 마을 사람들이 손금의 해석을 들으며 경악하는 모습을 보여준다. 중세 사람들이 관상이라는 관행에 대하여 가진 지적이고 신비적인 동경을 생생하게 전달하고 있는 예이다.[58]

중세의 육체관

중세의 관상학적 개념들은 곧 이 시대의 육체관을 드러내는 창이기도 하였다. 중세 이전과 이후 시기 양쪽 모두의 관상학을 비교해볼 때, 중세 관상학의 특징 가운데 하나는 신체의 움직임에 대한 관심이 거의 나타나지 않는다는 점이다. 즉 관상학적 원칙을 도입하여 웅변술 속에 '제스처'라는 부분을 발달시켰던 고대와, 뒤에서 살펴볼 르네상스 시기 모두 신체의 '움직임'에 대하여 상당한 의미를 부여하였다. 반면 그 가운데 끼여 있던 중세에서 보여지는 육체는 정지된 모습으로 나타난다. 나아가 이 육체는 단편적으로, 각 부분부분이 나뉘어 고찰되는 조각난 육체였다.

이런 경향은 중세의 상징주의와 관계가 있을 것이다. 중세사회가 상징성을 중시한 사회였다는 것은 여러 역사가들이 고찰한 바 있다. 상징은 문맹률이 높고 신분적 위계질서가 분명한 중세사회에서 중요한 커뮤니케이션의 기호였다. 더욱이 다양한 문화적 배경을 가진 수많은 사람들을 기독교라는 큰 그릇에 담아낼 수 있는 강력한 매체이기도 하였다. 그런데 여기서 상징성은 전체적인 조화나 이미지보다는 단편적인 부분들의 상징성, 그리고 정지된 듯한 상징성이다. 이런 사회에서 육체 역시 전체적인 이미지나 움직임이 아닌, 단편적이고 고정적인 상징성들의 모자이크로 나타날 수밖에 없었다.

16세기 독일 판화에 나타난 전형적인 농민의 모습. 더럽고, 피부병을 앓고 있는 천박한 모습에 눈매는 '사악함'이 드러나도록 그려졌다.

조각난 육체

중세에는 외모에 대한 묘사가 눈, 코, 입 등과 같이 지극히 개별적인 상태로 나뉘어 고찰되었다. 따라서 움직임이나 제스처에 대한 관심은 거의 나타나지 않는다. 심지어 점성학적 관상학에서도 육체는 각 부분별로 고찰되어야 하는 대상이다. 머리에 대한 수많은 예언 가운데 '크기'에 관한 예를 몇 개 살펴보자.

—머리가 아주 크고 거인처럼 이마가 큰 사람은 느리고, 점잖으며 강하다. 하지만 가르치기가 쉽지 않다.
—머리가 적당히 크고 상당히 좋은 모양이라면 일반적으로 좋다.
—비정상적으로 큰 머리는 바보, 멍청이, 둔한 사람이다.[59]

이처럼 육체를 단편적으로 인지하기 때문에 육체에 상징성이나 사회

들일을 하러 나가는 농부. 생기는 있으나 다소 우둔해 보이는 모습으로 그려졌다.

적 코드를 적용할 때에도 특정한 어느 한 부분만을 부각시키곤 한다.
여기서 육체의 상징성이란 모두가 알 수 있도록 어떤 사람을 묘사하거
나 특정한 집단을 설명하기 위하여 동원되는 외적인 특성을 말한다.
예를 들면 중세사회에서 거지, 직업순례자(palmers), 하층의 늙은이
를 묘사할 때는 길고 텁수룩한 수염을 강조하는 것과 같은 현상을 말
한다.[60]

이런 맥락에서 중세 인물들을 묘사할 때 '보이는 신체' 가운데 특기
할 만한 부분은 종종 그 사람을 특징짓는 별칭이 된다. 예를 들어 '난쟁
이 피핀'(Pepin the Short), 영국의 '다리 긴 왕 에드워드'(Edward
Longshanks)[61] 등이 대표적이다. 한편 역사학자 윌러스 하드릴(J.M.
Wallace-Hardrill)은 메로빙거 왕조의 왕들이 왕가의 상징적 표지로 머
리를 길게 길러서 '긴 머리 왕들'(The Long-Haired Kings)이라 불렸
다고 말한다.[62] 인물을 묘사하는 중세 역사가의 필치는 조각난 육체를
순서대로 훑어 내려가며 묘사하곤 한다. 13세기 이노센트 3세의 생김
새는 그런 경향을 전형적으로 보여준다.

그는 작달막한 키에 거의 사각형으로 보이는 체구를 갖고 있었다.

벽과 천장에 성인의 모습이 모자이크된 비잔틴 제국의 교회. 루카스는 두 팔을 들어 축복을 내리고, 그 위로 성 야고보의 모습이 새겨져 있다.

완강한 턱은 결단력을 나타내고 있었고, 직선으로 내리뻗은 코는 행동의 일관성을 암시하고 있었다. 조그맣게 꼭 다문 입술은 명령의 효율성을 표현하였다. 마치 부엉이처럼 커다란 눈은 그가 가진 이상의 광범위함과 원대함을 나타냈다.[63]

이 시기 사람들 사이에 거울을 보는 것은 보편화된 일이 아니었다.

따라서 누군가의 외모에서는 종종 객관적으로 보이는 외모보다도 그 모양이 함축하고 있는 관상학적 코드를 더 중요시하였다. 이 코드는 누군가에 의해, 또는 사회 전체가 공유하고 있는 개념에 근거하여 만들어지는 것으로, 마치 언어와 같이 사회적 목적과 의미에 따라 가치가 결정되는 것이었다. 즉 사람들은 '실제'를 보기보다 '실제'라 믿었던 '정형화된 틀'을 보고자 하였다.

데이비스(Natalie Zemon Davis)는 『마르탱 게르의 귀향』(*The Return of Martin Guerre*)에서 두 주인공 마르탱과 아르노가 서로 닮았다는 사실을 주목한다. 16세기의 촌락민들에게 닮았다는 것은 흥분하고 매료될 만한 사건이었다는 것이다. 그것은 단순한 외형적 유사성이 아니라, 내면의 무언가가 서로 연결된다는 강한 운명적 암시였기 때문이다. 그리고 이 시대는 "눈의 형태나 턱의 모양과 어떤 성격상의 특성을 결부시키는 민중적 속성이 많았던" 바로 그 시대였다.[64] 다음의 프랑스 속담들은 바로 그런 '민중적 속성'이 관상학적 근거 위에 놓여 있음을 제시한다.

-턱에 홈이 있는 사람은 마음씨가 좋다.
-둥근 눈을 가진 사람은 좋을 게 없다.
-작은 눈을 가진 사람은 교활하다.
-붉은 머리의 사람은 심술궂다.
-발이 큰 사람은 우둔하다.
-발이 예쁜 사람은 체면을 차린다.
-머리카락이 길면 생각이 짧다.
-머리가 큰 사람은 지식이 적다.[65]

마르탱과 아르노는 현대적 기준에서 볼 때 정말로 완벽하게 똑같은 외모를 가지고 있지는 않았을 것이다. 그러나 그 두 사람은 마을 사람들에게 동일하게 비쳐질 만한 외형적 코드를 공유하고 있었을 것이다. 그것이 눈이었든 코였든, 육체의 단편적인 부분의 유사성은 사람들로 하여금 두 사람이 본질적으로 같은 사람이라고 믿게 한 강력한 이유가 되었던 것이다. 16세기 촌락민들의 육체관은 "세부적인 것만 보고 전체는 질문하지 않는" 중세적 육체관의 전통을 계승하고 있었다.

본질적인 성품

단편적으로 고찰되는 육체에서 중요한 것은 고정적인 생김새이지 움직임이 아니었다. 나아가, 이 타고난 생김새는 고착적인 성품, 즉 타고난 본성을 반영하는 것이었다. 이런 경향은 중세 관상학에서 '표정'을 도외시하고, '감정'을 배제하는 결과를 가져왔다. 관상을 통해 보는 것은 결코 변할 수 없는 본질적인 성격이지 일시적인 감정이 아니기 때문이었다. 심지어 현대적 관점에서는 분명히 감정의 영역에 들어가는 '슬픔'이라는 요소에 대하여 중세 관상학은 그것이 마치 타고난 본성인 것처럼 취급한다. 따라서 슬픔이라는 것은 곧 어떤 사람이 운명적으로 타고난 '슬픈 자의 표상'일 뿐이라는 것이다.

슬픈 자의 표상

깨끗하고 흰 피부를 갖고 있다. 눈은 금세 울 것 같고, 슬픈 소식이나 이야기를 듣기 좋아하고, 슬픈 이야기를 듣는 즉시, 또는 술을 마시는 즉시 흐느껴 운다. 이런 자들은 악한 감정이 없이 사물을 받아들이며, 여자를 좋아하고 딸을 많이 낳는 경향이 있다.[66]

여기서 슬픔이란 것은 인간이 환경적, 또는 심리적 원인으로 인하여 한시적으로 느끼는 감정이 아니다. 중세적 관상의 개념에서는 오히려 근본적으로 슬퍼하는 경향을 농후하게 타고난 이로부터 나타나는 성향

성상의 인물 묘사에는 표준화된 코드가 사용되었다. 성 베드로는 흰 턱수염, 성 바울은 머리가 벗겨진 모습, 성 데메트리오스는 미늘형 갑옷을 입은 모습으로 그려지곤 하였다. 위의 여섯 개의 그림은 모두 성 베드로를 그린 것으로, 각기 다른 모습을 하고 있다. 하지만 곱슬곱슬한 머리털과 흰 턱수염은 공통적으로 나타난다.

이라고 해석했다.

　중세 관상학은 시시각각 변하는 감정보다 변하지 않는 성품과 운명을 강조하였기 때문에 사람의 생김새는 변하지 않는 본질을 투영하는, 도덕적 가치판단의 준거가 될 수 있다. 이것은 상징이 중요한 사회에서 나타나는 현상으로, 외모가 곧 강한 상징성을 함유할 수 있음

비잔틴 성화에서 세례
자 요한은 종종 황야
에서 수행하는 고행자
의 모습을 하고 있다.
맨 위는 11세기의 모
자이크, 가운데는 12
세기의 모자이크, 맨
아래는 14세기의 프
레스코화이다.

을 말한다. 따라서 사람의 외모는 매우 중요한 것으로, 특히 그의 성격을 나타낼 수 있는 부분들은 강조되어야 했다. 이런 현상을 잘 나타내 주는 사례로는 성화나 성상과 같은 시각적 상징물을 들 수 있다.

성화나 성상은 살아 있는 원형의 형상을 넘어 성스러운 무언가를 나타내야 했다. 왜냐하면 신의 존재가 그 안에 깃들여야 하기 때문이었다. 따라서 성상에는 중세 사람들이 공통적으로 인지할 수 있는 '거룩함'이 묘사되어야 하였다. 마리아의 눈, 옷자락, 손의 모양, 그리스도의 얼굴선 등은 평범한 사람들을 묘사하는 것과는 다른, 신과 결합한 사람들로서 가지는 엄숙함과 신성성이 투영된다.

마리아는 가장 뛰어난 여성이었기 때문에 육체적으로도 가장 완벽해야 하였다. 그리스의 아프로디테, 로마의 비너스로 대표되는 완벽한 미인의 자리는 기독교 문화 속에서는 마리아의 차지가 되었다. 4세기 에피파니우스(Epiphanius)[67]는 신자들의 상상력 속에 성모를 다음과 같이 육체화한다.

여성 가운데 가장 아름다운 여성은 마리아이다. 몸매가 아름다우며 키는 너무 크지도 작지도 않다. 살결은 희고 아름다우며 결점이 없다. 머리카락은 길고 부드러운 금발이다. 아름다운 이마와 가느다란 갈색 눈썹 아래 적당한 크기의 눈이 사파이어처럼 빛나고 있다. 그러나 눈의 흰자위는 유백색이며 유리알처럼 반짝이고 있다. 곧은 콧날과 뚜렷한 윤곽의 입술은 너무도 사랑스럽다. 희고 곧은 치열은 백설 같으며, 양볼은 장미꽃 이파리를 얹은 백합과 같다. 둥그스름한 턱 위쪽에 보조개가 있으며 목덜미가 희고 부드럽다. 목은 가늘고 적당한 길이를 하고 있으며, 흰 손가락은 가늘고 길며 손톱 모양이 깨끗하고 보기 좋다.[68]

그리스도와 마리아, 그리고 성인들의 모습들에는 대중들이 쉽게 식

타로 카드에서 달은 종종 여성성, 신비함 또는 미지에 대한 두려움을 의미한다. 이 카드에서 달은 대머리로, 또 퉁퉁 부은 얼굴을 하고 있다.

별할 수 있는 특징적인 특색들이 있었다.[69] 아무리 미숙한 화가가 그렸을지라도 누구를 나타내는 것인가를 금방 알 수 있게 하는 공통의 코드가 있었다는 이야기다.

사실 6세기 말부터 동방 교회는 교육적인 차원에서 성상을 만들기 시작하였는데, 그 배후에는 성상 제작을 맡은 사람들이 사용할 지침서가 있었다. 그것은 성인들과 절기(節氣)를 표현하는 성상 제작의 기준을 확립할뿐더러, 각 성인의 특성을 나타낼 수 있는 묘사와 색깔을 표준화시키는 것이었다.[70]

누군가의 모습을 표현하는 시각적 상징성의 영역은 분명히 관상학의 영역이기도 하다. 그리고 누군가의 생김새에 도덕적 가치판단을 연결시키고자 하는 의도가 있다면, 그 관상학적 상징성은 사회 속에서 누구에게든 적용시킬 수 있다는 걸 의미했다. 신비주의자들의 마법서에는 일곱 행성을 관장하는 신의 사자들이 등장한다. 그들의 특성은 중세의 관상학적 개념 바로 그것이다. 달의 사자는 "퉁퉁하고 살갗이 늘어진 것 같은 몸매에 색깔은 꼭 칙칙한 구름을 연상시키며 얼굴은 부어 올랐고, 두 눈은 빨갛고 물로 가득 차 있으며 대머리"였다.[71]

생김새가 곧 그 사람의 본질이기 때문에, 외양은 인공적으로 꾸며져서는 안 되는 것이었다. 그것은 거짓이기 때문이었다. 중세 기독교 교부들은 "화장이란 신의 창조 위업을 모욕하는 행위이다" 또는 "자연의 아름다움을 손상시키는 것이다"라고 하면서 여성의 미용이나 몸단장을 몹시 비난하였다. 육체는 영혼의 옷이고, 검약을 중시하는 이데올로기로는 영혼의 옷 역시 검약해야 한다고 생각하였다.

따라서 여성의 화장, 면사포, 금은보석, 머리 단장, 머리 염색 등을 악마적 유혹의 소산이라고 비난하는 '화장 신학'이 탄생하게 되었다. 그런데 여기서 꾸밈을 가한 여성의 아름다움을 악마적 유혹과 같다고 보는 것은, 그것이 본질이 아닌 '비본질적'이기 때문에 비난받고 있다는 사실에 주목하여야 한다.[72)]

원색에 대한 찬미

15세기 파리의 하류계층의 세계를 묘사한 발라드로 유명한 비용(François Villon)은 『아름다운 올미에르의 회한』(Les Regrets de la belle Heaulmiére)에서 아름다웠던 궁녀의 옛 모습을 다음과 같이 묘사한다.

> 매끄러운 이마와
> 블론드색의 머리칼, 아치형의 둥근 눈썹……
> 넓지도 작지도 않은 그 아름다운 오똑한 콧날과
> 머리에 붙은 자그마한 귀,
> 보조개가 움푹 팬 귀여운 턱과
> 아름답던 진홍빛 입술은 어디에?[73)]

이 시인이 예찬하는 여인의 아름다움은 이마, 머리카락, 눈썹, 콧날, 귀, 턱과 같이 부분부분 나뉘어 묘사되는 전형적인 '조각난' 육체이다. 그런데 이 시는 중세 육체관에서 분명히 나타나는 또 다른 특징을 말해준다. 그것은 바로 인체에 나타나는 색채에 대한 분명한 개념들이다. 중세인의 밝은 색채에 대한 선호는 일찍이 호이징가(J. Huizinga)에 의해 언급된 적이 있다.[74] 그런데 빛에 대한 선호, 원색에 대한 찬미와 색깔이 가지는 상징성[75]은 중세의 육체관과 관상학에도 그대로 적용되었다.

중세 유럽에서 색의 명칭은 아직 조금밖에 확정되지 못하였고, 하나의 명칭은 모든 중간 단계들을 포함한 유사한 색 전체를 포괄하곤 했다. 이런 상황에서 기독교 사상가들은 '빛'을 신의 본질과 연결시키며, 밝은 빛에 긍정적인 가치를 부여하고 어두운 빛에 부정적인 개념을 부과하였다. 이런 색채관은 사람들의 인식체계 속에서 때로는 놀라운 지속성을 갖기도 한다. 18세기 말 유명한 관상학자였던 라바터는 이렇게 말한다.

일반적으로 흰색은 발랄하고 검은색은 어둡고 무섭다고 하는 것은 우리가 빛을 사랑하기 때문이다. 이것이 지나치면 어떤 동물들이 그렇듯이 어둠이 싫다는 이유만으로 불에 뛰어들기도 하는 것이다. 우리가 빛을 가상하는 이유는, 그것이 우리로 하여금 지식을 갈구하는 영혼들에게 사물을 알게 하고, 필요한 것과 위험스러워서 피해야 하는 것을 발견하게 해주기 때문이다.

동물들에게는 특별히 잘 맞거나 맞지 않는 색깔들이 있다. 왜냐하면 그것은 색깔 자체가 그 속에 담겨진 우리와 맞거나 맞지 않는 무언가를 표현하고 있기 때문이다.[76]

중세사회에서 색채의 위치는 놀랄 정도로 고양되었다. 색채가 도덕적 가치와 연결되었기 때문이다. 밝은 색깔이 긍정적인 반응을 가져오는 것은 당연한 일이어서, 밝고 푸른 눈, 눈처럼 하얀 피부, 그 피부를 돋보이게 하는 붉은 볼과 같은 것들이 인체의 이상적 색채로 자리하였다.[77]

한편, 앞서 살펴본 것과 같이 '빛'을 중요시하는 사회에서 밝은 색깔

『빛나는 태양』(16세기 후반)에 그려진 그림. 흰 옷으로 표현된 달과, 붉은색과 황금색의 옷을 입고 있는 태양의 선명한 색채의 대비가 나타난다. 연금술 논문에 실린 이 그림은 색채에 뚜렷한 상징성을 부여한 중세적 색채관의 전통 위에 있는 것이다.

에 대한 선호는, 동시에 어두운 색채를 통해 구체적인 차별의 대상을 만들어내기도 했다. 특히 검은 머리카락과 검은 피부에 대한 편견을 만들어서 유대인과 흑인을 비하하고 차별할 수 있는 근거를 제시했다. 라바터는 검은색에 대한 혐오를 아래와 같이 여지없이 드러낸다.

우리는 검은빛을 띠는 모든 것을 싫어한다. 자연은 지상의 모든 동물, 심지어 검푸른 식물에게도 무엇이 자신에게 유해한지 경고해주었다. 사람을 판단하는 능력이 전혀 없는 어린아이까지도 검은 얼굴을 한 사람을 무서워한다.[78]

같은 맥락에서 점성학적 관상학에 투영된 검은 색채에 대한 담론들을 보자.

 - 마치 빛나는 뿔처럼 검은 색깔이 사람에게 있는 것은 음울함의 표상이다. 머리카락도 마찬가지이다. 검은빛의 머리카락을 가진 사람은 전쟁터에서도 용기가 없다. 두려워하고 재간만 부린다. 그런 사람들은 남쪽에 사는 인간들과 비교될 만하다.
 - 사람에게서 초록, 어두운 색, 검정색은 그 사람이 금방이라도 화를 낼 것이라는 것을 말해준다.[79]

검은색은 지옥을 나타내는 색깔이었다. "검은 눈은 지옥으로 가고, 회색 눈은 낙원으로 가며, 푸른 눈은 하늘로 간다"는 프랑스 속담이 이를 뒷받침한다. 중세에서 검은색은 성직자와 과부의 색깔이기도 하였다. 그런데 수도사와 고행자들이 사용한 검은색은 지옥뿐만 아니라 수도승으로서 겪는 가장 높은 경지의 고행을 상징하는 색이었다.[80] 이것은 모든 것을 초월한 무(無)의 상태를 나타냈고, 신성함의 상징이 되었다. 하지만 성직이 아닌 보통 사람들 사이에서 검은색은 치욕과 차별의 색깔이었다.

북유럽에서 검은 머리카락은 커다란 사회적 핸디캡으로 작용했기 때문에, 11세기의 성녀 고들리브(Godelive de Bruges)는 엄청난 치욕을

겪은 후에야 성녀의 길로 나아갔다고 전해진다.[81]

하지만 중세 색채 가운데 가장 극단적으로 다중적 의미를 지니고 있었던 것은 노란색이다. 노란색은 그 자체가 빛에 가깝고 황금의 광채를 상징하기 때문에 종종 성스러운 빛으로 표현되곤 했다. 또한 중세 유럽에서 노란색은 노란 장미가 그렇듯이 종종 사랑의 대가를 나타내기도 하였다. 그러나 다른 한편으로, 노란색은 적대감을 나타내는 색이었다. 뷔르템베르크(Henri de Würtemberg)는 자신의 시동들에게 모두 노란 옷을 입혀서 부르고뉴 공작 앞을 지나갔다고 전해진다. "이로써 공작은 그가 자기에게 적대적이라는 것을 알았다"는 이야기는 널리 전해져오는 일화이다.[82]

나아가 노란색은 '유대인의 별'이 말해주듯이 죽음을 의미하는 색이기도 하였다. 1215년 로마 교황청은 노란색을 이단 종교에 대한 경계의 표지로 삼는다. 물론 유대인이 우선 대상이었다. 노란색은 중세사회에서 사람의 모든 권리를 박탈당하는 '인간이 아닌 것'을 표시하는 표지가 되었다.[83] 관상서 『저명한 의사 아칸담』은 노란색에 대한 폄하를 이렇게 드러낸다.

- 노란 머리와 검은 머리는 폭력성을 나타낸다. 머리에 숱이 많고 약간 희어간다면 그 사람은 훈련될 수 없는 사람이다. 따라서 지배하려고도 길들이려고도 하지 말고, 아예 가까이하지 않는 것이 좋다.
- 창백한 얼굴에 누런 빛이 도는 것은 그 사람이 말을 더듬고, 혀 짧은 소리를 하고, 곧잘 화를 내며 자제하지 못하는 수다쟁이임을 나타낸다.[84]

색채를 둘러싼 중세의 관상학적 의미와 상징성은 이후 유럽 사회에서 많은 속담과 시구를 통해 전파되었다. 17세기 에블린(John Evelyn)

은 다음과 같이 전한다.

빨간색은 기지이고, 갈색은 신뢰이다.
흰색은 까다롭고 검은색은 욕정적이다.

붉은 얼굴을 한 남자에게는 책을 읽어주고
흰 얼굴을 한 남자에게는 칼을 뽑아라.
갈색 얼굴의 남자와는 빵을 자르고
검은 얼굴의 남자로부터는 네 아내를 지켜라.[85]

미인론

중세를 거치면서 확고히 자리한 관상학적 육체관은 16세기에 쏟아져 나온 미인론에 그대로 투영되었다. 1530년대부터 프랑스에서는 인체를 찬양하거나 풍자하는 블라종(blason)이라는 형식의 시가 크게 유행하기 시작한다. 처음으로 여인의 육체에 대한 블라종을 쓴 시인은 마로(Clement Marot)로, 그의 『아름다운 유방』(*Blason du Beau Ttin*)은 큰 성공을 거두었다.[86] 그 일부를 발췌해보자.

딱딱한 유방은 진정한 유방이 아니지만,
그래도 상아 같은 작은 보배가 있네.
너, 그 한가운데에
작은 분홍빛 버찌가 놓여 있고,
누구도 그것을 보지 못하며, 누구도 가까이 가지 못하리.
그럼에도 나는 그러한 것이 거기에 있음을 보증하고 싶어.[87]

마로의 성공 이후 블라종들이 쏟아져 나오게 되었는데, 특히 해부학

파르미자니노, 「목이 긴 성모」. 이 그림에서 우아한 성모의 자태는 그림의 제목이 암시하듯이, 특히 긴 목에 의해 더욱 두드러지는 것이었다.

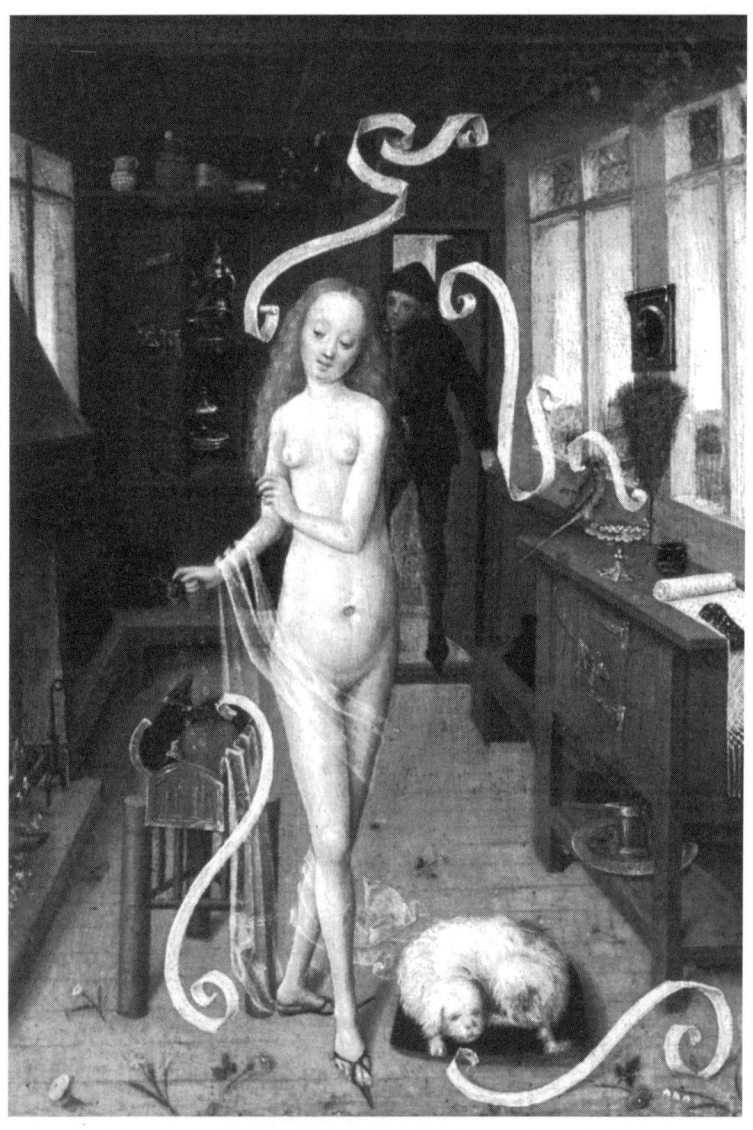

플라치, 「사랑의 마법」. 이 그림에 나타난 아름다운 여인의 육체는 부분별로 이상화된 모습의 결합이다. 전체적 조화보다는 부분을 강조하던 중세적 육체관을 반영하고 있다.

적 블라종이라는 장르가 유명하다. 해부학적 블라종은 여인의 몸의 한 부분을 주제 삼아 쓰는 것으로, 인체에 대한 관심, 해부학의 발달, 사실적 표현과 같은 르네상스의 새로운 경향이 중세의 육체관과 결합한 결

정체라고 볼 수 있다.[88]

이 새로운 형식의 시 속에서 육체는 조각나 있다. 사람의 몸을 단편적으로 파악하는 중세적 육체관이 문학 속에서 가장 분명하게 구현된 것이다. 1536년의 시 「귀부인의 꾸밈새」(El costume de la donne)에서는 이상화된 여성의 신체 부분부분이 크기별로 구분되어 나열되기까지 한다. 마치 한껏 단편적으로 조각낸 육체를 새로운 정렬 방식으로 모자이크하는 것처럼 보인다.

> 세 가지는 길어야 한다. 머리카락, 손, 다리
> 세 가지는 아주 짧아야 한다. 치아, 귀, 유방
> 세 가지는 넓어야 한다. 이마, 상반신, 엉덩이
> 세 가지는 가늘어야 한다. 허리, 무릎, 그리고 '자연이 모든 달콤한 것을 모아둔 곳'
> 세 가지는 커야 한다(단 균형이 맞아야 한다). 키, 팔, 넓적다리
> 세 가지는 가늘어야 한다. 눈썹, 손가락, 입술
> 세 가지는 둥글어야 한다. 목, 팔, 그리고……
> 세 가지는 작아야 한다. 입, 턱, 발[89]

이렇게 나열된 조건은 무려 서른세 가지에 달한다. 그리고 그 분류의 기준은 크기뿐만 아니라 선명한 색채의 대비이기도 하다.

> 세 가지는 희어야 한다. 치아, 목젖, 손
> 세 가지는 붉어야 한다. 뺨, 입술, 유두
> 세 가지는 검어야 한다. 눈썹, 눈, 그리고 '여러분도 잘 알고 있는 곳'[90]

아무리 보편적인 현상이라 할지라도 지역별로 조금씩 차이가 나듯

이, 색채에 부가하는 의미는 유럽 대륙 내에서도 지역에 따라 조금씩 다르게 나타나곤 하였다. 눈동자의 경우 이탈리아에서는 갈색이 도는 검은색을 애호한 반면, 영국에서는 회색 눈동자에 대한 언급이 두드러지고, 프랑스에서는 녹색을 선호하였다.

중세 관상학이 가장 아름다운 모습으로 표현된 예는 아마도 이 미인론일 것이다. 조각조각의 육체는 선명한 색채를 지니며 완벽한, 그러나 존재할 수 없는 이상화된 여성의 모습을 만들어낸다. 그리고 그 구체적인 묘사들은 이후 19세기에 이르기까지 이상화된 미에, 일종의 '정형'을 제공하게 된다. 1548년에 나온『여성의 미에 대한 대화』에서 피렌추올라(Firenzuola)는 미인의 조건을 다음과 같이 정리한다.

두발
섬세한 금발로, 때로는 황금빛으로 때로는 벌꿀로도 비유된다.
밝은 햇빛처럼 빛나며, 굽실거리고 풍성하며, 길다

이마
커야 한다. 다시 말해 넓고 높고, 순백으로 빛난다.
평평하지 않고 아주 완만한 아치를 그리듯 생겨야 한다.

눈썹
흑단색으로 마치 질 좋은 비단처럼 섬세하고 짧고 부드러운 털로 이루어져 있다.
중앙에서 양끝을 향해 서서히 부드럽게 가늘어진다.

눈
눈동자를 빼놓고는 흰색이어야 한다. 그러나 겨우 식별할 수 있을 정도로 희미한 아마색이 깃들여 있으면 좋다.

눈동자

눈동자는 한가운데의 동그란 부분은 제쳐두고 전체적으로 새까맣
지 않은 게 낫다. 설사 그리스나 라틴의 모든 시인들뿐만 아니라 우
리 이탈리아의 시인들도 또한 이구동성으로 검은 눈동자를 칭찬하고
있다 하더라도. 하늘색을 상기시키는 푸른 기가 도는 눈동자를 선호
하는 사람 또한 적지 않을 것이다. 일반적으로는 짙은 황갈색 눈동자
가 다른 어떤 색보다도 가장 존중되고 있다.

귀

루비보다 오히려 백옥과 비슷한 색채 또는 빨간 장미보다는 붉은색
이 감도는 백장미색이어야 한다. 중용을 지키는 정도의 크기가 바람
직하다. 품위 있고 반듯한 주름의 융기는 평평한 부분보다도 밝은 색
을 띠고 있다. 그리고 귀 모양을 나타내는 가장자리는 석류 속 알갱
이와 같이 붉고 투명하게 빛을 발하고 있다.[91]

여기서 인체에 대한 묘사는 시각적이며 감각적이다. 하지만 사람 몸
의 각 부분들——"휘어진 궁륭처럼 잘 만들어진, 칠흑보다 흑옥보다 더
검은 눈썹", "넓고 높은 매끄러운 이마", "독수리와 같은 초록빛 눈",
"길고 곧게 선 코", "나뭇가지 위의 눈처럼 희고 봉긋 솟은 단단한 유
방", "부드러운 배", "가느다란 팔과 손가락", "긴 다리", "잘 다듬어진
몸매", "병아리보다 더 부드러운 살"——은 당시 사회의 관상으로 보아
최고의 미덕을 상징하는 표지들이었을 것이다.[92]

중세 사람들은 이런 모든 것을 전체적으로 조합하는 것에는 관심이
없었다. 타고난 신체의 모양이 바로 별자리이고, 본질이고, 신성이었기
때문이었다. 때문에 그들에게는 각 부분부분의 모양이 담고 있는 상징
성이 더욱 중요한 것이었다.

하지만 인간을 되살려내고, 더불어 인간의 결점까지도 포용해야 할

필요를 느끼게 되는 르네상스 시기에는 생김새를 보는 방법 역시 변해야 했다. 르네상스 시기에 이르면 관상은 전체적인 분위기와 아름다움을 추구하게 되고, "세부적인 완벽함은 질문하지 않는" 경향이 두드러지게 된다.

4

관상학의 르네상스, 근세

여자의 치장이 참으로 극단에 이르게 되어 인간의 발명이란
발명은 모조리 유행에 뒤떨어진 것으로 만들어버린다.
여자들이 그들의 머리 위에 올려놓은 군함이라든가 공원 또는
사냥터 따위와 같은 소재는 사람의 간담을 서늘케 하는 데 충분하다.

• 『비인의 색』[1]

르네상스기의 얼굴 만들기

르네상스 시기 인간의 육체는 그 어느 때보다도 높이 평가되었다. 중세의 삶을 규정짓는 궁극적 주체가 신이었다면, 이제 르네상스는 인간의 가치를 한껏 고양시켰다. 천국을 향한 구도적인 삶의 자세 대신 살아 있음을 즐길 수 있는 현세적인 세계관이 확산되어갔다. 인간에 대한 새로운 인식은 이제 육체의 자유로움과 즐거움을 재발견하며, 육체는 한껏 찬미되었다.

르네상스 시기의 그림들에서 인간의 몸은 중세의 무표정을 벗어나 미소를 띠고, 살아 있는 몸짓으로 놀랄 만한 생동감을 보여주게 된다. 레오나르드 다 빈치는 미소년과 노인이 마주보고 있는 소묘를 그렸다.[2] 노인은 이가 다 빠진 탓에 아래턱이 윗입술을 물고 있는 것처럼 보인다. 중세의 그림이 상징성을 통한 '상황'의 전달이었다면, 이 스케치는 '상황'에 대한 정보 그 이상이다. 쭈글쭈글한 외모임에도 불구하고 노인에게는 연륜이 가져다 준 여유가 보이고, 소년에게서는 그의 아름다움마저 순식간에 흔들어버릴 수 있는 불확실함과 수줍음이 배어나온다.

육체의 재발견은 분명 관상학에도 영향을 끼쳤다. 이 시기 관상학에서 나타난 가장 뚜렷한 변화는 누군가의 생김새를 읽을 때 관찰하는 초점이 변화하였다는 것이다. 앞 장에서 살펴보았듯이 중세 관상학은 조각난 육체관을 드러내는 것이었다. 타고난 본성을 해석하기 위해, 신체

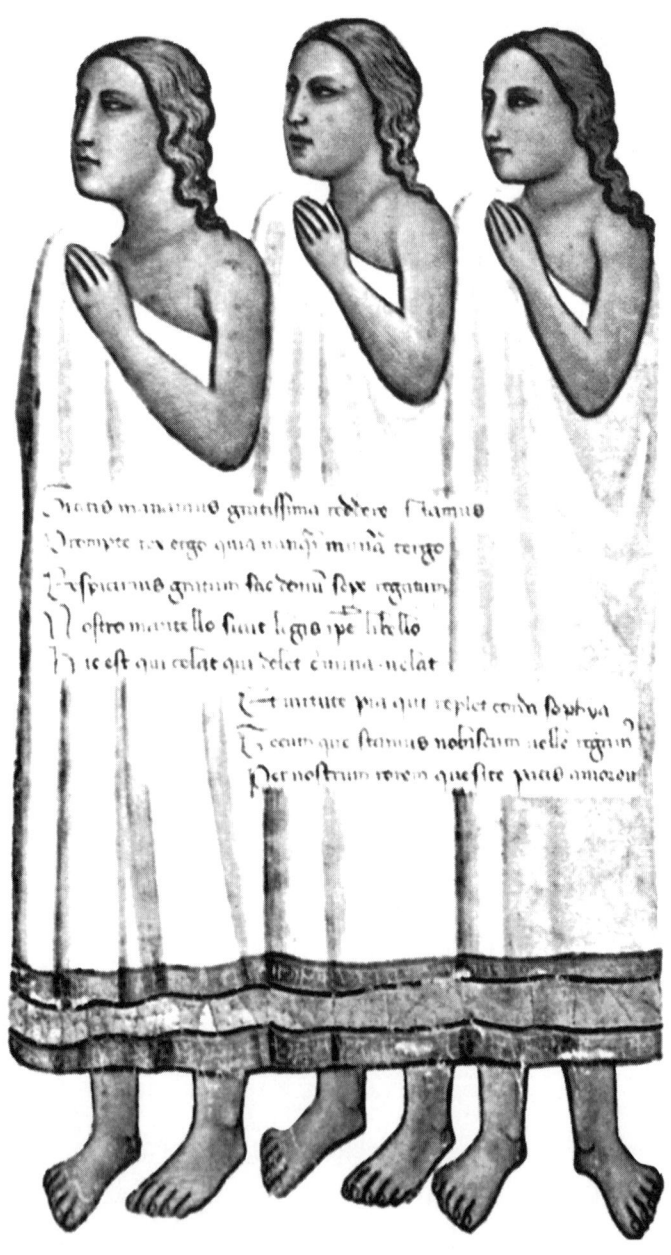

3미신의 모습에서도 중세와 르네상스의 차이점은 뚜렷이 드러난다.
중세의 3미신이 비슷한 모습을 한 정적인 것이라면(위쪽, 14세기 토스카나 사본의 삽화),
르네상스의 3미신은 생동감이 있고 개성이 드러난다(오른쪽, 보티첼리, 「봄」의 부분).

레오나르도 다 빈치, 「소묘」.

의 개별적 부분의 모양새와 색깔을 고찰하였다. 즉 "세부적인 아름다움에 매혹되어 전체적인 아름다움은 질문하지 않는다"[3]는 중세적 성향을 그대로 드러내고 있었다.

그러나 16세기 이후 관상학에서는 중세적 전통을 계승하면서도 보는 초점이 고정된 신체와 각 부분의 모양과 빛깔이 아니라, 신체의 움직임으로 이동하게 된다. 또한 중세 관상학에서 등한시되었던 '감정'이 중요한 요소로 등장하기도 한다. 이것은 기존 관상학이 고착적인 성품, 즉 천성만을 다루었던 데 비하여 순간순간 바뀌는 감정이 어떻게 표정으로 나타나는가를 파악해보려는 것으로, 관상 자체의 범주가 확대되는 것을 말한다.

움직이는 육체

르네상스 사조 아래서 중세에 천대받던 육체는 재평가의 대상이 되었다. 이 과정에서 육체에 대한 관심이 높아지고, 몸을 훈련하는 것이 중요해졌다. 이것은 본질적으로 외양이 곧 내면을 투영한다는 그리스 시대 철학자들의 인식을 계승하는 것이었다. 1580년 몽테뉴는 "플라톤의 말을 들어보면, 그는 오히려 육체의 훈련에 더 많은 시간을 할애하고 더 많은 관심을 기울이고 있는 것처럼 보인다. 그렇게 함으로써 영혼이 육체와 동시에 훈련되어야 하며, 결코 그 반대가 되어서는 안 된

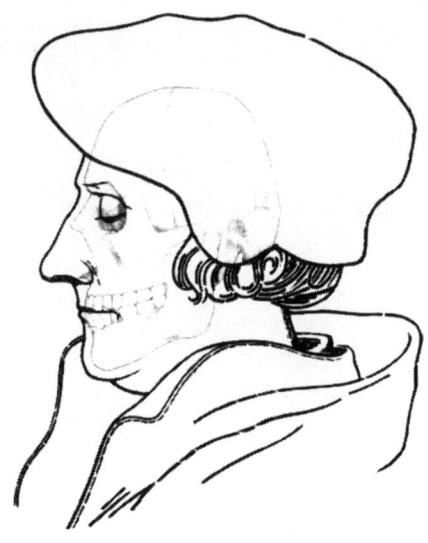

에라스무스는 머리 뒷부분이 아주 작고 납작하였던 것으로 알려져 있다. 그는 그 머리를 감추기 위해 항상 커다란 모자를 쓰고 다녔다.

다고 생각하고 있는 것처럼 보인다"고 말한다.[4]

몽테뉴는 기본적으로 학습이란 지식의 연마뿐만 아니라 육체의 단련도 병행해야 한다고 생각한다. "영혼과 육체 두 가지가 따로 분리되어서는 안 되는 것"[5]이라고 주장하며, 그는 다음과 같은 커리큘럼의 중요성을 설파하였다.

학습도 우리의 모든 행동과 결부시키면서 그때그때 행해진다면, 우리도 알지 못하는 사이에 발전해나갈 것이다. 심지어 달리기, 씨름, 음악, 춤, 사냥, 승마, 검술 등의 놀이와 운동까지도 그의 공부에 많은 부분을 차지할 것이다……. 나는 그의 외적인 품위, 사교적인 품행, 육체적인 동작 등도 그의 영혼과 동시에 형성되기를 바란다.[6]

여기서 관상학이 침투하였던 영역은 바로 "외적인 품위, 사교적인 품행, 육체적인 동작"이라는 범주이다. 르네상스 관상학은 이제 교육의 영역으로 파고들어가 새로운 시대의 얼굴과 몸을 만들어내게 된다. 이 시기 몸에 관하여 가장 많은 것을 엿볼 수 있는 교육서는 에라스무스의

15세기 피렌체 대성당에 새겨진 부조. 루카 델라 롭비아의 작품. 성가를 부르며 황홀한 표정을 짓는 가수의 모습은 중세의 경직된 얼굴이 아닌 생생한 표정이 담긴 얼굴이다.

『소년들의 예절론』이다.[7] 이것은 부르고뉴의 앙리(Henry) 왕자를 위해 쓰여진 작은 책으로, 중세 문헌 『세크레툼 세크레토룸』과 마찬가지로 왕자의 교육에 관한 내용을 다루고 있다. 그러나 1530년에 출판된 이후 이 책은 사회 전반부로 확산되어나가며 폭발적인 인기를 누리는 예절서가 되었다.[8]

'몸에 관하여'라고 시작되는 이 책의 첫 부분은 "침착한 소년의 마음

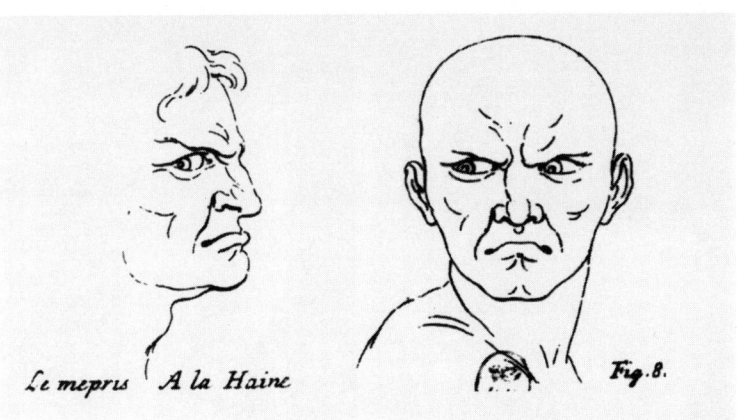

샤를 르 브룅, 표정에 대한 소묘. 르 브룅은 표정을 회화의 영역에 도입하는 원칙을 제시한 사람이다.

은 그대로 [모습으로] 드러나게 마련이다. 그리고 얼굴에 가장 뚜렷하게 드러난다"[9]고 하여 외양이 내면을 드러낸다는 전통적 개념을 피력하고 있다. 하지만 이 책은 "이러이러하게 생긴 것이 이러이러한 성격을 나타낸다"는 중세적 판단에서 한 단계 더 나아간 무엇을 보여준다. '눈'에 대한 기술을 보자.

눈은 고요해야 한다. 존경스럽고 침착하게 떠야 한다. 냉혹하게 뜨지 마라. 이것은 잔인함의 표시이니. 뻔뻔스러우면 안 된다. 불손의 표시이기 때문이다. 쏘아보거나 눈동자를 굴리지 말아라. 이는 미친자의 표시이니라. 마치 반역자나 모반자처럼 흘낏흘낏 보아서도 안된다. 입을 딱 벌리고 정신없이 보아서도 안 된다. 이것은 바보나 하는 짓이다. 끊임없이 눈을 깜박거리는 것도 좋지 않다. 이는 변덕스러운 표시이다……. 너무 가늘게 뜨지 마라. 그것은 성질이 나쁘다는 표시이다. 너무 당돌하거나 캐묻는 듯하게 보는 것도 안 된다. 참을성이 없어 보이기 때문이다…….[10]

여기서 분명히 알 수 있는 것은 "가는 눈은 냉혹함의 표지"라는 중세

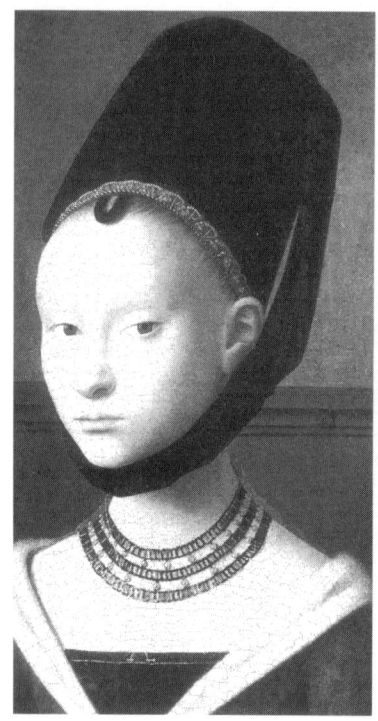

페트루스 크리스투스, 「젊은 여인의 초상」, 1470년경. 르네상스 미술에는 중세적인 정지된 아름다움이 아니라, 개성을 드러내는 초상화가 등장한다.

특유의 판단 내용을 수용하면서도 '가늘게 생긴 눈'이 아니라 '가늘게 뜨는 눈'이라는 자율적 움직임으로 묘사의 초점이 옮겨가고 있다는 점이다. 이것은 어쩔 수 없이 가느다란 눈을 타고난 사람의 '운명'에 중점을 두는 것이 아니라, 눈을 마음대로 가늘게도 크게도 뜰 수 있는 '인간의 자율적 의지'를 중요한 위치에 두는 것이었다.

자율적 의지의 영역이 커질수록 그에 대한 통제도 매우 커질 수 있는 것이었다. 중세 교육서에서 육체에 대한 통제는 비교적 단순한 것이었다. 주로 팔다리의 움직임에 대한 통제가 많았을 뿐이고, 소리를 내는 행위에 대한 제지 정도였다. 예를 들어 "식사 도중 맨손으로 목을 긁지 마라. 정 긁고 싶다면 예의바르게 옷을 사용하라"[11]고 하는 정도였다. 하지만 이제 통제의 영역은 얼굴 하나를 보더라도 눈, 코, 입과 그들의

루카 시뇨렐리, 「남자의 초상」. 근엄한 표정을 한 이 남자는 법률가이며, 새로운 르네상스 지식인의 얼굴을 나타낸다. 그
림의 배경은 인문학을 상징한다.

움직임으로 확대되어가고, 동시에 놀라울 정도로 복잡하게 전개된다. '코'를 예로 들어보자.

코 안에는 점액이 뭉쳐진 이물질이 없어야 한다. 모자나 옷으로 코를 닦는 것은 촌스러운 짓이다. 소매나 팔에 닦는 짓은 생선장수나 하는 짓이다. 손으로 닦는 것도 좋지 않다. 왜냐하면 곧 그 더러운 것을 옷에다 슥삭 닦기 때문이다. 코를 닦는 가장 예의바른 방법은 손수건에 닦는 것으로, 점잖은 사람들이 있는 자리에서는 약간 몸을 돌리고 닦는 것이 좋다. 손가락 두 개를 사용해서 코를 푸는 것도 바람직하지 않은데, 더러운 것이 땅에 떨어지면 바로 발 밑으로 떨어지기 때문이다.[12]

이런 경향은 과거 관상서나 교육서들이 각각 따로 분리하여 보았던 것들을 종합적으로 묶어 하나의 '움직임'을 주시하는 형태를 띠기도 한다. 중세 관상학에서는 '입'을 이야기할 때 입술, 치아, 혀, 심지어 잇몸까지도 따로따로 고찰하곤 하였지만, 이제 '입'은 움직임을 만들어내는 하나의 기관이다.

입을 너무 꽉 다물면 다른 사람의 숨을 들이마시기를 두려워하는 것처럼 보이므로 그렇게 하지 마라. 바보처럼 벌리고 있어도 안 된다. 입술이 가볍게 서로 닿을 만큼 입을 다물고 있는 것이 좋다. 또한 꼬꼬 하는 소리를 낼 것처럼 입술을 반복적으로 오므리는 것도 예의바른 행동이 아니다.[13]

에라스무스는 "바람직한 외양이란 사람들에 의해 인지되는 것"[14]이라고 단언한다. 이 말은 과거에 '관상'이 누군가의 성품을 주어진 법칙에 따라 판단하는 것이었다면, 이제는 관상에 대한 판단 기준이 초자연적 운명이 아닌 인간이 만들어내는 사회적인 것으로 탈바꿈하고 있음을 말해준다. 여기서 육체의 각 부분에 대하여 '사람들이 알아볼 수 있는' 의사소통의 규범(code)을 적용하여야만 하는 당위성이 발생하는 것이다. 이것은 커뮤니케이션의 수단이 되는 육체를 의미하는 것이다. 그리고 몸짓을 통해 이야기하는 의미는 시대별로 달라지는 것이었다.

옛 그림들은 눈을 반쯤 감고 있는 것이 한때 중용의 표시였음을 말해준다. 마치 에스파냐 사람들이 사람을 바라보기를 회피하는 것과 같은 그런 모습이 겸손과 우정의 표시로 받아들여졌다. 마찬가지로 한때는 꽉 다문 입이 정직의 표상으로 받아들여졌으나, 자연스럽게 우러나는 기품이란 [입을 꽉 다물지 않아도] 사람들에 의하여 인지되게 마련이다.[15]

하지만 입을 꼭 다무는 것에 그다지 긍정적이지 않았던 르네상스 시대의 에라스무스와는 달리 18세기 말 라바터의 관상책은 입술을 다물 것을 강조한다.

아무것도 느낄 수 없는 노예는 얼굴에 공허함이 완연히 드러나고, 자족하고 오만한 주인은 입을 벌리고, 입술을 내밀며, 코를 높이 올린다. 고귀한 정신을 알 수 있는 것은 다문 입술로, 중용의 표현이다.[16]

이렇게 몸짓이 전달하는 사회적 의미는 시대에 따라 달라지곤 하였지만, 르네상스 관상학이 중시한 몸의 움직임에 대한 관심은 이후 관상학에 중요한 줄기를 형성하게 되었다. 심지어 운명을 중시하고 예언 중심인 점성학적 관상학에서조차 몸의 움직임과 관련된 관상학적 코드가 포함된 것이다. 다음은 17세기 수상학에서 설파된 두 원칙으로, 점성학적 관상학에서도 움직임을 중시하였음을 보여준다.

- 어떤 사람이 식사를 할 때 입을 먼저 벌리고 들고 있는 고기에 몸을 굽혀 덤벼든다면, 그는 폭식가이며 이 세상의 적이다.
- 모자를 눈 위까지 덮어쓰곤 하는 사람은 배반자의 표시로, 모든 악을 갖고 있으므로 현명한 사람은 그를 피할지어다.[17]

르네상스 시대에 의사소통을 할 수 있는 육체란 눈에 보이는 부분이어야 하였다. 따라서 르네상스 관상학에서는 옷으로 감싸지지 않는 부분, 즉 얼굴과 손이 가장 중요한 관상의 대상이 되었다. 이것은 옷이 육체보다 더 중요한 의미를 가지는 18세기와는 대조적인 것이다. 또한 얼굴 가운데서도 입과 눈처럼 많이 움직일 수 있는 부분에 대하여 관상학적 의미와 통제가 더 많이 생산된다. 이런 통제들은 개인이 속해 있는 집단에서 경험하였고, 나아가 허용할 수 있는 범위의 '바람직한 움직임'을 만들어내는 과정으로 이어진다.

제스처는 의사소통의 도구

고대 웅변술에서 볼 수 있었듯이, 제스처는 관상에서 의사소통이라는 요소를 가장 강하게 내포하는 영역이다. 이 시기 관상에서는 중세 내내 침체되었던 제스처에 대한 재발견과 적용이 활발하게 이루어졌다. 에라스무스의 『예절론』을 비롯, 1531년 엘리엇(Thomas Elyot)의 『군주서』(The Book Named the Governer)와 같은 교육서는 르네상스 유럽에서 제스처의 사회적 의미가 엄청나게 증대하였다는 것을 보여준다. 1528년에 출판된 『예의규범』(The Doctrine of Courtesy)은 제스처가 사람의 기품을 나타내는 정도를 넘어서 개인 감정을 완전히 자제하고 완벽하게 사회화되었음을 보여주는 장치로 규정한다.

이제 움직일 때나 휴식을 취할 때의 시민의 몸가짐이란 어떤 것인가를 이야기하겠다. 자연스런 활동 중에 나오는 모든 육체적 움직임과 태도는 회피해야만 한다. 우리의 제스처는 좋은 것이든 나쁜 것이든 의도를 드러내서는 안 된다……. 우리의 손으로 하여 얼마나 많은 것이 드러나는지 한번 생각해보라. 손은 표현을 도우며, 그 자체가 언어이다. 그것은 나가라, 들어오라를 지시하고, 즐거움과 슬픔을 나타내며, 말할 것과 침묵할 것을 지시한다. 위협과 간청, 용감함과 경고, 주장, 부인, 논쟁, 셈, 찬성, 반대. 올바른 교육이란 언제나 그 손으로 하여금 우리의 의도에 부합하는 우아한 움직임을 훈련시키는 것이다.[18]

제스처에 대한 관심의 확대는 고전의 재발견에 의해 톡톡히 혜택을 받은 분야라 볼 수 있다. 특히 1417년에 퀸틸리아누스(Marcus Fabius Quintilianus)의 『변사가의 훈육』(*Institutes of Oratory*)[19]의 완본이 발견되면서 르네상스 시기의 교육에서 제스처는 매우 중요한 요소로 떠올랐다.[20]

"청중의 주의를 집중시키는 데 필요한" 고대의 기술적인 지침들은 제스처에 관한 규범을 폭발적으로 확대시켰다. 중세의 정지된 상징성이 아닌, 움직이는 상징성의 영역이 도입된 것이다. 웅변술과 관련된 고전들은 사람들로 하여금, "말하는 사람의 자세와 제스처는 듣는 이의 주의를 지배하는 데 필수적"[21]이라는 사실을 각인시켰다. 이제 행동양식은 이전 시기의 "단순성과 소박성"[22]에서 벗어나 교묘하고 섬세하게 육체로 침투하는 제스처가 나타나는 것이었다.

고전을 공부하는 사람들 사이에는 따라서 이제 "논쟁의 경우 팔의 움직임을 빨리 하며……. 가끔씩 발을 구르거나 쏘아보는 눈길을 취하는 것이 효과적인 것"[23]과 같은 공통의 이해가 형성되었다. 몽테뉴는 플루타르코스의 이야기를 통해 당시 사람들이 알아볼 수 있었던 관상학적인 '분노'의 표상과 제스처를 이렇게 전해준다.

플루타르코스는 아주 냉정하고 침착한 태도로 이렇게 말했다. "어째서 그렇단 말이냐, 이놈아. 너는 내가 지금 화가 나 있다고 무엇으로 판단하느냐? 나의 얼굴, 목소리, 안색, 말로 내가 흥분했다는 증거를 삼느냐? 나는 나의 두 눈이 험악한 눈초리를 하고 있다거나, 얼굴이 일그러져 있다거나, 목소리가 떨리고 있다고 생각하지 않는다. 나의 얼굴이 상기되어 빨개졌느냐? 내가 입에서 게거품을 뿜고 있느냐? 내가 나중에 후회할 말을 하더냐? 나의 목소리가 떨리고 있느냐? 내가 분노로 인해 몸을 떨고 있느냐? 너에게 말해두겠거니와, 바로 이런 것들이 내가 분노했다는 참된 증거이다.[24]

그런데 제스처는 비단 의사소통의 수단일 뿐 아니라 그 자체가 신분이나 계층을 나타낼 수 있는 코드가 되는 것이었다. 즉 사람들의 야만스러움을 없애는 필수적인 '문명화'(civilizing process)의 기제에서 한 단계 더 나아가 한 개인의 고상함을 드러내는 표지가 될 수 있었다는 이야기이다. 에라스무스는 단적으로, "잘 짜인 제스처는 자연스런 기품을 더욱 더 매력적으로 보이게 한다. 제스처로 신체적 결점을 완전히 제거할 수 없는 경우라도, 최소한 그것은 [신체적 결점을] 보이지 않도록 하거나 최소화시킨다"[25]고 하였다.

제스처와 움직임이 불러올 수 있는 우아한 분위기의 효과는, 조각난 육체의 아름다움을 보았던 중세의 미에 대한 감각과는 매우 다른 것이었다. "관상학적으로 잘생긴 외모와 상냥함을 갖추는 것이 필수"[26]라고 들었던 한 신하가 자신의 외모에 대하여 자신없어하자 군주는 이렇게 대답한다.

자네 용모는 사람들에게 비쳐지기엔 더할 나위 없이 기분 좋은 외모일세. 비록 몸의 균형이나 각 부분이 잘생기지는 않아도 [몸짓과 태도에서] 전체적으로 우아함이 배어나오기 때문이지.[27]

나아가 남녀의 육체적 구분에 대한 인식에서도 이제 선천적인 차이보다는 후천적으로 만들어지는 태도와 분위기가 성별(sex)을 나타내는 결정적인 요인이라고 이야기되기까지 한다. 대부분의 중세 문헌은 "여자의 몸은 원래 남자보다 약하고, 뼈도 가늘고, 남자보다 작고, 이성이 결여되어 있다"[28]고 말해왔다.

하지만 르네상스의 저술들에서는 여성의 육체에 대하여 과거와는 다른 태도를 찾아볼 수 있다. 카스틸리오네(Castiglione)는 "여자는 남자와 동등하거나 오히려 우월한데, 그 차이는 매너와 말, 제스처, 그리고 교육에 따라 만성과 차별적으로 생성된다"[29]고 말했다. 따라서 남녀의 결정적인 차이는 육체의 구조가 아니라 육체가 만들어낼 수 있는 "모든 움직임, 모든 언어 구사"[30]로 드러나기 때문에, "남자와 확실한 차이가 나타나도록 항상 행동해야"[31] 했다.

감정의 재발견

16세기 이후 관상학에서 뚜렷하게 나타나는 또 다른 변화는 '감정'을 다루게 된다는 것이다. 물론 이전 시기의 교육서에도 감정에 대한 언급은 찾아볼 수 있다. 15세기 영국의 대표적 교육서 가운데 하나인 『소년론』(*The Babee's Book*)은 "너무 좋아하거나 화내거나 대담하거나 바쁜 척하지 마라……. 거만하거나 초조해하지 말고 명랑하게 사근사근하고 질투하지 마라"[32]는 등 다양한 감정에 대하여 언급하고 있다.

그러나 이들 감정이 어떻게 구체적으로 얼굴의 변화를 가져오는가에 대한 진지한 고찰은 16세기의 학자들에 의해서 시도되기 시작하였다. 에라스무스를 필두로 이후의 저술들은 '표정'(expression)을 주목함으로써, 타고난 성품과 감정이 무차별하게 함께 쓰이던 중세의 전통에서 벗어나 이제 '감정'(emotion)을 '성격'(character)과 확연히 구분하기

레오나르도 다 빈치, 「소묘」.
르네상스 시대에는 얼굴을 그
릴 때 에토스뿐만 아니라 파토
스를 표현하는 것도 중요하게
생각되었다.

시작하였다.

　'감정'을 발견해나가는 것은 고전의 재발견과 더불어 진행되었는데, 특히 가장 중요한 개념이 아리스토텔레스의 『시학』(*Poetics*)에 나오는 에토스(ethos)와 파토스(pathos)의 차이를 인식하는 것이었다. 여기서 에토스는 타고난 마음의 상태나 도덕적 자질과도 같은 사람의 본성을 이야기하는 것이고, 파토스는 좀더 일시적인 감정, 즉 외부의 영향을 받아 변할 수 있는 마음의 상태를 이야기한다.[33] 르네상스 관상학에서는 과거 에토스만을 주로 다루었던 것에 반하여, 파토스도 중요한 것으로 평가하기 시작하였다.[34]

　특히 에라스무스의 저술은 표정으로 드러나는 감정에 대하여 많은 고찰을 가하고 있다. 물론, 그의 저술의 일차적 의도는 "큰 소리로 웃으며 온몸을 흔들어대는 것은 어떤 나이에도 꼴사납지만, 특히 어린이답지 않다." 따라서 "얼굴을 가리고 웃어라"와 같은 행동의 지침을 주는 것이다. 그러나 여기서 그가 감정에 따라 변하는 얼굴 모습을 얼마나 자세히 고찰하였는가를 주목하자. 에라스무스는 "탄성을 지르며, 볼에는 주름이 갈 정도로 입을 벌리며 이를 모두 드러내는"[35] 웃음에 대하여 묘사한다. 그는 얼굴에 나타나는 '표정'이란, 순간적으로 감정으로 인하여 야기되는 신체적 변화라는 것을 뚜렷이 인식하고 있었다.

눈이 번득이는 것은 마음이 산란한 증거이다……. 마음이 평온하면 당연히 좋은 혈색을 가져온다. 그러나 더 빨갛게 변하는 볼은 마음의 평정을 잃은 것을 나타내거나 그렇지 않다면 심각할 정도로 미친 것이다. 볼을 볼록하게 부풀리는 것은 오만한 마음을 나타내고, 너무 홀쭉하게 들어가는 것은 절망을 나타낸다……. 윗니로 아랫입술을 깨무는 것은 아랫니로 윗입술을 깨무는 것과 마찬가지로 예의바른 모습이 아닐 뿐만 아니라 위협하는 마음을 나타낸다.[36]

그런데 얼굴 표정을 통해 특정한 감정을 표현하는 것은 에라스무스의 '발명품'이 아니었다. 이것은 이미 사회적으로 광범위하게 인지되고 있었으며, 15세기부터 많은 예술작품 속에 나타나기 시작한 것이었다. 특히 에토스와 파토스의 차이는 16세기 화가들에게는 매우 중요한 주제였다.[37] 실제로 바르치(Benedetto Varchi)와 르 브룅을 비롯한 많은 예술가들은 매순간 변하는 감정의 표현양식을 이론화하려는 노력을 아끼지 않았다.[38]

감정과 얼굴의 변화와의 상관관계는 17세기에 이르러 예술가들뿐만 아니라 철학자들도 숙고하는 문제가 되었다.[39] 그리하여 도대체 무엇이 이렇게 표정의 변화를 유발하는가 하는 문제에 대한 과학적 접근을 유도하게 된다. 데카르트(René Descartes), 퀴로 드 라 샹브르(Marin Cureau de La Chambre) 등의 학자들은 표정의 변화와 인간의 감정

사이에 어떤 물리적인 상관관계가 있는가 하는 문제를 고민하였고,[40] 18세기 초가 되면 얼굴의 근육과 뇌와의 직접적인 관계에 대한 보편적인 이해가 형성되었다. 17세기 표정을 연구한 대표적 인물인 르 브륑은 '슬픔'이라는 감정에 대하여 다음과 같이 말하면서 분명하고도 보편적으로 나타나는 얼굴의 변화를 제시하였다.

극단적인 경우에는 근육이 모두 처지는 것으로 나타나며, 덜 심한 경우, 즉 절망에서 슬픔으로 전환하는 과정에서는 미간이 올라가며, 양 눈썹이 거의 붙다시피 내려가기도 한다. 양 눈두덩의 안쪽은 올라가며 눈썹 아래쪽은 솟는다. 입술의 양 끝은 내려가고 입술이 떨린다.[41]

따라서 이제 사람들은 글과 그림에서 '표정'을 보고 "그 사람은 이러이러한 감정을 느끼고 있다"고 공통적으로 이해할 수 있게 되는 것이다. 18세기 후반에 나온 라바터의 관상학에서는 표정에 대한 르네상스 학자들의 성과가 이미 일상의 관상학적 지침으로 녹아들어갔음을 보여준다.

신체적인 표지들은 머리를 젖히거나, 끄덕이거나 돌리는 것과 같은 방식과 태도로 더욱 확실해진다. 머리를 젖히는 것은 경멸을 뜻하는 것으로, 그러는 동안 코가 두드러진다. 고개를 돌리는 것은 극단적인 오만을 나타내는 것으로, 이것은 동시에 아랫입술이 가장 많이 돌출될 수 있다.[42]

사회적 장치로서의 외양

관상학에서 '관찰하는 초점'에 변화를 일으킨 원인은 무엇일까? 에라스무스의 『소년들의 예절론』이 엄청난 성공을 거둘 수 있는 배경에는 분명 이런 변화에 대한 수요가 있었기 때문이다. 즉 엘리아스가 지적하였듯이 예절론은 "어느 정도는 만인의 작품"[43]으로, "당시의 사회적 필요를 충족시켜주는 것을 명백히 표현하고 있다"[44]고 보는 것이 타당할 것이다.

흔히 르네상스 시대라고 불리는 이 시기는 중세 가톨릭 교회의 통합성이 무너지고, 기사계급의 권위가 흔들리며 중세사회의 단단한 위계질서가 흔들리던 때였다. 지방분권적인 봉건사회의 메커니즘이 붕괴하고, 동시에 중앙집권적 기구가 형성되기 시작하였다.[45] 엘리아스는 '문명화 과정'이라는 관점을 통해 이러한 변화의 한 중심에 국가의 사회적 발생과정이 있음을 주목하였다. 국가가 일상의 폭력을 독점해나가면서 사람들에게서 폭력적인 요소를 거세시켰다는 것이다. 따라서 사람들의 행동양식은 변화하여야만 했다.

그런데 국가를 만들어가기 위해 기존 사람들의 위계, 행동반경, 역할행동을 재편하는 이 과정에서 사람들 사이에 '사회적 이동성'이 증가하였다. 신분상의 이동이 활발해지면서 과거에는 만날 수 없던 종류의 사람과도 교류가 가능해졌으며, 만나는 사람의 수도 엄청나게 많아졌다. 중세라는 사회에서 개인의 위치는 자기가 살고 있던 공동체나 자신의 신분과 같은, 고도로 섬세하게 조직된 '경계'(boundaries)[46]에 의해 구분지어지고, 고정되었다.

그러나 14세기 이후 이러한 사회의 고정성이 무너지기 시작하여, 이미 16세기에 이르면, 기존의 사회적 유대는 "전적으로 느슨해져 변화의 과정을 겪고 있었다. 사회적 배경이 다른 개인들이 함께 뒤섞였다. 집단적, 개인적 상승과 하강의 사회적 순환이 가속화되었다."[47]

이런 변화는 개인이 세상과의 관계 또는 자신과의 관계를 보는 관점에 혼란을 초래하였고, 궁극적으로는 인간이 맺고 있는 제반 관계들에 대한 규정 자체의 변모를 불러오는 것이었다. 이는 또한 사회적 관계를

베르메조, 「피에타」, 1490년경. 그리스도를 안고 있는 성모의 얼굴에 나타난 비탄의 표정은 이 시기 화가와 조각가들이 다양한 방법을 통해 표현하고자 한 주제였다.

매개하고 규정하는 언어에도 변화를 불러일으켰다.

한 예로 이제 귀족(nobility)과 같은 신분적 개념이 과거에 비하여 훨씬 더 융통성 있는 개념으로 전환되는 것을 들 수 있을 것이다.[48] 즉 "그는 귀족이야"라고 말한다면, 반드시 그 사람이 혈통상 귀족이 아니더라도 우아하고 고상한 사회 엘리트의 덕성을 갖추고 있다는 뜻이다. 따라서 이런 사회적 변화는 새로운 틀의 의사소통양식을 요구하게 된다.

보이는 것이 타고난 것보다 중요하다

변화하는 사회 속에 놓인 사람은 그에 부합하는 행동을 하여야 살아남을 수 있을 것이다. 르네상스 시기 사회적 관계라는 것이 폭발적으로 확대되면서 인간의 사회적 행동양식에서 두 가지 큰 변화가 일어났다. 첫째, 새로이 형성되는 사회적 틀에 부합되는 '사회적 개인'이 중요해졌다. 사회적 개인이란, 과거 자신의 위치를 자리매김해주었던 신분과 같은 것이 과거에 비하여 상대적으로 덜 중요해짐에 따라 사회에서 스스로 위치를 확보해가야 하는 개인을 말한다. 이제 세속적인 성공의 관건은 얼마나 사회적 적용력이 있는가에 놓이게 되었다.

그런데 인간관계의 폭은 엄청나게 늘어나고 있지만 상대방의 위치를 파악할 수 있는 표상은 아직 뚜렷이 정립되지 않았다. 이런 상황에서 개인 간에 서로 파악할 수 있는 기제들은 대부분 '겉으로 보이는' 것들이다. 이것은 현대사회에서도 상당 부분 적용되는 것으로, 별다른 정보가 없는 경우 '보이는 것'이 그 사람에 대한 가치판단의 절대적인 척도가 된다는 것을 심리학자들은 증명하곤 한다. 그런데 르네상스 사회에서는 이 '보이는' 외모의 중요성이 엄청나게 커졌던 시기였다. 왜냐하면 외모는 단지 그 사람의 사회적 위치를 보여주는 것이 아니라, 쓸 만한 사람인가 아닌가 하는 '사회적 적용성'을 측정할 수 있는 척도가 되었기 때문이다.

마키아벨리가 "대부분의 사람들은 손으로 만져보고 판단하기보다는 눈으로 보고 판단하게 마련이다"라고 말하는 것은 바로 이런 현상을 지칭한다.[49] 즉 눈동자의 빛깔을 통해 타고난 심성을 보는 것보다 한 개인의 눈의 움직임에 주목함으로써 그가 전달하는 의사를 타진하거나 그의 사회적 성숙도를 측정하는 것이 더욱 중요하게 인식되었다는 것이다. 따라서 좀더 움직일수록 훈련이 되는 신체 부위를 지극히 중요하게 인식하게 되고, 고정적인 모습보다는 움직임에 주목하게 되는 것은 당연한 귀결이라 볼 수 있다.

여기서 관상은, 그 사람의 운명을 보는 것이 아니라 인간관계에서 필요한 코드를 보는 것이다. 이것은 사회적으로 '보이는 것'이 타고난 심성보다 중요한 요소라고 생각하는 당시 사조를 반영한다. 또한 이런 현상은 지극히 현재적인 것이다. 그 사람의 과거나 미래는 중요하지 않다. 현재의 보이는 모습 자체가 목적론적, 존재론적 당위성을 획득하는 것이다. 이런 측면에서 이후 씌어진 라바터의 이야기는 상당히 시사적이다.

사람의 모습은 그의 본성과 마찬가지로 교육, 지위, 교류 그리고 상황에 따라 결정적으로 변한다. 따라서 우리는 관상으로는 원초적 모습이나 미래를 볼 수 없다는 것을 견지해야 한다.[50]

둘째로, 사회질서가 새롭게 형성되는 시기는 많은 사람들이 신분상승을 꾀할 수 있는 시기였다. 따라서 사회성을 보여줄 수 있는 외양과 제스처, 매너의 역할이 신분상승에 필요한 요소 가운데 하나로 강조되기 시작한다. 16세기 관상학에서 중세 육체관에서 볼 수 없었던 적극적인 의사표현이 등장하는 것도 이같은 맥락에서이다.

중세 문헌에서 지배자가 신하를 고를 때 고려해야 할 관상은 주로 "배신하지 않을, 충실한 신하를 고르는" 것이었다. 이것은 관상의 효용이 무척 방어적이라는 것을 시사한다. 내가 다치지 않기 위해서 남의 얼굴을 들여다보아야 하는 것이다. 그러나 르네상스 시기 외양은 이제 훨씬 더 적극적인 자기 정체성 형성의 수단으로 등장한다. 군주가 갖추어야 할 미덕에 관하여 마키아벨리는 이렇게 말한다. "군주는 앞에서 나타난 모든 성품을 실제 구비할 필요는 없지만, 구비한 것처럼 보이는 것은 반드시 필요하다."[51]

따라서 중세 말에서 르네상스로 향하는, 인간관계가 확대되고 상호

내란으로 처형당한 찰스 1세는 스스로에게 종교적 신념을 위해 희생하는 순교자의 이미지를 부여하고자 애쓴 사람이었다. 반 데이크, 「찰스 1세」, 1636.

의존성이 높아가는 사회에서는 자신의 신분이나 지위를 나타내는 외적 장치(personal front)[52]는 더욱 정교해지고 중요해진다. 신분적 위상을 유지하려는 욕구와 '구별하려는' 욕구는 상류계층으로 하여금 외양을 훈련하고 매너를 가하게 하였다. 상류계층이 되어보고자 부단히 노력해가는 새로운 사회, 경제적 집단들은 이 코드들을 열심히 습득하였다. 당시의 기준으로 '멋지게' 보이는 것이 곧 자신이 상류집단에 소속되어 있는 일종의 소속기호이기 때문이다.

사회학자 고프만(Erving Goffman)은 개인의 자기 표현방식을 '직접적인 표출'(give)과 '간접적 발산'(give-off)으로 구분한 바 있다. 16세기 이후의 외양을 두고 볼 때 암시적이고 간접적인 발산을 통하여 자

찰스 1세의 처형을 그린 그림.

신의 위치를 자리매김하는 역할이 비교할 수 없을 만큼 강화되었다.[53] 이는 곧 "어떤 개인이 특정한 사회적 특색들을 가지고 있다면, 그는 다른 이들이 그에 합당한 방식으로 그를 대우해야 할 도덕적 권리를 갖게 되는 것"[54]이라는 결과를 노리는 것이다.

즉 사회적 상류층이 지배자로 대우받을 수 있는 섬세한 사회적 코드를 습득하는 것은 지배의 기술과 정당성으로 직접 연결된다는 것이다. 지배계층이 외양을 통한 새로운 코드의 발명과 습득과정을 통해 지배계층으로서의 정체성을 확립하고자 하는 과정은, 찰스 1세와 찰스 2세와 같은 17세기의 영국 국왕들이 통치자로서의 자신의 이미지를 만들기 위하여 부단히 노력하였던 예에서 잘 나타나고 있다.[55]

17세기 영국 내란의 혼돈 속에서 형장의 이슬로 사라졌던 찰스 1세는 오래 전부터 가냘프고 연약한 순교자의 이미지를 만들어내기 위해 혹독한 훈련과 자기 관리를 하였던 것으로 전해진다. 그는 고대에 씌어진 수사학적 저술에 관심이 많았고, 특히 제스처와 이미지에 관한 이론들을 높이 평가하여 『고독과 고통 속의 신성한 황제의 초상』(*Eikon*

Basilike or the Portraiture of His Sacred Majesty in his Solitudes and Suffering)이라는 책을 편찬하도록 명한 바 있다. 찰스 왕은 반 데이크(Anthony Van Dyck)로 하여금 자신의 초상화를 그리게 하였는데, 여러 장의 초상화 가운데 가장 슬퍼 보이는 것을 골랐다. 그런 이미지를 만들었기 때문에 그가 처형당한 후 국왕에 대한 동정론이 크게 일었다는 분석이 나오곤 한다.[56)]

　이와 같이 르네상스 시기의 관상학적 초점의 변화는 중세 말 이후 유럽 사회의 변화가 불러일으킨 것이었다. 사회적 관계가 양적으로 팽창하면서 과거 개인이 가졌던 고정적 신분과 사회적 역할이 그 중요성을 상실하였다. 이러한 변화의 과정에서 이제 개인의 외양이란 새로운 사회질서 속에서 자신의 위치를 가늠할 수 있는 장치로서의 역할이 확대되었고, 더 섬세하고 교묘한 통제와 원칙이 도입되어 더욱 철저한 '사회적 외양'으로 거듭나게 되었던 것이다.

사이비 과학의 황금시대

17세기, 사이비 과학의 전성시대

17세기는 사이비 과학의 황금기라고 불린다. 이 시기는 이른바 '과학혁명'이라 불리는 우주관의 전복이 시작될 조짐을 보이면서 기존의 '과학'을 둘러싼 논리와 응용이 총망라되어 생명을 지속해보고자 최후의 기승을 부렸던 때였다. 당시 과학의 한 부분을 차지하던 이른바 '비학' [57] 역시 마지막 몸부림과 대유행이 목격되었다. 엄청난 인쇄술의 보급에 편승하여 과거 지식인들의 영역에 묶여 있던 많은 지식들이 훨씬 쉬운 '대중판'으로 보급되었기 때문이다. 따라서 비학의 원리들이 사회 저변으로 일파만파 전해지는 이 과정이 가시적으로는 사이비 과학의 전성시대로 보일 수도 있었을 것이다.

17세기 유럽에서 이른바 '과학적 기반'을 갖추고 있다고 가장 확고하게 주장된 점복은 점성학[58]이었다. 영국의 경우, 점성학 관련 서적은 1630년부터 1700년까지 가장 많이 발행되었던 것으로 나타난다.[59] 점성학의 대중판 응용본이라고 볼 수 있는 생활책력(almanac) 역시 이 시기에 널리 보급되었다. 그런데 이 생활책력은 일상생활에 깊숙이 자리한 점복뿐만 아니라, 당시의 과학, 의학, 심지어 문화 국수주의적 내용까지 최신의 정보를 망라하여 다루고 있었다.[60]

생활책력에서도 나타나듯이, 점성학과 연계하여 관상학 또한 널리 시행되고 있었다. 이 시기 관상학 가운데 가장 인기가 있었던 분야는 수상학과 이마의 주름을 통해 보는 관상이었다. 1580년 몽테뉴는 과거의 많은 점복들이 사라졌지만, "별이나 귀신, 신체적 특징이나 꿈 등에 의한 점"은 아직도 유행하고 있다고 말한 바 있다.[61] 1530년 영국에서는 헨리 8세가 공포한 '부랑아 처벌에 관한 법령'에 관상학자를 처벌한다는 내용이 포함되기도 하였다.

> 도시나 시골로 돌아다니며 의학, 관상학 또는 수상학과 기타 간사한 과학에 대해 아는 체하며, 운명, 질병 또는 미래나 기타 괴기한 상상을 예견할 수 있다면서 민심을 사로잡는 이들이 백성들로 하여금 큰 혼란에 빠지게 하므로 처벌한다.[62]

이 법령은 17세기 후반까지 반복적으로 공포되곤 하였는데,[63] 이 사실은 수상학이 이미 국가의 단속의 대상이 되어야 할 만큼 만연한 관행이었다는 것을 보여준다. 그런데 여기서 처벌받는 사람은 관상학이나 수상학 자체의 지식을 가진 사람이 아니라, 그 분야의 지식에 대해 '아는 체하는' 사람이다. 이것은 당시 지배층도 관상학 자체를 부정하지는 않았음을 반증하는 것이다.

따라서 지배층을 형성하고 있는 지식인들이 관상학을 행하는 것은 처벌의 대상이 되지 않지만, 떠돌아다니는 하층계급 사람들이 관상을 볼 경우는 처벌을 내렸다. 이것은 지배층이 관상학을 비롯한 지식과 과학을 자기들만의 것으로 독점하려고 했던 의도를 깔고 있다. 매우 복잡한 이론에 근거한 점성학적 관상학은 우주와 삶의 비밀을 내포하기 때문에 오직 엘리트 지식인들만이 이해할 수 있고, 사용할 수 있는 것이라는 셈이다. 이런 맥락에서 17세기 대표적 관상학자 샌더스(Richard Saunders)도 "어떤 점복도 점성학에 의해 뒷받침되지 않으면 믿을 수가 없다"[64]고 주장하였다.

따라서 지식 엘리트들은, 다른 사람들이 이 엄청난 지식을 건드리면 '사이비 과학'이 될 것이므로 사회적인 악영향을 가져올 것이라는 논리를 폈다. 그러면서 하층계급 사람들이 이 영역으로 잠식해 들어오는 것을 통제하였다. 하지만 이러한 법령이 대중적으로 널리 퍼져 있던 수상학이라는 관행을 뿌리뽑을 수는 없었던 것으로 보인다. 17세기의 문학 작품들은 당시 흔하게 볼 수 있는 손금쟁이들에 대하여 이야기하곤 하는데, 데커(Thomas Dekker)는 떠돌이 손금쟁이 주변에 마을 사람들이 모여 있는 것을 보며 이렇게 말한다.

이 손금쟁이들은 분명 운명을 점칠 수 있다. 이들이 말하는 것은 대부분 사실로 드러난다. 왜냐하면 그들이 말하는 법칙이라는 것은 분명 확실성에 근거한 것이기 때문이다. 예를 들어 손금쟁이가 누군가에게 곧 재앙이 닥칠 것이라고 말했다면, 그로부터 30분도 채 지나지 않아 그는 자신이 소매치기당했다는 것을 알게 될 것이다.[65]

수상학의 원칙

이 당시 엘리트와 대중 모두에게 가장 광범위한 지지를 받고 있던 관상학은 수상학이었다. 이론적 근거나 복잡성의 정도에서 엘리트의 수상학과 대중들 사이의 수상학에는 분명 차이가 있었다. 하지만 크게 보아 17세기 수상학의 원칙은 판별 점성학에 기초하고 있다는 공통점을 지닌다. 그 대강은 손바닥에 천체를 배치하는 것으로, 우선 손바닥에 다섯 개의 기본 선—감정선, 두뇌선, 생명선, 건강선, 운명선—을 가정한다.[66] 이 밖에 손의 탄력성과 손목에 나타나는 선들이 기본 요소로 추가되는 경우도 있었다.[67] 또한 손의 두께, 빛깔, 움직임과 손목 모양도 고려의 대상이 되었다.

판별 점성학의 연장선이었던 수상학에서 손은 곧 작은 우주를 상징하는데, 여기서 손의 각 부분은 당시 사람들이 알고 있던 일곱 개의 행성(태양, 달, 수성, 금성, 화성, 목성, 토성)과 열두 개의 별자리로 대응되는 것이었다.[68] 따라서 이들 별자리나 행성에 의해 지배받는 손은 특정 부위의 손금, 모양, 빛깔 등에 의해서 그들 별자리가 상징하는 사안을 풀이할 수 있다고 믿는 것이었다. 예를 들어보자.

  - 금성구가 부풀어올라 있다면 사치스럽고 성적으로 방종한 사람이다.[69]
  - 오른손 태양구에 지그재그로 선이 나타난다면 기지가 뛰어난 사람이다. 그리고 내면의 미덕과 유용한 학문에 재주가 있다. 그러나 이 지그재그가 작고 선명하지 않은 경우는 편협함을 나타낸다.[70]

  그 당시 수상학서를 보면 이른바 '일반적인 법칙'을 나열하고는 있지만, 사람의 손마다 각각 다르게 나타나는 수많은 손금에 대하여 원칙에 딱 맞는 손금을 발견하여 정확한 해석을 한다는 것은 사실 어려운 문제이다. 더구나 수상학 자체가 무척이나 복잡한 점성학의 이론에 기초했기 때문에 점성학에 정통하지 못한 떠돌이 손금쟁이들이 손금의 의미를 마음대로 해석할 수도 있었을 것이다. 하지만 고대부터 관상학에서 늘 그래왔듯이 그런 추론할 수 없는 '자의적 해석'의 영역이 사실 손금쟁이들이 갖고 있던 '지적 권력'의 영역일 수도 있었다.[71]
  하지만 대중들도 점성학적 원칙을 상당 부분 알고 있었다. 17세기 유럽 사회에서 점성학적 원칙들은 일종의 문화적 맥락이었기 때문이다. 아마도 이것은 앞장에서 살펴본 중세 점성학의 전통이 대중들의 삶 속에 면면히 지속되어왔기 때문에 가능하였을 것이다. 당시 문학작품들은 이런 현상을 아주 잘 나타내곤 하는데,[72] 수상술을 풍자하는 존슨(Ben Jonson)의 희곡 「연금술사」(The Alchemist)의 한 구절은 당시 독자나 청중들이 점성학적 수상학의 기본원칙을 알아들을 수 있었음을 분명히 보여준다.

> 수상학에서는 엄지를 금성에게 바치고
> 검지를 목성에게, 중지를 토성에게
> 약지를 태양에게, 가장 작은 손가락은 수성에게,
> 천궁도상으로, 나으리, 그는 군주입니다.
> 그에게 천구의 집은 천칭자리이니, 이것이 예언하는 바로는
> 그는 상인의 기질을 타고났으며, 수지 맞는 장사를 할 것입니다.[73]

리처드 샌더스의 수상학서

17세기 수상학의 모습을 가장 잘 보여주는 사료로 샌더스의 수상학서를 꼽을 수 있다.[74] 샌더스는 성서의 해석학을 공부하였고 천문학, 화학, 관상학에 능하였으며, 특히 수상학에서 17세기 최고의 권위자로 꼽을 수 있는 사람이었다. 그가 집대성한 수상학서는 일종의 수상학 교과서이다. 즉 17세기 지식인들로부터 많은 관상쟁이에 이르기까지 손금을 해석하는 지침을 제공하는 역할을 한 것인데, 각 페이지마다 손 모양 위로 각기 다른 손금을 그려놓은 후 각각의 손금마다 그에 따른 해석을 나열하고 있다. 920여 가지에 이르는 손금의 모양과 그에 따른 해석은 관상학적 성격분석뿐만 아니라 일종의 예언으로, 당시 손금을 통해 사람들에게 다음과 같은 것들이 이야기되었음을 알 수 있게 한다.[75]

엄지 안쪽 관절 부분에 두 선이 만나면 그 사람은 도박사이다. 하지만 그는 도박으로 인해 생명을 위협당할 것이다. 만약 두 선이 만나지는 않지만 굽었다면 그는 도둑을 맞을 것이다.

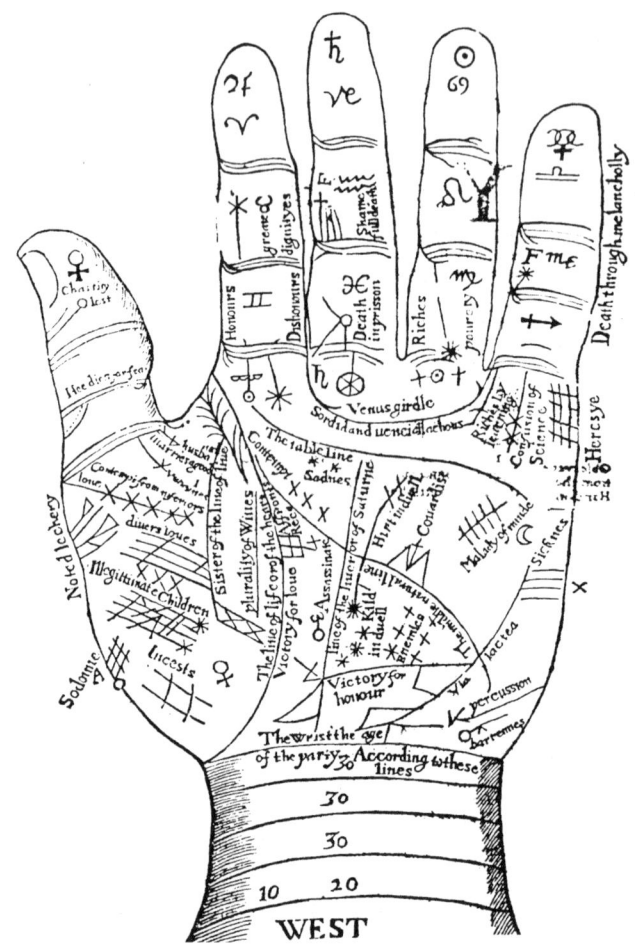

리처드 샌더스의 수상학의 원칙을 보여주는 그림. 천문학적 부호로 가득하다.

　엄지 아랫부분 왼쪽에 두 개의 선이 만나는 경우는 익사할 위험이 있다. 그 선들이 희미한 경우는 어린 시절 익사의 위험을 넘겼다거나, 이후 일어날 일이라는 것이다. 만약 그 선들이 만나지 않는다면 화재로 인한 손실을 볼 것이다.[76]

　손바닥이 평균보다 길고, 손가락이 오히려 두껍고 다소 짧은 남성은 게으르고, 부주의하며, 바보이면서도 오만하다. 그리고 얼마나 손이 억센가에 따라 그 이상의 것들이 있다.[77]

생명선과 두뇌선을 다른 선이 가로지르는 경우 부상의 위험이 있다. 그 선에 지선이 난 경우는 먼 곳에서 날아온 화살이나 창에 맞을 것이다.[78]

손금을 통해 '이야기되던 것', 즉 예언의 내러티브는 당시 사람들이 점복을 통해 알고자 했던 궁금한 사안들이 어떤 것이었는가를 말해준다. 이 수상학서의 예언은 기존 관상서들보다 무척 다양하여 인간사의 제반 문제를 포괄하고 있다. 그 내용을 분류해보자면 크게 죽음, 부상, 수명, 부와 명예, 성과 결혼, 건강상태와 질병, 성향과 성격 등으로 나눌 수 있다(표1 참조).

이 예언들을 긍정적인 것과 부정적인 것으로 나누어보면 80퍼센트 가량이 부정적 내용이다. 이 사실은 당시 사람들의 삶이 불행하였다고 단적으로 일반화할 수는 없을지라도, 최소한 당시 사람들의 삶에 희망보다는 훨씬 더 많고도 다양한 '불행'과 '위험'의 존재에 대한 인식이 있었음을 보여준다.

한편 긍정적인 예언들이란 '부자가 된다'거나 '명예를 얻는다', 그리

표1 샌더스의 수상학서에 나타난 내용 분류

내용 분류	구체적인 내용들	예언의 개수	비율
부와 명예	운명적인 부유함, 부자가 된다, 명예를 얻는다	33	3.6%
가난과 실패	숙명적인 가난, 경제적인 실패와 명예의 실추	65	7.1%
죽음	죽음, 수명, 살인	114	12.4%
부상	부상, 부상의 위험, 부상당할 신체 부위	63	6.9%
성(性)	성관계, 임신 여부, 성적 성향	47	5.1%
건강, 질환	건강, 체질, 질병	74	8.0%
재난, 위험	물리적 재난과 위험, 박해와 투옥, 고문	79	8.6%
성격	개인의 성격과 성향	309	33.8%
운명적 삶	평생, 말년의 삶, 여행	22	2.4%
관계	가족, 친척, 이웃과의 관계	108	11.8%

고 성격상의 긍정적 요소인 '재치 있다'와 같은 것들로, 그 종류도 다양하지 않을뿐더러 내러티브도 단순하다. 따라서 사람들에게 부와 명예를 얻는 것이 다분히 추상적인 사안이었다면, 불행의 요소들과 맞닥뜨릴 가능성은 훨씬 더 실제적이고도 빈번하다고 느끼고 있었음을 암시한다. 그렇다면 17세기 사람들이 삶에서 느꼈던 두려움은 구체적으로 어떤 것들이었을까?

뜻밖에 당하는 죽음이나 부상의 원인

가장 극단적인 두려움으로 죽음을 꼽을 수 있을 것이다. 죽음에 대한 예언 가운데 구체적인 원인과 양태를 명시하는 예언만을 골라보기로 하자. 표2는 당시 사람들이 두려워하는 죽음의 형태에 대한 암시이다.

여기서 갑작스런 죽음이나 뜻밖의 죽음에 관한 예언이 많다는 것은 여러 가지 해석의 여지가 가능한 부분이다. 특히 뜻밖의 죽음이나 교수형과 같은 내용이 많다는 것은 당시 정치적, 사회적 위기가 불러온 결과로 해석할 수도 있다. 하지만 '참혹한 죽음'에 대한 이야기가 많다는 것은 그만큼 죽음에 대한 두려움이 커졌다는 뜻이다. 중세 사람들이 "죽음을 하나의 통과의례처럼 생각하며 별로 두려워하지 않았던"[79] 것에 비하면 분명한 변화이다.

그런데 이 시기 사람들 사이에 죽음에 대한 관심과 두려움이 커졌다는 것은 거꾸로 말하면 삶에 대한 기대나 집착도 그만큼 증가하였다는 것을 반영한다고 볼 수 있다. 이 말은 사람들 사이에 삶을 통제할 수 있다는 확신이 증가하였다는 것을 뜻한다. 이것은 분명히 인간중심적인 세계관을 형성해나가는 르네상스기의 정서적 전통을 반영한다.

그런데 죽음에 관하여 흥미로운 사실은 질병에 의한 죽음이 지나치게 적게 나타나고 있다는 것이다. 더구나 그 몇 되지 않는 질병에 의한

표2 샌더스의 수상학서에서 다루는 죽음의 원인

죽음의 종류	예언의 개수	비율
갑작스런 죽음/뜻밖의 죽음	29	30%
익사	19	20%
부상을 당해 죽음	12	12%
교수형/참수형	11	11%
질병에 의한 죽음	4	4%
출산시 사망	2	2%
네발짐승에 다쳐서 죽음	1	1%
화재로 인해 죽음	1	1%
벌레에 물려 죽음	1	1%
객사 또는 고향에서 죽음	객사 4/고향에서 죽음 2	6%
단명	11	11%

죽음에서도, 원인 가운데 하나를 목구멍의 기생충 때문으로, 또 다른 하나는 고열에 의한 죽음, 그리고 지나치게 허약한 체질로 인한 사망, 마지막으로 "예상치 못한 질병에 의한 죽음"을 들고 있다. 학자들이 강조하곤 하는 전근대사회의 '역병'에 대한 이야기가 없다는 것은 매우 이상하다.

사실 17세기까지도 형편없는 위생상태, 질병과 사고의 위험 등 '환경적 위험'이 만연하였다. 그 환경적 위험은 중세나 17세기나 별 차이가 없었다. 왜냐하면 이 시기에 죽음을 불러오는 가장 큰 원인이 질병이었기 때문이다. 더욱이 영국에서는 1665년까지도 치사율 70퍼센트에 이르는 페스트가 발발하였던 사실을 고려해본다면 이 시기는 아직도 "삶과 죽음이 끊임없이 상존"[80]하던 때였다.

하지만 수상학서에서 보여주는 것은 분명히 전염병에 대한 사람들의 '두려움'이 감소하였다는 측면이다. 이것은 실제 질병으로 죽은 사람의 비율이 적었다기보다는, 과거 질병으로 인한 죽음을 일종의 '뜻밖의 재난과 같이 통제할 수 없는 것으로 간주하던 경향이 상당히 사라져간 것으로 풀이하여야 한다. 따라서 이런 현상은 아마도 슬랙(Paul Slack)이 주장한 것처럼, 페스트 같은 전염병을 중세 사람들이 신이 내린 형벌이라 간주하여 무기력함을 느꼈던 데 비하여 17세기 사람들은 "그 질병을 이해하고 맞서 싸워보려는"[81] 태도를 갖게 되었다는 사실을 나타내는 것이다.

그러나 이는 동시에, 이 당시 사람들은 죽음을 초래하는 요소로 질병이 아닌 다른 원인들을 더 두려워했을 것이라는 추론을 가능케 한다. 따라서 이 수상학서에서 죽음을 초래하는 구체적 원인으로 '익사'를 가장 많이 거론하고 있다는 것은 특기할 만한 사실이다.[82] '익사'에 대한 예언이 많다는 것은 우선 지금도 흔히 점쟁이들이 말하곤 하는 "7월에는 물을 조심하라"는 류의, 인류의 관념 속에 오랜 기간 있어온 삶의 '경계'에 대한 관습적인 개념을 반영하는 것이라고 볼 수 있다.

하지만 이 당시 예언에서 '익사'가 많이 언급되었다는 것은 그 이상의 의미가 있다. 16·17세기는 바다를 포함한 '물'에 대한 개념이 변화하고 있었던 시기였다. 중세시대에 물은 일상생활에서 위험한 물질로 인식되었다. 목욕, 수영 심지어 생수를 마시는 것조차도 금기시되었다. 하지만 17세기에 물은 인간에게 상당히 유용한, 어찌 보면 친숙하고도 감각적인 대상으로까지 떠오르게 되었다.[83] 영국의 경우, 16세기 말 최초로 수영을 스포츠로 언급하기 시작한다.[84] 17세기 젠틀맨들 사이에서는 강에서 수영하는 관행이 시골 스포츠로 유행하기 시작하였다.

따라서 '익사'에 대한 언급들은 이렇게 강에서 수영하는 일이 유행하면서 종종 익사사고가 발생하였기 때문에 자연스레 나온 경고로 볼 수도 있다. 실제로 17세기 청교도들은 수영 자체를 "거의 자살행위나 다름없는 것"(semi-suicide)으로 비난한 바 있다.[85] 그러므로 아마도 이 시기는 '물'과의 접촉이 이전 시기보다 활발해졌기 때문에 '불'과 같

표3 샌더스의 수상학서에 나타난 부상의 원인

부상의 원인	부상과 관련된 예언의 개수			합계
	부상	사망의 위험	결국 사망에 이름	
네발짐승에게 다쳐	7	2	1	10
불에 의해	4	5	1	10
높은 곳에서 떨어져		6		6
물에 빠져	4			4
쇳덩어리에 의해	2			2
무엇엔가 맞아서	2			2
먼 곳에서 날아온 도구 (총, 화살 돌)에 의해	2			2
화살, 창에 의해	1			1
칼에 의해	1			1

은 전통적 위험요소에 비하여 더 많은 '경고'가 나온 것으로 추측할 수 있다.

한편 손금에서 죽음까지는 아니라 하더라도 치명적인 위험으로 '부상'에 대해 많이 다루고 있다. 부상의 구체적인 원인을 제시하고 있는 예언들만을 골라보면 표3으로 요약할 수 있다.

여기서 부상의 원인으로 가장 빈번하게 나타난 것이 "네발 달린 짐승에 의해 다친다"라는 사실은 상당히 흥미롭다. 이것은 이 수상학서를 쓴 시기가 영국에서 내란이 일어나고 있던 시기였음에도 불구하고, 총이나 화살과 같은 무기로 인해 부상을 입는 것보다 개나 야생동물과 같은 네발짐승에게 부상당할 가능성이 더 높다고 보기 때문이다. 또한 이 것은 당시 사람들이 일상에서 전쟁의 위험보다는 주변에서 동물로 인해 피해를 당할 가능성이 더 컸음을 말해주는 것이기도 하다.

한편 부상을 입는 신체 부위로는 머리, 눈, 다리, 신장, 가슴, 팔의 순서로 빈도가 높게 나타나고, 발, 이마, 뼈, 허벅지도 각각 한 차례씩 언급되고 있다. 따라서 이 시기 사람들은 머리에 부상을 입는 것을 가장 치명적인 것으로 파악하고 있다는 것을 알 수 있다.

성질환과 대전염병의 시대

죽음과 직접 연결시키지 않았더라도, 질병 자체는 손금을 보면서 빈번히 이야기되던 사안이었다. 건강에 대한 언급, 즉 체질, 질병, 건강상태에 대한 것은 74차례로, 전체 예언의 8퍼센트를 차지하고 있다. 특정한 질병의 이름을 대는 등 예언의 내용이 무척 구체적이고 다양하다. 이것은 예나 지금이나 질병이 살아가면서 맞닥뜨리게 되는 가장 큰 불행 가운데 하나인 이유도 있지만, 관상학, 특히 점성학적 관상학이 의학과 밀접한 관계를 갖고 발달해왔기 때문이었다(표4 참조).

표4에서 성기의 질환이 가장 많이 언급되는 것은 17세기의 특징을 잘 반영하는 것이다. 16세기 후반에서 17세기 초반 사이 영국에서는 매춘, 알코올 중독과 연계하여 매독이 급격하게 퍼져나갔다. 이 수상학서는 다양한 종류의 혼외정사를 언급하고 있는데, 이것은 이른바 엄격한 청교도의 시대라는 17세기 중반에도 성도덕이 상당히 문란하였음을 암시하는 사례이다. 따라서 성기의 질환이 가장 많이 언급된 것은 성도덕이 문란해지면서 당시 사회에 성병에 대한 두려움 또한 확산되어나갔기 때문으로 볼 수 있다.

그러나 앞서 죽음에 대한 항목에서도 검토하였듯이, 이른바 이 '대전염병들의 시대'(a century of great epidemics)[86]에 전염병에 대한 언급이 많지 않다는 것은 특기할 만한 일이다. 17세기에 전염병은 런던의 경우 사망원인의 3분의 1을 기록하였으며, 또한 다른 무서운 질병인 천연두(smallpox)가 유행하기 시작하였다. 학자들은 16세기 후반부터 새로운 형태의 질병들이 유행하는 것을 사회적 이동성의 증가와 도시화에 따른 부작용으로 보곤 한다.[87] 도시에서는 젊은 이민자들 사이에

표 4 샌더스의 수상학서에 나타난 질병의 종류

예언의 개수	구체적인 질환
8회	성기의 질환(성기의 내·외적 질환, 성적 장애)
각 6회	우울증과 멜랑콜리/심각한 허약체질로 인한 장애
각 4회	신장질환/통풍
각 2회	자궁질환/머리/간장과 위/뇌졸중/불치병/눈의 질환/ 분비물 과다/나병/페스트
각 1회	복통/갈비뼈/폐결핵/간, 비장, 수종/팔다리가 굳는 병/ 4일열/고열과 몸살/하혈/심장질환/궤양/몸이 붓는 병/ 발작/기생충/불임/종기/전염병

천연두, 그리고 농촌에서는 말라리아성 열병 같은 것들이 이 시대의 특징적 질병으로 나타났다는 것이다.

또한 이 시기는 별자리의 영향으로 전염병이 퍼진다는 믿음이 널리 퍼져 있던 시기였기 때문에 점성학자들은 열심히 별을 보며 전염병이 닥쳐오는 것을 예언하곤 하였다.[88] 하지만 점성학적 관상학인 수상학에서 전염병을 크게 다루지 않는다는 것은 당시 사람들이 실제로 관심이 많았던 질병이란 죽음을 초래할 수 있는 역병이 아닌 다른 것이었음을 암시한다.

즉 관상쟁이가 손금을 통해 이야기하는 질병은, 어느 날 갑자기 나타나는 전염병이 아니라 일상생활에서 지속적으로 삶을 힘들게 하는 질환들이라는 성격이 크다. 때문에 '천연두'와 같은 구체적 역병의 이름이 나타나기보다는 질환을 겪는 신체부위라든가, 흔히 그 질환으로 대표되는 증상을 암시하는 내용들이 다수를 차지한다.

따라서 '눈의 질환'이란 다른 질병에 의해 흔히 눈에 이상이 생길 수 있다는 사실을 배제한 채 그저 '눈의 질환'이라는 식으로 아픈 부위만을 언급하는 현상이 나타난다. 또한 주로 상류층 사이에 유행하였던 멜랑콜리, 통풍과 같은 질병과 하류층 사이에 주로 유행하였던 결핵이나 위장장애[89]가 모두 골고루 언급되고 있다는 것으로 보아, 이 수상학서가 특정집단 위주로 서술된 것이 아님을 간접적으로 보여주고 있다.

수상학 속의 여성

이 시기 수상학서는 철저히 남성 위주로 서술된 것이어서 여성이 언급된다 할지라도 결국 남성을 독자로 설정하고 씌어진 것이었다. 따라서 여성 자체에 대한 언급도 남성의 시각에서 보아서 관심이 갈 만한 내용이 대부분이었다. 여성 자체의 성격이나 성향은 거의 말하지 않고, 여성의 출산, 모성, 정조, 성기에 대한 예언이 대부분을 차지한다. 이런 것들은 17세기 남성들이 여성의 관상에서 보고자 하였던 것들이 무엇이었는가를 나타내는 것이다.

- 손바닥 아랫부분에서부터 굽은 선이 금성구를 향해 뻗친 손금을 가진 여자는 사내아이를 갖는다. 그러나 반대편으로 뻗으면 계집아이를 가진 것이다.[90]
- 여성의 엄지 뿌리 부분, 금성구 위에 선이 있다면 그 개수만큼 아이를 낳을 것이다. 만약 손등 쪽으로 뻗어나간 선이 있다면 그것은 그녀가 관계할, 또는 결혼할 남자의 수이다.[91]
- 금성구에 반원이 나타나는 남자는 창녀를 아내로 맞이할 운명이다.[92]
- 여성의 손가락은 길지만 손바닥의 길이가 짧은 경우는 앞으로 엄청난 고통과 어려움이 따를 것이다. 왜냐하면 손 모양과 은밀한 곳은 닮은꼴이므로, 그런 손을 가진 여성의 은밀한 곳이 너무 좁다는 것을 의미하기 때문이다.[93]

표5에서 드러나 있듯이 여성과 관련한 예언 가운데 눈에 띄는 사실은

여성을 남성의 도덕적 방해물로 여기고 있다는 것이다. 이는 특히 성(性)과 관련된 영역에서 두드러지게 나타나는데, 여성을 남성이 타락하게 하는 존재로 보고 있다는 것을 나타내준다. 특히 아내나 여자를 "본질적으로 창녀다"라고 서술하고 있는 내용과, "호색, 불륜의 여성"에 대한 내용이 많다는 것은, 그 시대에 성도덕이 문란하였을 뿐만 아니라, 그러한 파행적 성관계의 책임을 여성에게 돌리고 싶어하는 남성들의 심리를 반영한다고 볼 수 있다.

그런데 최근 학자들의 연구는 이 시기 파행적 성관계라 칭할 수 있는 대부분의 경우가 남성이 여성에게 일방적으로 가하는 성적 폭력들이었음을 밝혀냈다.[94] 따라서 남성이 여성에게 폭력을 가하고도 그녀에게 책임까지 돌리는 철저한 가부장제 사회의 단면을 보여준다고 할 수 있다.

- 태양구에 다른 구보다 많은 선이 나타난다면 편파적인 사람임을 나타내고 여성들로 인해 해를 입을 사람이다.[95]
- 수성구에 이런 표지가 나타나면 본질적으로 창녀임을 가리킨다.[96]
- 제2화성구에 별 모양의 선이 나타나면 개방적이고도 충직한 사람임을 나타낸다. 가난한 사람도 부자가 된다. 하지만 여자들을 조심해야 한다. 여자들로 인해 최소한 해를 입기 때문이다.[97]
- 금성구가 솟아 있고, 선들이 검지를 향해 뻗어가는 경우는 자기 남편보다 나은, 다른 여자의 남편을 사랑하는 여자이다.[98]

여성의 존재에서 긍정적인 의미를 부여하는 예언이란 오직 복종적인 아내라는 내용이나 여성이 남성에게 유산을 상속하는 경우이다. 특히 여성에게서 유산을 받는다는 예언이 상당히 나타난다는 것은, 여성을 가부장제에 묶어두면서도 더불어 여성에게서 경제적 이익까지도 취하고 싶어하는, 일종의 '온달 콤플렉스'를 가진 남성의 이중적 열망을

표5 샌더스의 수상학서에 나타난 여성과 관련된 내용

여성/남성 위주의 해석 여부	도덕적 판단	예언의 내용	개수
여성 자체에 대한 해석	긍정적인 것	평생 정조를 지키는 여성	1
		남녀 모두 정직하므로 칭송받음	1
	부정적인 것	사치하는 여성	4
		간통, 불륜, 호색의 여성	3
		본질적으로 창녀다	4
		사생아이거나 많은 사생아를 둔다	3
		불임	1
		불감증에 시달리는 여성	1
		성기가 작아서 고통받는 여성	1
		출산시 약해지는 체질	1
		자궁의 질환	1
		유산	3
		성직자의 첩 또는 성직자를 지나치게 사랑하는 여자	2
		여성의 동성애	1
		출산시 사망 가능성	2
		죽음	1
	가치중립적인 것	임신	3
		다산(이 경우는 사생아일 확률도 있기 때문에 가치중립으로 처리)	4
남성 위주의 해석	긍정적인 것	여자로부터 재산을 물려받다	4
		복종적인 아내	1
		믿을 만한 아내	1
	부정적인 것	여자로 인한 재산 손실(가난)	3
		여자로 인한 불행	5
		여자로 인한 명예 실추	1
		여자로 인해 해를 입는다	2
		여자로 인한 욕정적 악	1
		악처를 둔다	1
		아내가 창녀다	4
		여자로 인해 피를 흘린다	1
	가치중립적인 것	남성이 많은 아내, 또는 그에 준하는 여자를 둔다	8
		남성의 도박성 때문에 아내가 위험하다	1
		다른 남자의 아내를 사랑하는 남자	1

반영한다.

또한 특기할 만한 점은, 이 수상학서에서 아버지에 대한 구체적인 언급이 많지 않은 반면, 유달리 "어머니에게 분노를 느끼고 피를 볼 수도 있다"(5개)와 같이 어머니에 대한 혐오가 나타나고 있다는 것이다. 따라서 "자녀 교육은 부모 모두의 몫이었다"는 기존 학자들의 주장[99]과는 달리, 아마도 자녀 양육에서 어머니의 몫이 더 컸거나 자녀와 어머니와의 접촉이 더 빈번하였을 것으로 추측된다. 따라서 관상서가 말해 주는 것은 당시 수많은 대중들이 관상쟁이로부터 들었을 바로 그 이야기들로, 당시 사람들의 가치관의 구조와 삶을 살아가던 사람들의 구체적인 희망과 두려움의 생생한 모습을 보여준다.

17세기 위기론과 수상학

17세기 위기론

영국의 설교자 휘터커(J. Whittaker)는 1634년 하원에서 "지금은 격동의 시대이며 이 동요는 팔라틴, 보헤미아, 게르마니아, 카탈루냐, 포르투갈, 아일랜드, 그리고 영국에서 보편적으로 나타나는 현상이다"라고 부르짖었다. 프랑스의 드 살모네(R. M. de Salmonet) 역시 1647년 펴낸 책에서 자신이 살고 있던 시대를 '철의 시대'(Iron Age)라고 부르면서 후대 사람들에게 자신이 살았던 이 시기를 "거대하고도 이상한 혁명으로 유명해질 시대"라고 말한 바 있다.[100]

1954년 역사학자 홉스봄(E. J. Hobsbawm)은 "17세기의 일반적 위기"란 개념을 제창하였다.[101] 16세기의 호황에 이어 17세기는 경기침체가 찾아왔고, 혁명, 반란과 같은 사회적 혼란이 전 유럽에 걸쳐 집중적으로 발생하였다는 것이다. 학자들은 인구의 감소 또는 침체, 그리고 흔히 '소빙기'(小氷期, Little Ice Age)라 불리는 기후 변화가 이런 혼란을 불러일으키는 한 요소로 작용했다고 보고 있다.

소빙기란 17세기에 태양의 활동이 둔화되어 지구 전체의 온도가 내려간 것을 일컫는 말이다. 이 시기 태양 에너지는 전체량의 약 1퍼센트가 감소되었고, 때문에 여름철 기온은 평균적으로 불과 섭씨 1도 정도 내려간 것으로 보이지만 그 영향은 막대한 것이었다. 브로델(F. Braudel)은 루이 14세 시대(1643~1715)의 이 추위가 유럽과 아시아 각지의 농업생산에 심각한 타격을 가하였다고 주장하였다.[102] 수확이 약 3~4주 동안 늦어지고, 곡물을 심을 수 있는 한계고도가 500피트 정도 낮아질 수밖에 없었다. 실제로 알프스 지역의 지주들은 빙하가 늘어나면서 들과 심지어 마을까지도 삼켜버렸다고 불평하였다.[103]

한 세기 뒤, 후대 사람으로는 이 시기의 이른바 '일반적 위기'에 대하여 가장 먼저 언급한 볼테르는, "17세기의 혼란은 유럽에 국한되었던 것이 아니라 동양과 서양 전역에서 발생한 혼돈"이라고 인식하였다.

우리가 보았던, 이 세상의 동쪽 끝에서 다른 쪽 끝까지 혁명의 홍수 속에서, 치명적인 사건들이 연속적으로 마치 바람이 모래와 물결을 움직이는 것처럼 사람들을 끌어당겼다. 일본에서 발생한 것은 또 하나의 사례이다.[104]

경제적으로 위기를 맞았던 17세기 유럽은 이에 수반하여 사회·정치적 대립과 갈등이 극도에 달한 것으로 보인다. 자본주의를 향해 나아가던 유럽의 경제적 팽창은 결국 구 봉건적 경제체제를 깨뜨려야 하는 것이었기 때문에 봉건제에 기반을 둔 사회 엘리트들의 반발이 극심할 것은 기정 사실이었다. 따라서 귀족과 부르주아지는 치열하게 경쟁하며 대립하고 있었으며, 16세기부터 계속 팽창해오던 르네상스 국가가 한계점에 도달하면서 군주들은 이 두 그룹 사이에서 갈등을 심화시켜 갔다.

그런데 무니에(R. Mousnier)는 이 시기의 혼돈이 비단 경제적, 사회적 위기만이 아니라 인간사의 모든 측면을 포괄하는 것이었다고 말한다. 아리스토텔레스 철학의 종말과 그 반면에 계량적 합리주의와 수학적 함수, 그리고 실험적 합리주의의 승리로 일어난, "이념과 감정, 그리

피에르 브르베트, 「자기의 모험을 이야기하는 집시」. 손금을 보는 집시여인의 모습은 16세기 이후 화가들이 즐겨 그리는 소재가 되기도 하였다.

고 사고방식과 우주관의 혁명적 변화이고 하나의 지적 돌연변이를 겪는 것"이었다는 말이다.[105]

이러한 상황에서, 빈번한 전쟁, 기근, 역병 등으로 생존의 위기(subsistence crisis)를 맞은 수많은 사람들은 폭동을 일으켰다. 또한 기존 체제에서 돌파구를 찾지 못하는 사람들은 초자연적인 힘에 귀의하는 경향을 보이기도 하였다. 특히 영국에서는 내란을 겪던 17세기 중엽에 사람들이 예언이나 비학 속으로 빠져들기도 하였다. 힐(Christopher Hill)은, "영국에서 혁명의 시기란 곧 예언자를 유명하게 만든 시기였다"고 말한다. 이 경우 "예언이란 그것이 전통적인 마법의 영역에서 시행된 것이든, 점성학에 근거한 것이든, 심지어 성서에 근거한 것이든 상관없었다."[106]

따라서 혼란스런 사회는 예언이 대중들의 심리에 작용하던 역할을

극대화시키는 것이었다. 몽테뉴는 이런 현상을 이렇게 정리한다.

내가 나 자신의 눈으로 봐온 것은, 세상이 어지러워지면 자기의 운명에 놀란 사람들이 완전히 미신에 빠져 자신의 불행의 원인과 징조를 하늘에서 찾는 일에 매달리게 된다는 것이다.[107]

그런데 관상학과 같은 점복(占卜)이 내포하는 예언의 내용은 특질상 당시 사회에 보편적으로 통용되던 위기나 두려움을 반영한다. 그런데 관상학과 같은 점복은 사회적 제도나 폭동과는 달리 개인 차원의 것이었기 때문에, 한 사람의 삶에서 구체적 위기가 어떤 것이었나를 보여줄 수 있는 훌륭한 매체이다. 즉 17세기의 일반적인 위기라는 것이 실제 당시를 살고 있던 사람들에게는 어떤 형태로 다가들었나를 추적해볼 수 있게 한다. 이런 맥락에서, 앞에서 살펴본 샌더스의 수상학서 가운데 17세기 위기론과 관련이 있을 법한 구체적 내용을 찾아서 실제로 그 시대를 살아가던 사람들이 얼마만큼 위기감을 느끼고 있었는지를 알아보고, 실제로 위기감을 느끼고 있었다면 구체적으로 어떤 위기라고 생각했는지를 추적해보자.

자본주의가 시작되다

우선, 경제적 침체라는 문제는 "가난해진다"라는 부분과 연관지을 수 있을 것이다. '가난'에 관련된 항목은 사실 예상보다 훨씬 적게(총 19개) 나타나고 있다. "운명적으로 가난을 타고났다(6개)"와, "운명에 따라 경제적인 실패를 거듭할 수밖에 없다(2개)," 그리고 "경제적 실패와 파산(9개)" 등을 들 수 있을 뿐이다. 그러나 이 수상학서는 경제적 실패의 요인을 다분히 누군가(특히 여자)로 인해 입은 손실로 묘사하고 있어, 이것을 17세기 위기론에서 주장하는 경제적 침체요인들과 연관짓기는 어려워 보인다.

한편, 자본주의의 도래와 관련된 부분으로는 '재산 축적'에 관한 부분들을 떠올릴 수 있을 것이다. 자수성가에 관한 내용이 나타난다는 사실과, "먼 나라로 가서 부를 이룬다"와 같은 예언이 등장하는 것은, 아마도 원격지 무역의 발달이나 상업활동 등을 통한 부의 축적의 가능성을 이야기하는 것이라 볼 수 있을 것이다. 하지만 재산 축적에 관련된 항목 총 45건 가운데 자신의 노력으로 부를 축적한다는 것은 4건(8.9%)에 불과하다.

반면, 유산에 의한 재산 축적이 17건(37.7%)이나 나타나고 있으며, 이는 구체적으로 재산을 축적하게 되는 경로에 대한 예언 가운데 가장 많은 부분을 차지한다. 이 사실은 17세기 영국에서는 아직도 유산상속

이야말로 재산을 이루는 첩경이라는 생각이 팽배하였음을 반영한다고 볼 수 있다. 이른바 프로테스탄티즘에 입각한 근검절약과 열심히 일하여 재산을 축적하는 길보다는 유산상속을 받아 부자가 되는 것이 훨씬 더 가능성 있다고 보는 세태를 암시한다.

따라서 베버(Max Weber)가 주장한 바 있는, 자신의 직업적 '소명'을 통해 부를 축적한다는 것은 17세기 사람들에게는 그리 친숙한 개념은 아니었다는 이야기가 된다. 하지만 뒤집어 말하면 이것은 당시 사람들이 사회적 상황에 때문에 스스로의 노력으로 부자가 될 수 있는 가능성이 희박하다고 판단하는, 경제적 주체로서의 자괴감을 드러내는 것이라고도 볼 수 있다. 따라서 자본주의는 도래하였으나, 아직 사람들이 그것을 힘차게 끌어나갈 수 있는 사회적 여건을 발견하지 못하고 있었다는 이야기이다.

종교 갈등의 시대

종교 갈등은 17세기 유럽의 혼란을 대표하는 중요한 요소이다. 16세기에 한 프랑스 사람은 이렇게 말한 바 있다.

모든 공국에서 사람들이 두려워해야 할 것이 세 가지 있다. 막대한 부채, 왕위계승자가 미성년인 것, 그리고 종교적 혼란이다. 이들 어느 한 가지도 나라를 망치는 것에 충분치 않은 것은 없다.[108]

관상학에서도 종교문제를 언급하고 있으며(표1 참조), 그 내용으로 보아 17세기 영국 특유의 종교적 혼란을 말하고 있음이 분명하다. "성직자로부터 박해받을 상이니, 가톨릭 교도나 장로교들을 멀리하라"[109]는 내용이 그것이다. 하지만 여기서 가톨릭 교도나 장로교는 관상을 보는 사람의 특정한 종교적 성향을 지칭하는 것이 아니다. 오히려 그 사

표1 샌더스의 수상학서에 나타난 종교, 성직, 성직자와 관련된 내용

예언의 내용	예언의 개수
성직에 의한 재산축적과 그에 따른 유산상속	4
성직자로부터의 박해	4
성직자와의 말다툼	1
성직자의 축첩	1
성직자의 첩이 되는 여자	1
성직자를 광적으로 사랑하는 경향이 있는 여자	1
신성모독	1
종교적인 신념이 강한 사람	1
종교적이지 않은 사람	1

람에게 해를 끼칠 수 있는, 집단적으로 행동할 수 있는 종교집단을 지칭한다고 보아야 한다. 이와 같이 종교와 관련된 수상학의 예언들은 한 개인에게 신성의 의미, 또는 종교적 입장을 이야기하지 않는다. 오히려 성직이라는 직업군, 그리고 그와 관계된 인간사의 세속적 문제에 초점을 맞추고 있다.

이른바 첨예한 종교 갈등의 시대에, 종교를 둘러싼 서술들이 냉소적이고 세속적인 이유는 관상서라는 것이 본질적으로 보편적이고, 사회적인 성격이 강하기 때문이다. 누구에게나 보편적이고, 실제적인 사안이 관심의 초점이다. 나아가 사회적 결과가 더 중요했던 것이다. 누군가의 종교가 무엇인가는 별로 중요하지 않다. 관상쟁이가 보아야 하는 것은 종교로 인한 피해나 이익이었다. 하지만 이 시기 관상서에서 구체적으로 종교를 다룬다는 것은 분명히 의미가 있다고 보아야 한다. 손금의 해석에 등장할 만큼 개인의 삶에 영향을 끼침을 나타내기 때문이다. 그러나 역시, 여기서 영향이란 영적인 충만 또는 회의가 아니라 세속적인 측면의 영향이다.

그러나 사실 17세기 영국의 종교란 특정 교파에 얽혀 있기보다는 종

이마의 주름살로 보는 관상을 설명하고 있는 그림이다. 샌더스의 수상학서의 한 부분이다.

교는 있으되, 결국 그것이 당연한 삶의 한 구성요소였고, 구체적인 교리를 둘러싼 신앙심은 별로 중요하지 않았다. 이미 사람들 사이에서 종교를 둘러싼 관심사는 교파나 교리 같은 종교의 원칙상의 문제보다는 종교와 관련하여 자신에게 끼치는 구체적인 이익이나 손해와 같은 것이 더욱 절실한 문제였던 것이다. 따라서 성직자와의 개인적 관계, 또는 성직으로 인한 재산축적과 같은 부분이 일차적인 관심을 유발시키는 요소로 등장한다. 이런 해석은 리(Barry Reay)가 내린 바 있는, 17세기 영국에서 대중들 사이의 종교에 대한 정의와 연관지어볼 수 있다.

17세기 대중들 사이에서 종교란, 응집력 있는 대중적 가톨릭주의, 대중적 청교도주의, 종교적 무관심, 급진적 분파주의, 이런저런 종교가 모두 절충된 거대한 혼합적 세계관 또는 민속화된 기독교, 보통 사람들이 혹독하고도 불확실한 환경이 가져오는 엉뚱한 것들에 대처할 수 있게 하는 마법에 대한 믿음이 혼재하는 것이었다.[110]

따라서 샌더스의 관상서는 아마도 당시의 종교가 사람들의 삶에서 차지했던 위치를 가장 정확하게 드러내는 것이라고 볼 수 있다.

남의 성격에 관심을 가지다

전체적으로 보아, 관상서에서 가장 두드러지게 등장하는 삶의 두려움은 다른 사람에 대한 것이다. 샌더스의 수상학서는 17세기 사람들에게 가장 직접적이고도 빈번한 위험이 사고나 재난이 아닌 타인의 성격이었음을 보여준다. 구체적으로 보자면 운명적 요소, 즉 인간이 통제할 수 없는 외적 요소에 의한 운명적 사건, 사고와 같은 것들이 434개, 그리고 성격과 성향이 309개, 사회적 관계가 171개를 차지한다. 따라서 성격과 성향, 사회적 관계를 합치면 모두 480개로, 전체 예언의 53퍼센트를 차지한다.

성격에 대한 예언, 특히 사회적 관계에 대한 예언이 많다는 것은 다음 두 가지 의미를 가진다. 우선 이 수상학서는 고대 이래의 관상학의 두 흐름——예언적 관상학과 성격분석적 관상학——을 교묘히 결합하여 총망라한다는 것이다. 점성학적 관상학이 개인 차원에서 미래를 주로 다루고, 아리스토텔레스의 분석적 관상학이 사회적 관계를 주축으로 형성된 것이라면, 이 수상학은 두 요소를 골고루 갖춘 셈이다.

본질적으로 점성학에 기초한 수상학에, 분석적 관상학에서 주로 다루었던 내용들이 대폭 반영되는 사실을 어떻게 해석해야 할까? 분명 사회적 기능을 하는 관상학의 필요성이 매우 증가했기 때문이리라. 따라서 둘째로, 수상학에서는 이제 자신의 운명을 보기보다는 주로 '남의 손금'을 본다는 경향이 농후하게 깔리게 된다. 실제로, 17세기 수상학에서는 흔히 예언이나 마법의 영역에서 나타나곤 하던 최소한의 '액막이'와 같은 것이 철저히 배제되어 있다. 남의 손금을 보는 것이므로 그 사람을 위한 액막이가 나타날 이유가 없다.

따라서 17세기 관상학의 주된 목적은 삶에 만연한 불행의 원인을 초자연적인 믿음체계를 통해 나름대로 설명하거나, 그것으로부터 벗어나 보려는 시도가 아니었다. 오직 관심사는 상대방에 대한 직관적 판단을 얻고자 하는 것이고, 이런 상황에서는 "장수를 누릴 것이다"와 같은 예언적 내러티브보다는 "이런 경향의 인물이다"라는 단정적인, 판단적 내러티브가 더 지배적으로 나타나게 된다.

─생명선이 길고 두뇌선이 짧은 것은 장수를 의미하나, 바보라는 이야기이다. 그는 많은 것을 이야기하지만 해낼 수 있는 것이 아무것도 없다. 이런 사람들은 수다쟁이이고, 깜빡깜빡 잊어버리며, 배반형이다.[111]

─화성 평원에 두 개의 갈고리 모양이 있는 사람은 잔혹한 살인마이다.[112]

─손바닥 근육에서 화성 평원 쪽으로 뻗은 선들은 그 사람이 사악하고 배반형임을 나타낸다.[113]

─화성 평원이 길고 큰 사람은 증오, 불화와 적개심에 불타는 사람이다.[114]

─목성구에서 두 선이 마치 꼬일 것처럼 만나는 것은 배반자라는 것을 나타낸다.[115]

내가 다치지 않기 위해 알아두어야 할 남의 성격

이제 관상쟁이가 예언하는 '성격'은 철저히 사회적 관계에 기초한 것들이 대부분을 이루게 되었다. 즉 내가 그와 인간관계를 맺으면서 알아야 하는, 주의해야만 하는 요소들이라는 이야기이다. 다음의 표2가 보여주듯이 이 시기의 관상학서에서는 고대나 중세의 관상학에서 이야기되곤 하였던 '슬픈 성격'이나 '쾌활한 성격'을 더 이상 찾아볼 수 없다. 대신 "사사건건 많은 일에 이견을 내놓으나 행동으로는 아무것도 하지 않는 사람," "지나치게 사치하는 경향 때문에 윗사람으로부터 미움을 받는 사람," "너무 바보라서 남에게 해가 되는 존재," "시골 무지랭이와 같이 욕심만 부리는 사람"과 같은 내용들이 대폭 나타난다.

이것은 어떤 사람의 성향 자체에 초점을 두는 것이 아니라, 그 성향으로 인하여 남이 받는 피해 또는 효과에 초점을 맞추고 있는 것임을 주목하여야 한다.

나 또는 누군가에게 영향을 끼치는 '남'의 성격을 주시한다는 것은, 사회적 관계 속에 상당한 긴장이 내재되어 있음을 나타낸다. 이러한 긴장이 가시적으로 드러나는 것은 구체적으로 남에게 피해를 입는 경우이다. 그 가운데 박해, 투옥과 같은 예언은 관상학에 녹아 있는 당시 사람들 사이의 긴장을 극대화하여 보여주는 경우들이다.

─두뇌선과 생명선이 만나지 않는 경우 자신의 의지와는 관계없이 방종하다는 것을 뜻한다. 이런 사람은 의무나 채무를 잘 이행하지 않는다. 그러나 그 선이 다른 선들에 의해 만나는 경우는 적으로부터 질시와 억압을 받을 것이다.
─감정선과 두뇌선 사이에 굵은 선이 많은 사람은 일생 동안 수없이 적의 손아귀에 놓일 처지이다.
─감정선이 태양구를 가로질러 올라가는 경우, 높은 사람으로부터 박해를 받을 것이다.
─목성구의 이런 선들은 힘있는 자에 의해 손실, 방해, 박해를 받을 것임을 말한다.
─토성구를 수직으로 가로지르는 선이 나타나는 것은 엄청난 슬픔

표2 샌더스의 수상학서에 나타난 사람의 성격과 성향

도덕적 판단 (긍정/부정)	구체적 내용	각각의 개수	총 개수	도덕적 판단의 비율
긍정적인 측면	영리하고, 재치 있는	13	13	
	충직한	13	13	
	정직한	8	8	
	너그럽고 담대한/금욕적인	각 7개	14	23.6% (73개)
	주의 깊고 신중한	5	5	
	학구적인/좋은 조언자	각 3개	6	
	양심적인/매너 좋은/좋은 아내/ 과학자 자질이 뛰어난	각 2개	8	
	자비로운/겸손한/부지런한/친절한/ 많은 일에 능력 있는/정조를 지키는	각 1개	6	
부정적인 측면	사치스런	21	21	
	바보, 또는 이해력이 부족한	21	21	
	도둑, 또는 도벽이 있는	18	18	
	부정의, 호색의	18	18	
	사악한, 모든 악의 근원	13	13	
	배반형의/타락한, 부도덕한/ 품행이 나쁜	각 12개	24	
	탐욕스런/논쟁적인, 혹평가	각 10개	20	
	거짓말쟁이	9	9	
	중상모략의, 남에게 화를 끼치는	각 8개	16	
	성마른 조롱가, 불만가	6	6	
	무례한/말이 많은	각 5개	10	76.3% (236개)
	위선자/게으른/거만한/변덕스런	각 4개	16	
	공상적 과학자, 점쟁이 또는 비학자 성향	3	3	
	도박성이 강한/뻔뻔하고 방약무인의/ 흉포한/잔인한	각 3개	12	
	사기성의/잘 속는/질투심 많은/욕정에 사로잡혀 천박한 행동을 하곤 하는/ 동성애 성향이 있는/수간(獸姦)을 좋아하는/암살중독의/자칭 악과 싸우는	각 2개	16	
	느림보/부주의하다/성격이 비뚤어진/ 양심을 속이는/허식이 강한/의심 많은/ 아첨꾼/무뚝뚝한/교활한/ 건망증이 심한/능력 없는/여성적인 성향이 있는 남자/사악한 기술을 부리는	각 1개	13	

과 박해를 말한다. 이 선이 여러 개이면 투옥될 것이며, 까만색이면 차마 말할 수 없는 더 이상의 무엇이다.

—두뇌선과 감정선 사이에 십(+)자 모양의 선이 여러 개 나타날 경우 자신의 위신과 명예를 지키기 위해 각고의 노력과 고통, 슬픔을 겪을 것을 의미한다. 하지만 결국 실패하게 되는데 그 선들이 작을 경우 결국 그로 인해 죽긴 하지만 명예는 지킨다. 하지만 클 경우는 아무 소용이 없다.[116]

사람 사이에 관계를 맺는 데 긍정적인 이야기들—예를 들어 "권력자와 좋은 친분을 얻는다"(4건)—에 비하여 박해를 당하는 내용이 월등히 많은 것은 이 당시 사회적 관계가 기본적으로 공격적이라기보다는 방어적이어야만 했음을 시사한다. 그런데 표3에서 볼 수 있듯이 박해, 투옥과 같은 상황에 처하게 된 것을 자신의 과실 때문이라기보다는 상당히 억울하게 당하는 피해라는 식으로 이야기되는 것을 주시할 필요가 있다. 자신의 책임을 회피할뿐더러 관계라는 것 자체가 이미 박해를 받거나 피해를 입을 소지가 있다는 암시를 깔고 있기 때문이다.

이는, 당시 사람들이 사회적 관계에서 얻는 것보다는 잃거나 해를 당할 수 있는 가능성이 훨씬 높다고 믿었던 경향을 드러낸다. 또한 늘 자신의 과실과 상관없이 누군가에 의해 무고를 당할지도 모른다는 불안감이 팽팽히 자리하고 있었음을 보여준다. 나아가, 이 사회는 누군가에게 책임을 돌리는 것이 자연스러운 일이었음을 암시한다.

가까운 사람을 조심하라

17세기는 과거 공동체의 유대가 무너지고 있었지만, 아직 개인을 기본 단위로 하는 근대국가는 충분히 정비되지 않은 상황이었다. 이런 상

사람 몸에 있는 점을 통해 보는 관상을 그린 그림. 샌더스의 수상학서 중에서.

황에서 사회적 혼돈은 개인들 간의 경쟁을 가속화시켰다. 맥팔렌(Alan Macfarlane)은 마녀사냥의 원인을 설명하면서 "중세적인 일상의 불안함"이 최소한의 공동체적 안전장치를 상실한 상태에서 극대화되고, 모든 불행에 대한 원인과 핑계를 자신이 아닌 남에게서 찾는 경향을 보이게 된다고 말한 바 있다.[117]

표3 샌더스의 수상학서에 나타난 박해와 관련된 내용

박해의 내용	예언의 개수
투옥과 유배	14
높은 사람으로부터의 박해	8
성직자로부터의 박해	4
죽음과 같은 극단적 방법으로 자신의 위신을 지키려 하다	5
명예를 잃다	5
죽음으로 자신의 재산을 지키려 하다	2
적에 의해 투옥되다	3
적에게 잡혔으나 구출되다	4
자신의 과실로 투옥되다	3
자신이 저지른 범죄로 인하여 죽을 위험에 처하다	1
자신의 뛰어난 재치 때문에 위험에 처하다	1

따라서 17세기 사회는 '나의 편'과 '남의 편'을 분명히 구분할 수 있어야만 하는, 끊임없는 '편가르기'가 필수적인 곳이 되었다. 이제 수상학은 매우 세세한 성향, 성격을 이야기함으로써 관계의 수위를 조절하는 데 지침이 되어야만 했다. 따라서 관상학서는 "같이 일을 할 만큼 영리한가," 또는 "함께 무슨 일인가를 도모하기에는 너무 이해력이 부족한," 나아가 "체면상 너그러운 척하는" 것과 같은 내러티브로 가득해졌다.

반목이 일상으로 침투하는 이런 사회적 분위기 속에서 '적'이라는 단어가 일반적으로 사용될 수 있다는 것이 당연한 것인지도 모른다. 그런데, 여기서 흥미로운 사실은 '적'이라는 모호한 존재가 구체적으로 지칭되는 상황에는 그들이 반드시 가까운 사람들이라는 점이다.

―명확하고 날카로운 Z자 모양의 선이 제2화성구에 나타나면 집 안에 적이 있음을 말한다. 만약 그 선이 화성평원 쪽으로 길게 뻗

어 있으면 적의 수는 더 많고, 더 무섭다.

-금성구에 아래로 길게 뻗은 두 개의 평행선이 나타나는 것은 부모에게서 속임을 당하는 것을 나타낸다. 이 선이 갑자기 나타나면 더욱 좋지 않다. 많이 나타날수록 자주 배신을 당한다.

-손가락을 손등 쪽으로 많이 굽힐 수 있는 사람은 부정하고, 섬세하고, 영리한 사람이다. 많이 굽을수록 (건조한 성상을 반영하므로) 더욱 재간을 부리며 악에 빠지기 쉽다. 미덕과 증오를 함께 갖추는 상이다. 손마디의 선들이 모두 같은 모양을 가진 그런 하인을 조심하라.

-월구에 십자형의 선이 손목 쪽으로 향하게 끊어져 있으면 어쩔 수 없이 친구가 되었으나 불화를 안고 있는 친구들이 있다는 것을 말한다. 만약 이 선이 길게 뻗어 간다면 그들은 돕고 싶어하지만 너무 힘이 약해서 아무런 도움이 되지 못한다.

-감정선의 한 지선이 토성구를 행해 뻗어 있으면 부모로부터 미움을 받을 것이고 적들에게 해를 입을 것이다. 만약 그렇게 많이 뻗지 않았을 경우에는 여자로 인한 피해로 고통받는다.[118]

관상학에서는 적대관계에 있던 특정 국가나 당파, 파벌을 구체적으로 지칭하는 경우는 전혀 나타나고 있지 않다. 하지만 자기 자신을 둘러싼 가까운 가족, 친지, 이웃은 구체적인 '적'으로 지칭되고 있다. 여기서 가족, 친척, 이웃은 종종 구별 없이 쓰인다. 이들은 몽땅 뭉뚱그려서 한 개인의 주변을 형성하는 '아는 사람들'인 것이다. 실제로 이 시대에 "나의 친구들(my friends)이라는 복수형의 말은 가족, 친지, 조언자, 하인까지를 모두 아우르는 말"[119]이었다.

그런데 이 '친구들'은 그야말로 가장 주의를 기울여서 조심하여야만 하는 사람들이었다. 따라서 표4가 보여주듯이 지인들과의 관계는 의심과 반목으로 가득한 차가운 것이었다. 스톤(Lawrence Stone)은 "동료

표 4 샌더스의 수상학서에 나타난 가족, 친족, 이웃과의 관계

가치	내용	개수	비율
긍정적인 것	좋은 부모를 만난다	1	
	부모에게 상속을 받는다	1	5.8%
	친척에게 상속을 받는다	1	
가치 중립적 인 것	자신의 일보다 남의 일에 바쁜 사람이다	1	
	친구나 친척 사이의 결혼	1	
	사랑하는 친구나 이웃을 잃는다	4	15.4%
	친구는 있으나 그들이 가난하고 힘이 없어 돕지 못한다	1	
	친척들이 적이지만, 그들을 물리친다	1	
부정적인 것	근친상간	8	
	어머니에게 분노를 느끼고 피를 볼 수도 있다	5	
	집에서 말썽쟁이 취급받고, 부모에게 미움을 산다	3	
	가족 안에 적이 많다	3	
	친족, 이웃과의 불화	2	
	부모를 경멸한다	2	
	아이에게 지나치게 탐닉한다(아이를 예뻐한다)	2	
	부친 살해	2	
	친구나 이웃을 죽인다	2	
	친구, 이웃이나 친족에게 피해, 또는 속임을 당한다	2	78.8%
	부모나 마찬가지인 사람과 결혼, 또는 관계한다	1	
	이웃, 친구들 가운데 적들이 많다	1	
	아는 사람에게 죽임을 당한다	1	
	부모에게 속다	1	
	친척이 재산을 빼앗고 자신을 쫓아내려 한다	1	
	부모 앞에서 위선자이다	1	
	후손으로 인해 슬픔을 겪는다	1	
	무례한 친구/배반형의 친구/충실하지 않은 친구	각 1개	

를 멀리하고 불신하는 것"[120]이 16세기 말에서 17세기 초에 만연한 사
회현상이었다고 말한다. 웬트워스 경(Sir William Wentworth)이 아
들 토머스에게 해준 조언은 이러한 분위기를 적나라하게 보여주는 예
이다.

그 누구도—아내, 하인, 자녀, 친구, 이웃 또는 후견인—믿어서는 안 된다……. 사람들이 관계에서 충실함을 보이는 것은 단지 자신의 이익 때문일 뿐 어느 순간 그들이 적으로 변할 수 있다……. 특히 친척들 가운데 누구라도 너와 공동소유로 땅이나 물건을 갖고 있다면, 어떤 경우에도 그들을 지나치게 믿어서는 안 된다.[121]

특히 17세기 중반부터 가족, 친족 간의 불신의 경향은 더욱 두드러지게 나타났다. 종교적 입장 표명이 엄청난 박해를 불러오곤 하던 영국에서 "1640년 이후 친족, 후견인이나 가족에 대한 유대라는 것이 정치나 종교적 입장에서 개인적 자유만 못해졌다"[122]는 스톤의 말은 이 당시 아는 사람들과의 친분이 그지없이 공허하고, 관계라는 것 자체가 얼마나 살벌한 것이었나를 느끼게 한다.

'적'이라 지칭되는 사람들이 한 개인을 둘러싼 작은 세계의 모든 구성원이었다는 것은, 끊임없이 그들과 부딪히면서도 그들을 경계해야 한다는 긴장감 때문에 종종 바로 그들을 향해 폭력이 분출될 수 있었음을 암시한다. 스톤은 근대 가족의 탄생과정을 고찰하면서 이 시기 폭력이 "가족 안으로"[123] 향하기 시작하였다고 말한 바 있다. 그런데 이 과정은 사실 중세에 가족 구성원이 아닌, '바깥'으로 향하던 폭력이 안쪽으로 방향을 바꾸어 향하는 것이 아니라, 과거에 개인이 속해 있던 '넓은 공동체'가 붕괴하였기 때문에 남아 있는 틀인 가족, 친족이 폭력의 대상이 되었을 뿐이라고 생각할 수 있다. 결국 멀리 십자군 원정을 떠나서 이방인을 죽이는 것이 아닌 다음에야, 폭력이란 얼굴을 마주치는, 아는 사람들 내에서 가장 빈번하게 행해지는 커뮤니케이션의 일종이기 때문이다.

그런데 가까운 친지를 향해 폭력이 분출되는 이 긴장의 시대는, 앞서 살펴본 르네상스의 얼굴 만들기의 마지막 단계를 보여주는 것이다. 그 단계는 호의적으로 시작되어 적대적으로 마감되어간 듯이 보인다. 르네상스 시기의 관상학에서 새로이 나타나는 사회적인 인간의 모습들이 적극적이고 긍정적인 인간관계를 전제하고 있다면, 샌더스의 수상학에서 보이는 17세기의 인간관계는 지극히 부정적이고 방어적이기 때문이다. 더욱이 이 방어성은 새로이 인간관계를 맺는 과정에서 나타나는 것이 아니라, 오랜 자기 정체성의 틀인 자신을 둘러싼 친족, 이웃, 가족과의 관계에서 두드러지게 되는 것이다.

이것은 엘리아스가 주목한 바 있는 '사회적 이동성'이 17세기에 오히려 후퇴하였음을 암시한다. 17세기의 일반적인 위기가 일상의 삶에서 나타나는 모습은, 이제 사람들은 그저 자신이 갖고 있는 것을 지키기에 급급하고, 예전부터 알고 지내는 사람들마저도 의심하게 되는 것이었다. 그리고 관상학은 자신의 신분적 정체성 확립을 위하여 '보이는 코드'를 만들고, 그를 활용하여 '구별짓기'[124]를 해나가는 것이 아닌, 적을 가려내기 위해 그 사람의 타고난 본질적인 성상을 파악해야만 하는 중압감으로 변질되어버렸다.

5
관상학의 암흑기와 새로운 탈바꿈

고개를 들어라, 그래야 네가 어떤 사람인지 드러날 것이야.
네 얼굴을 보고 사람들이 관상을 볼 것이야.
이 얼굴이란 곳은 진실, 미덕, 그리고 성공한 괴물
또는 자연이 낳은 기적을 한꺼번에 보여주는 곳이란다.
• 벤 존슨, 『십인십색』[1)]

화장의 시대

앞서 살펴보았듯이 팽창하던 사회적 관계에 힘입어 르네상스 시기 관상학은 사람의 몸에 대하여 부분보다는 전체를, 고정된 모습보다는 동적인 모습을, 그리고 의사소통의 수단으로서 몸짓을 보는 경향을 부활시켰다. 르네상스 시기는 고대 이래 인간의 모습이 가장 거리낌 없이 찬미된 시대이기도 하였다. 그러나 17세기 후반부터 18세기 후반까지 인간의 육체는 이제 두터운 화장과 겹겹이 두른 옷 속으로 감추어지게 된다. 더 이상 맨얼굴을 보이는 것이 두려운, 분장의 시대가 되었다.

르네상스 이후 라바터가 등장하는 1780년대 이전까지, 이 시대는 관상학에서 암흑시대라고 불릴 수 있는 시기였다. 수상학이나 이마의 주름을 보는 관상이 암암리에 시행되고는 있었으나 역시 명백히 쇠퇴하였다. 특히 1750년대가 되면 지식인들 사이에 천문학이 가미된 전통적인 관상학들은 이미 한물간 구닥다리로 웃음거리가 되는 분위기였다.

한편 18세기 예술가들과 철학가들을 중심으로 과거 르 브룅 등에 의해 발달하기 시작한 표정에 관한 연구를 좀더 과학적으로 발전시키고자 하는 노력이 시도되었다. 하지만 표정과 사람의 감정 사이에 어떤 관계가 있는가를 찾고자 하던 이들의 연구는, 전적으로 관상학의 영역에 있는 것이 아니라 의학이나 회화기법의 차원에서 소수에게 공유되

윌리엄 블레이크가 그린 뉴턴. 17세기 말 관상학은 급격한 퇴조를 맞게 된다. 그 배경에는 뉴턴, 데카르트 등이 이끌어낸 과학혁명이 있었다. 이 그림에서 뉴턴의 모습은 실제 모습이 아닌 신의 모습으로 묘사된다. 우주의 신비를 밝혀줄 법칙을 발견하여 새로운 시대를 연 사람이라는 칭송이 녹아들어 있는 것이다.

던 것으로, 사회 전반에 전파되었던 것은 아니었다.

과학혁명과 관상학의 쇠퇴

관상학이 퇴조하는 변화의 배경에는 분명히 과학혁명의 영향이 있었다. 16세기 후반에 시작되어 17세기 중엽 유럽의 지식인들 사이에 널리 퍼진 새로운 과학의 움직임은 기존 지식체계의 거의 모든 것을 흔들어 놓았다. 코페르니쿠스, 케플러, 갈릴레오로 이어지는 새로운 천문학적 발견은 지구 중심의 천문학에 기반한 과거의 모든 과학적 사고의 대대적인 수정을 요하는 변혁이었다. 따라서 천문학과 점성술적 기반을 둔 전통적인 관상학은 그 기반을 잃게 되었다.

또한 베이컨, 데카르트에서 뉴턴에 이르는 새로운 과학적 방법론의 창시자들의 사고는 18세기에 이른바 기계론적 세계관이라는 것을 전

「천재적인 속임수」. 화장의 시대에 외모는 한껏 포장되어야만 하는 것이었다.

유럽에 보급시키게 되었다. 특히 데카르트의 사상은 물질과 운동으로 이루어지는 기계적 세계와 영혼을 포함한 정신적 세계를 완전히 분리시킴으로써 보이지 않는 정신이 육체에 그대로 드러난다는 기존 관상학의 가설을 전면 부정하는 것이었다.

르네상스의 이원론이 인간을 세계와 신 사이의 매개체로, 소우주이자 축소된 세계로 보았던 데 비하여, 데카르트의 관점은 보이지 않는 이성의 힘으로 모든 것을 볼 수 있다는 개념을 제창하는 것이었다. 이제 존재는 보이지 않는 영혼에 깃들여 있는 것이 되어, 보이는 육체는

르네 데카르트.

열등하고, 진정한 '내'가 아닌 것
으로 전락하였다. 육체를 영혼이
없는 하나의 기계로 이해하는 그
의 시각은 근본적으로 육체의 의
미를 박탈하고, 나아가 경멸하는
경향을 불러일으켰다. 육체는 영
혼이 없는, 텅 빈 겉껍데기가 된
것이다.

　　더욱이 껍데기뿐인 육체가 늙
어간다는 사실은 육체의 가치를 더욱 경멸하게 만들었음이 틀림없다.
젊음을 잃어가는 육체에 대한 혐오는 사실 르네상스 시기 육체의 아름
다움을 이상화하는 사조의 이면에 숨어 있었다. 하지만 이 시기 육체의
변화에 대한 혼란은 기존의 늙어가는 육체에 대한 서글픔보다 훨씬 더
한 상실감이 있었다. 사람들은 이제 거추장스러운 육체에 대하여 부담
스러워하며 이를 꽁꽁 감추고 싶어하게 되었다.

　　한창 아름다울 때 달에 비유되기도 했던 여자도
　　세월 탓에 늙어버린다.
　　노파가 되면 추해져 늙어빠진 원숭이같이 보인다.
　　예전에는 반듯했던 이마에도 주름살이 굵게 패이고,
　　예전에는 비둘기 같았다는 눈도 흐리멍덩해지고,
　　코에서는 콧물이 흐르고, 옛날에는 볼록했던 볼도
　　이제 축 늘어지고, 이빨은 빠지고
　　뾰족하던 턱도 축 늘어졌고,
　　예전에는 그다지도 매혹적인 미소를 보내던 입조차
　　동굴처럼 열려 있어 보는 사람을 소름 끼치게 한다.
　　까치 같다던 머리도 털이 뽑혀 있고,

필시 탄력적이고 아름다웠을 것 같은 유방도 해면같이
흐느적거리면서, 텅 빈 채로 축 늘어져 있다.
땅에까지 드리워져, 닿아놓으면
등에서 탐스럽게 물결치고 있던 황금빛 머리카락도
회색으로 바래어 수세미같이 되었다.
냄새 맡은 먹이를 향해 날려고 하는
멍청한 독수리같이 머리를 기울이고,
어깨를 앞으로 쑥 내밀고 어정어정 걸어다닌다.[2]

본질적으로, 육체를 부정하는 것은 사람들이 그 동안 영혼과 이성에
부여하였던 의미조차도 혼란스럽게 했다. 이제 진실한 내면이라는 것
이 어떤 의미인지 알 수 없게 된 것이다. 보이지 않는 작은 입자와 힘으
로 지상의 모든 움직임을 설명하는 방법론은, 진실과 자아라는 것을 보
이지 않는 힘이라는 영역으로 숨게 하는 것이었다. 이것은 진실이나 본
질이 눈에 보인다고 믿어왔던 사람들에게는 무척이나 불안한, 익숙하
지 않은 개념이었을 것이다.

타이런(Thomas Tyron)은 이 시기의 정신적 혼란을 암시하는 다음
의 글을 통해, 흉내낼 수 없이 완벽하게 투명한 성격을 지닌 사람은 오
직 미치광이뿐이라고 잘라 말한다.

왜냐하면 사람에게서 이성적인 것을 벗겨내고 나면 그들은 숨길 수
없는 아무것도 남지 않은 벌거숭이가 된다. 그러면 그들은 마스크나
위장 속에 숨을 수 없으며 모습을 드러낼 것이다. 하지만 감성이나
이성을 조금이라도 가지고 있는 한, 본 모습을 결코 드러내기란 쉬운
것이 아니다. 왜냐하면 감성이나 이성 같은 것은 사고와 이해, 상상
력을 감추고 덮어버리는 역할을 하기 때문이다.[3]

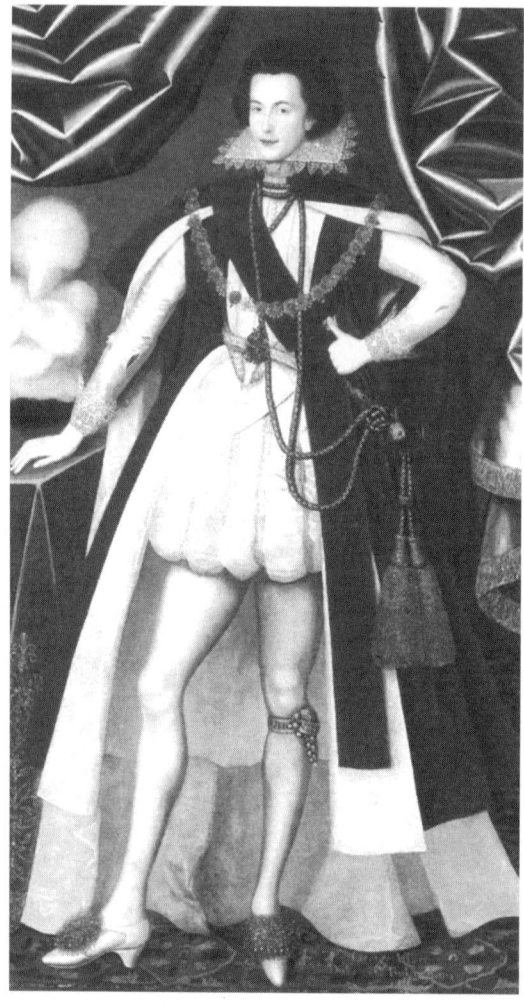

이 시기 남성들은 여성 못
지않게 화장과 치장을 하였
다. 17세기 초 영국에서 막
강한 권력을 휘두른 버킹엄
공작의 초상화.

더욱이 17세기 내내 지속된 유럽의 종교적, 정치적 혼란과 그 틈바구
니 속에서 태동하기 시작한 새로운 권력 구도의 출현은 사람들의 감성
을 내적 분열과 갈등 상태에 놓이게 하였다. 이 시기에 나타난 바로크
라고 불리는 풍조는 이런 불안함을 투영하는 사조로, 모든 것을 극단적
으로 변형시키는 것에 집착하는 듯 보인다. 르네상스기의 몸이 조화롭
고 자연 그대로의 아름다움을 마음껏 뽐내는 것이었다면, 이제 바로크

시대의 몸은 과장하고, 감추며, 조형해가는 것이었다. 따라서 이제 사람의 얼굴과 몸에서 본질적인 모습을 보는 것이 아닌, 감추고 변형시켜가는 화장의 시대가 도래한 것이다.

화장한 그림들

중세 화장 신학에서 화장을 거세게 비판한 적이 있었지만, 르네상스 시기에는 교회마저도 신체적 아름다움을 가꾸는 것을 긍정하였다. 내면의 미덕이 외면의 아름다움으로 나타나는 것이라고 생각하였기 때문이다. 이런 경향 아래서 아름다움을 가꾸는 화장은 뒷심을 받게 되었고, 그 시대에 맞는 유행하는 화장법이 나오기 시작하였다.

화장의 기본은 물론 얼굴에서 아름다움을 훼손할 수 있는 부분, 즉 결점을 수정하는 것이다. 벤 존슨의 『말수가 적은 여인』(*Epicoene*, 1609)은 르네상스기 영국에서 행해지는 화장의 경향을 잘 보여준다.

총명한 여성은 아무리 사소하더라도 자기 결점을 알게 되면 이것을 감추려고 극도로 주의하게 되는데, 그것은 너무나 당연한 일이다. 키가 작으면 가능한 한 앉아 있어야 한다. 혹시 서 있는데도 앉아 있다고 생각할지 모르기 때문이다. 발이 못생겼을 경우에는 가능한 한 긴 옷을 입고 될 수 있는 한 가느다란 신발을 신는다. 손이 통통하고 손톱이 변색된 경우에는 테이블 위에서 결코 뭔가를 잘라서는 안 되며, 장갑을 껴야 한다.[4]

그러나 17세기 중엽 이후 화장은 결점의 수정 단계를 지나 화장 자체가 목적인, 얼굴의 본래 모습을 완전히 덮어버리는 것으로 목적이 변질되어갔다. 그 누구도 자신의 맨얼굴을 드러내지 않았다. 이것은 변화하는 사회 속에서 자아에 대한 극도의 불안함을 투영한다. 남자고 여자고 할것없이 얼굴에 칠을 하였다. 칠만으로 불안하였는지 심지어 가면이 유행하기도 하였다.

화장의 기본은 피부에 바르는 백분이었다. 백분은 흰 납으로 만든 분을 천에 묻혀 바르는 것으로, 여기에 달걀 흰자와 식초를 섞어 팔레트에 개어 바르면 천사처럼 희게 빛이 났다. 백분으로 얼굴의 바탕을 온통 하얗게 칠하고 붉은색으로 볼연지를 발랐는데, 워낙 두텁게 발랐기 때문에 얼굴의 잡티뿐 아니라 본래의 피부색을 완전히 덮었다. 가끔은 색조가 든 셀락 니스를 덧칠했는데 이렇게 하면 얼굴을 움직이기가 힘들었다. 따라서 이들을 '화장한 그림들'이라고 비꼬는 경향이 나타나기도 하였다.

이런 화장품들의 성분은 인체에 극도로 유해한 것이었다. 사실 지금도 그렇지만, 화장품을 사용하는 여성들은 그 성분을 잘 몰랐기 때문에 무고한 희생자는 셀 수도 없이 많았을 것이다. 특히 주근깨를 없애는 데 사용되었던 화장품의 주성분은 수은이었다. 눈에 칠하는 콜 먹은 납과 황산 성분이 다량 함유되어 있었다.[5] 16세기 말 로마초(G.P. Lomazzo)는 화장품의 치명적 독성을 다음과 같이 경고한 바 있다.

염화 제2수은은 유해하고 살갗을 태우기 때문에 죽음의 열이라고 불리고 있다. 이것은 염, 수은, 초산염을 주성분으로 하며 유리 용기 속에서 증류된 것이다. 화학자들은 이것을 부식제라고 부른다. 왜냐하면 이것이 피부에 닿으면 금방 살을 태워 피부를 죽게 만들며, 해를 입은 사람은 심한 고통을 맛보기 때문이다. 따라서 이것을 얼굴에 바르는 여자는 모두 이가 검어지고 잇몸에서 튀어나와 에스파냐 노새처럼 된다. 입 냄새가 나고 얼굴은 반쯤 표피가 벗겨져 얼굴색은 거무스름해진다……. 이처럼 순진한 여성들은 더 아름다워질 수 있다고 믿지만, 정반대로 추해져 나이에 비해 훨씬 늙어 보인다. 이리하여 화장을 하면 온갖 좋지 못한 사정이 생기는데다가 남편이 다른 여

자를 찾아갈 수 있는 구실까지 만들어주게 된다.[6]

창백한 것에서 아름다움을 찾는 경향은 머리에 백분을 뒤집어쓰는 유행을 만들어내기도 하였다. 백분을 바른 흰머리는 노숙함을 표시하는 것이 아니라, 오히려 본래의 나이를 감추어 항상 같은 나이로 보일 수 있는 효과를 노리는 것이었다. 마찬가지로, 많은 부작용을 감수하면서도 얼굴에 백분을 바르면 사람들은 언제나 한결같은 젊은 얼굴을 유지하는 것처럼 보일 수 있다고 믿었다. 18세기의 라이프치히 여성들은 이렇게 묘사되었다.

> 라이프치히 전체가 지금 비틀거리며 일어섰다.
> 남편은 일하러 나가고, 아내는 커피를 마셨다.
> 미인은 볼을 연지로 메웠다.
> 그리고 백합은 자랑스럽게 피고 그날 밤 덧없이 울었다.
> 라이프치히에서 여자는 늙지 않는 법.
> 그것은 감쪽 같은 백분의 솜씨다.[7]

화장한 그림들의 얼굴빛은 건강한 붉은빛을 띤 것이 아니었다. 얼굴은 최대한 창백해야 했다. 귀부인들은 자신의 흰 피부를 강조하기 위해 애교점이나 패치 등을 얼굴에 붙이는 유행을 창출하였다. 1715년 『숙녀 사전』은 이렇게 말한다.

> 애교점(beauty spot)은 검은 호박직을 크고 작게 여러 가지 모양으로 자른 것이다. 귀부인은 그러한 것을 얼굴이나 유방 위에 붙여 살갗이 더욱 하얗게, 더욱 귀엽게 보이도록 하였다.[8]

애교점은 별, 달과 같은 천체의 기호에서부터 마차 모양에 이르기까

18세기 영국의 대표적 풍자화가 윌리엄 호가스가 그린 존 윌크스. 영국 의회제도의 개혁을 주장한
윌크스는 신랄한 독설가로 유명하였는데, 호가스 역시 독설의 피해자였다. 호가스가 윌크스에 대해
적대감을 가지고 있었음은 윌크스의 얼굴을 사악함으로 가득 차게 그렸다는 사실에서 알 수 있다.

존 불워의 논문에 실린 애교점과 패치, 1653.

지 모습이 다양하였다. 17세기 런던에서는 이 애교점을 얼굴의 어느 쪽에 붙이느냐에 따라 휘그당인지 토리당인지를 나타내기도 하였다. 루이 15세 치하의 파리에서도 얼굴의 패치 역시 붙이는 곳에 따라 상징하는 바가 달랐다. 눈가에 붙이면 열정을, 볼 한가운데는 즐거움, 코에 붙이는 것은 건방진 것을 의미하였다.[9] 17세기 중엽 영국의 버틀러(Samuel Butler)는 누구나 얼굴에 패치를 붙이는 경향에 대하여 이렇게 비꼬았다.

그녀의 밝은 눈 속에서 지고
하늘 속으로 어두워져갔던 해와 달이
이제 해들, 달들, 별들의 모양으로
잘라서 그녀가 붙인 검은 패치뿐이어라.[10]

또한 위엄을 표시하기 위해 가발이 유행하였다. 가발을 씀으로써 남성의 비교적 짧은 머리나 대머리도 풍성하고도 존귀한 탐스러운 머리로 바뀔 수 있었다. 루이 14세는 잠자리에 들 때에도 가발을 벗지 않았다. 즉 누군가에게 보이는 모습은 항상 가발을 쓴 모습을 의미한다.[11] 흥미롭게도 가발이 유행할 때에는 수염을 기르지 않는 경향을 보이는데, 수염을 밀고 가발을 쓰는 유행에 대하여 "수염이란 자연이 인간에게 준 선물로 얼굴에서 남성다움을 표시하는 것인데…… [이것을 깎아버리는 행위는] 요즘 젊은이들을 모두 환관으로 만들어버리는 것이다"[12]라는 비판이 제기되기도 하였다. 이것은 환관으로 비유되는 것을 인간 최고의 모욕으로 받아들였던 고대 관상학의 전통을 완전히 뒤집는 것이기도 하다.

여성은 위로는 퐁탕주라고 불리는 겹겹의 머리 장식을 하고 아래로는 12미터까지 달하는 긴 옷자락을 늘어뜨리면서 신체를 한없이 길고 장엄하게 보이게 만들었다. 치맛자락이 길어질수록 퐁탕주도 높아지곤 하였다. 빈에서 유행한 퐁탕주는 약 1.3미터나 된다고 알려진다. 물론 이런 현상은 많은 비난을 받기도 하였다. 『현대인의 투구』라는 책에서는 퐁탕주를 이렇게 비판한다.

현대에는 높은 머리가 유행하고 있다. 귀부인은 가발이나 머리카락만이 아니라 끈으로 만든 머리조차 이고 있다. 뿐만 아니라 온갖 종류의 털실, 레이스, 리본, 깃조각으로 꾸민 높은 둥지를 탑처럼 높게 이고 있다. 그 둥지는 머리의 두 배나 되는 높이가 되어 마치 머리가 두 개나 겹쳐져 있는 것처럼 보인다. 그것은 어처구니없게 보일 뿐만 아니라 사람 같지도 않고 소름마저 끼치게 한다. 만약 머리가 그처럼 미친 듯이 높아진다면 주택의 문도, 교회의 입구도 훨씬 높여야만 될 것이다. 그 광경은 마치 여자들이 머리에 쓴 투구로 신과 겨룸으로써 그리스도교의 의식이나 명예에 일부러 대항하는 것처럼 보인다.[13]

그러나 이런 비판이 쏟아져 나오는 것은 역설적으로 퐁탕주의 유행이 대단하였음을 반증하는 것이기도 하다. 사실 화장 문화가 좀더 일찍 시작된 영국의 의회에서는 1770년 화장한 모습에 끌려 결혼한 경우는 결혼을 무효로 하고, "향수, 의치, 가발, 에스파냐 양모, 철심, 후프, 하이힐 등으로" 상대를 유혹한 여성에게 마녀를 처벌하는 것과 같은 강도의 형벌을 내릴 수 있도록 하자는 법안이 통과되기도 하였다.[14] 그러나

18세기 파리 극장의 칸막이 좌석에 앉은 두 여자. 머리 위로 솟아오른 기괴한 머리장식과 가발은 종종 풍자의 대상이 되었다.

이 법안은 곧 무용지물이 되었다.

사치동물이 주도한 궁정문화

무모하리만큼 커다란 가발은 사회적 지위의 표시였다. 이런 상황에서 높이 솟아올린, 온갖 장식을 한 가발들은 원래 두개골의 모습을 완전히 가리는 것이었다. 너무나 두껍게 겹쳐 바른 화장품은 정말 가면 같아서 때로는 말하거나 웃는 것조차 불가능하게 만들 정도였다. 최대한 과장된 옷차림은 몸을 돌리지 않고는 어깨 너머를 볼 수 없을 정도로 불편한 것이었다.

이런 치장을 한 육체는 결코 일하는 육체가 아니었다. 이는 절대주의 시대 궁정문화가 주도해나간 당시의 유행이 창조한 것이다. 궁정문화는 유행의 출현이 사실상 사치동물(奢侈動物)과 노농동물(勞農動物)을 구분하기 위한 것이라는 것을 극단적으로 잘 보여준 예이다. 1653년 영국에서 출간된 불워(John Bulwer)의 저서 『인공적인 변모』(*Anthropometamorphosis*)에서는 당시 영국의 멋쟁이가 이런 사람이라고 묘사하였다.

> 손은 모두 분칠되어 있다네. 긴 손톱은 게으르고 고귀한 인간들의 확실한 표지이지.
> 최대의 치장을 볼 수 있는 것은 여자들의 작은 발이지.[15]

특히 18세기에는 프랑스를 중심으로 우아하게 외모를 꾸미는 일, 즉 몸치장이 사교계의 새로운 의식으로 자리잡아갔다. 이 시대 궁정으로 대표되는 사교계의 의식과 에티켓은 절대적인 것이었다. 절대주의 시대에 모든 것은 왕에게 소급되고, 왕은 모든 것을 관장하며 왕과 왕을 둘러싼 귀족들이 정치와 문화의 중심적 기구로 자리잡았다. 궁정문화는 유행을 비롯한 모든 것을 생산하고 관리하는 대표적인 상징물이 되었다.

이런 환경에서 궁정문화가 소수에게만 공유되던 주변적인 문화였고, 그 영향력이 제한적이었다는 주장은 크게 설득력이 없다. 궁정문화와 이를 모방하는 지방의 귀족들은 항상 많은 하인에 둘러싸여 있고, 하인들은 궁의 안과 밖을 연결하는 매개체가 된다.[16] 따라서 이 시대의 문화적 흐름을 궁정이 주도하였다고 말할 수 있을 것이다. 더욱이 유행의 흐름을 주도하는 세력이 바로 정치적, 경제적, 문화적 헤게모니를 쥐고 있음을 고려한다면 궁정문화의 중요성에 대하여서는 더더욱 반론의 여지가 없다.

그런데 궁정을 중심으로 하는 상류사회는 아주 촘촘한 사회적 관계로 맺어진 곳이었다. 이런 사회에서 커뮤니케이션의 수단으로 등장한 에티켓은 그 사회의 구조와 관리방식을 표면적으로 드러내는 일종의 상징적 표지였다. 힘의 분배와 지위는 현재 사회와는 다른 방식으로 배정되었으며, 그것의 절대적 중심인 국왕을 둘러싼 새로운 형식의 커뮤니케이션의 방식이 도입되었다.

이런 상황에서 에티켓은 의사소통 방법의 일부분이라기보다는 사회적 위치 그 자체가 될 수 있었다.[17] 형식이 내용을 지배할 수 있는 한 예이다. 에티켓은 바로 왕을 대하는 방식이었고, 동시에 자신보다 열등한 족속들과 구별하는 방식이었으며, 자신이 그 배타적인 집단에 속해 있을 수 있는 수단이었다. 엘리아스(Norbert Elias)는 다음과 같이 말한 바 있다.

에티켓을 통해 궁정사회는 그 자체를 표현한다. 개인을 다른 사람들과 구분하며, 그 사람들 모두는 속하지 않는 사람들과 자신들을 구별한다. 그럼으로써 개인 각각과 집단 전체는, 그 자체가 가치 있는 것으로써 자신들의 존재를 확신한다.[18]

궁정문화는 이제 기계적 제스처와 엄격함만이 남은 곳이었다. 따라서 이런 상황에서는 관상학의 전통에 입각한 본질과 외양의 연관관계를 찾기가 어려워진다. 사람의 몸이라는 본질이 아닌, 옷차림과 일정한 틀 속에서 짜인 몸짓 자체가 이미 본질에 가까운 의미를 획득하였기 때문이다. 이제 사람들은 개성을 감추고 궁정문화의 방식에 따라 자신을 드러내야 했다. 왕에게 총애를 받고 경쟁자들을 물리치기 위한 과장된 몸치장은 동시에 진짜 인간인 귀족들과 기타 인간을 구별하여 자신이 지배계급에 있다는 자기 확신의 수단이 되어갔다. 이 시기 "일상의 삶에서 몸은 이제 마네킹이 되었다. 그 위에 걸치는 의상은 마치 무대의 상이나 마찬가지로 요란스러운 것이었다."[19]

옷, 신분을 나타내는 도구

이런 사회에서 관상이란 몸에 집중되는 것이 아니라 의상과 화장과 같은 포장에 집중되는 것이었다. 또한 가장 많이 보이는 부분인 의복으로 모든 신경이 쏠리면서 이 시기에 관상이 있다면 몸을 보는 것이 아니라 옷을 보는 일이 되었다. 따라서 절대주의 시대에 인간의 위치는 옷 자체에 있었다. 옷은 이제 몸을 가려주는 역할을 하는 것이 아니라, 한 인간의 지위를 전적으로 나타내는 수단이 되었다.

그런데 여기서 옷을 보는 기준이란 흔히 그 옷을 만드는 데 얼마나 많은 돈이 쓰였냐 하는 것이었다. 이것은 소비가 지위를 나타내는 주요 행위로 등장하였음을 말해준다. 18세기는 소비라는 측면에서 폭발을 경험한 시대로 알려져 있다. 재화들은 이른바 지위를 나타내주고, 나아가 그것을 획득해가는 지위 게임(status game)의 표지가 되었다.

베블렌(Thorstein Veblen)이 '과시적 소비'라는 개념으로 언급하였던 이 현상은 소비라는 형태의 물리적 행위로 자신의 사회적 위치에서 정체성을 찾으려는 행위를 말한다. 이 현상은 속성상 자신보다 높은 계층을 모방하는 것이며, 상류층의 행동 패턴이 하층계급으로 조금씩 퍼져 내려가는 효과를 가져온다. 이 현상의 배경에는 치열한 사회적인 경쟁이 깔려 있으며, 결과적으로 학자들이 말하는 '소비혁명'을 부추기게 된다. 매킨드릭(Neil McKendrick)은 이렇게 말한 바 있다.

이러한 특징들—촘촘하게 계층화된 영국사회의 성질, 수직적인 사회 이동을 위한 노력, 사회적인 경쟁심에 의해 발생된 경쟁적인 지출, 사회적인 경쟁에 의해 초래된 유행의 강제력——이 널리 퍼져 있는 지출능력(새로운 수준의 번영에 의해 제공된)과 결합하여 전례없는 소비성향을 만들어냈다.[20]

이 시대는 소비가 미덕인 사회이고, 소비를 통해 보이는 것이 전부인 사회였다. 몸을 감싸는 의상과 가발, 화장 등의 치장을 통해 지위를 나타내는 것에 열중했던 당시의 풍조 속에서 의복은 부르디외(Pierre Bourdieu)가 말했던 소속 기호(signs of belonging) 가운데 대표적인 것이 되어갔다.[21] 17세기 후반과 18세기 도시 사람들에게 자기 신분에 맞는 옷을 입는다는 것은 새로운 공동체에서 일종의 질서를 지키는 방법으로 생각되기까지 하였다.[22] 실제로 17세기와 18세기 파리나 런던에서 사람들의 신분과 직업은 옷에 의해 명확히 구분될 수 있었다.[23] 몽테유(Alexis Monteil)는 손님에 따라 적절한 호칭을 구사하는 한 상인의 대화를 소개한 바 있다. 그 상인은 자신이 손님들의 옷만 보아도 신분을 알 수 있다고 설명한다.[24]

물론 이러한 소속 기호는 언제나 한 단계 위를 모방하는 사람이 있게 마련이고, 역설적으로 모방을 꿈꾸는 자들을 염두에 두기 때문에 만들어지기도 한다. 따라서 모방하지 못하도록 하는 장치 또한 고안되게 마련이었다. 서양 역사에서 종종 찾아볼 수 있는 사치 금지법(sumptuary legislation)은 신분 장치를 고수하기 위한 고안물이다. 영국은 이 법령에 의해 지위 위조를 불법으로 선언하고 재판과 처벌이라는 억제 수단을 강구하였다. 영국 여왕 엘리자베스 1세 치하에서 한 양복점 주인이 지위에 걸맞지 않는 옷을 입었다는 이유로 붙잡혔는데, 관리는 그 옷을 누더기가 되도록 찢은 다음, 그로 하여금 시내를 돌게 하였다.[25] 1750년대 프랑스에서는 노동자의 아내들이 장인이나 상인의 아내처럼 옷을 입는 것을 금지하기도 하였다.[26]

이런 법령이 등장하였다는 것은 상대적으로 낮은 신분에 속해 있는 사람들이 상류층의 몸치장을 따라하는 경향이 많았다는 것을 반증한다. 사실 이 시대에는 하층계급 사이에도 사치 풍조가 유행했다고 알려진다. 그리고 그러한 유행의 탄생은 앞서 이야기한 학자들의 소비사회의 도래에 대한 분석이 타당하다는 것을 보여주는 예이기도 하다. 1640년 라이프치히에서 실시된 복장 단속 기록의 한 부분을 보자.

여자, 상인, 장인 등은 날마다 가슴받이나 조끼, 소매 장식에 새롭고 기발한, 게다가 돈이 드는 허영에 찬 것을 고안해내는 데 열중하고 있다. 그 결과 그것들로 장사를 하는 여자도 나타나서 옷이나 구두의 새로운 모양을 고안하거나 그러한 물건을 가지고 단골들에게 팔러 다니기도 한다. 더구나 젊은 여자나 처녀들까지도 끌어들여 새 유행으로 그들의 마음을 여러 가지로 흔들어놓아 그처럼 좋지 않은 유행을 더욱 퍼뜨리는 실정이다.[27]

새로운 유행에 대한 '고안'은 유행을 통해 신분적 정체성을 만들어보고 싶어하는 많은 사람들의 옷에 대한 '수요' 위에 놓여 있는 것이다. 1781년 파리에서 남색가를 색출하던 어느 형사는 큰 길에서 한 남자를 체포하였다. 그 사람은 회계 관리의 저택에서 일하는 17세의 견습 요리사로서, 기다란 프록코트와 넥타이, 머리를 묶는 리본과 모자를 착용하고 있었다. 체포 이유는 다름이 아니라 그가 "기묘한 놈으로서, 남의 눈길을 끄는 음란한 옷차림 때문에 사람들에게 쫓겨다니고 있었다"는 것이었다. 그런데 여기서 그 사람의 성향을 보여주는 것은 몸짓도 인상도 아닌 단지 옷차림 한 가지뿐이다. 그는 세 번 체포된 후 결국 프티샤트레 감옥에 수감되었다. 그 이유는 "가장 천박한 남색가밖에 입지 않는 옷을 끝내 벗으려 하지 않았기 때문"이다.[28]

옷차림이 한 사람의 모든 것을 대변하는 사회에서는 옷차림의 모방은 모방으로 그치는 것이 아니라, 모방하는 대상과의 동일시라는 환각을 내포하게 마련이다. 그런데 여기서 모방의 대상은 '사람'이 아니라 '신분'이다. 어떤 옷차림이 자신보다 월등한 신분을 나타낸다는 이유만으로, 상류층의 옷차림을 따라하는 하류층 사람들이 많이 있었다. 그리고 그들은 자기가 모방하고자 하는 상류층 사람들에 대한 도덕적 판단을 배제하곤 했다. 앞서 언급하였던 수사관은 두 달 후 '아주 괴상한 꼴'을 하고 있는 19세의 청년을 체포한다.

커다란 다갈색 프록코트, 구두에는 꽃매듭으로 묶은 리본, 둥근 모자, 머리를 묶는 리본, 폭넓은 넥타이, 귀 언저리에서 싹둑 자른 짧은 머리를 하고 있었다……. 왜 그런 차림을 하고 있느냐고 물었더니, 그는 자기 옷차림이 뭐가 이상하냐면서, "귀족 나으리들도 아침에는 모두 이런 차림을 하시잖아요"라고 말했다.[29]

이 두 청년은 위험을 감수하고라도 귀족의 옷차림을 모방하려 했다. 이런 강렬한 신분상승의 욕망은 스스로의 도덕적 기준을 삼켜버린 것이다. 도덕적 가치를 가정하고 이루어진 관상학의 원칙, 즉 외양이 내면을 투영한다는 논리가 이런 상황에서는 이미 설 자리가 없다.

"귀족의 화려함뿐만이 아니라 귀족이 퍼뜨리는 최신 유행의 얼간이 짓까지도 흉내내고 싶어하는"[30] 이러한 경향은, 『완전한 영국 상인』(Complete English Tradesman)에서 말하는 대로 "허영심, 환락과 사치가 우리의 주인이 되었"기 때문으로, 결국 본질이란 것이 겉치장으로 전도되었음을 보여준다. 역설적으로, 어떤 옷을 입고 어떤 화장을 하느냐 하는 것에 따라 그에 걸맞는 행동이 나오게 마련인데, 이런 현상은 겉치레를 중요시하는 사회에서만 가능한 일이었다. 이런 측면에서 볼 때, 몸을 꾸미는 의복과 화장은 궁극적으로 꾸밈의 대상이 되는 육체와는 별개의, 독립적인 것이 된다.

그러나 지나친 의복과 사치, 몸치장으로 사람을 판단하는 경향은 오래 가지 않았다. 자신에 대한 회의와 불안, 그리고 에티켓의 무게에 버거움을 느끼던 사람들은 진정한 자신의 정체성을 찾고자 하는 동경을 품기 시작했다. 이런 와중에 부르주아들은 단순한 생활을 미덕으로 삼으면서 궁정의 복잡한 예법을 비난하기 시작한다. 가슴에서 우러나오는 감성을 중시하는 풍조는 정해진 규범에 얽매이기보다는 스스로의 의사를 존중하는 개인주의라는 사조의 편을 들어주었다. 기품과 간소함을 좋아하는 취향, 서정적이고 감성적인 섬세함을 좋아하는 새로운 경향이 나타난 것이다. 이런 상황에서 몸을 읽는 데 겉치레가 아닌 본질을 보고자 하는 경향이 18세기 후반 다시 맹렬히 자기 자리를 찾고자 하였다.

라바터의 등장

앞서 살펴본 것처럼 18세기 대부분의 시간은 관상의 역사에서 공백기라고도 불릴 수 있는 시기였다. 과학혁명으로 인하여 과거 점성술과 깊은 관련을 맺고 있던 관상학에 대해 회의적 시각이 팽배하였다. 특히 계몽주의를 주도하던 지식인들은 '과학'이라는 것에 대하여 거의 광적인 집착을 보이며, 지적 전통을 '과학'과 '유사과학'의 두 틀로 공고히 구분하기 시작하였다. 전통적인 관상학은 사이비 과학의 대표적인 결과물로 낙인 찍혔으며, 이런 상황에서 유럽 전역을 매혹시킬 관상학적 저술은 나오지 않았다. 그러나 1780년대 후반부터 라바터라는 뛰어난 관상학자가 출현하면서 유럽 사회는 다시금 관상학의 열풍에 휩싸이게 되었다.

희대의 베스트셀러, 라바터의 『관상학』

라바터(Johann Caspar Lavater, 1741~1801)는 취리히 태생으로 목회자이며 교육자, 시인, 의사였다. 젊은 시절 스위스 민족주의 운동에 투신했던 그는 열성적인 설교로 명망이 높았으며, 현명하고도 사람을 끌어들이는 재주가 뛰어났다고 알려진다. 그는 일생의 대부분을 취리히에서 보냈지만 유럽 전역에 넓은 인맥을 갖고 있었고, 소설가 괴테, 신

18세기 후반 유럽 사회를 다시 관상학의 열풍에 휩싸이게 한 라바터.

학자 슐처(Jacob Sulzer) 등과 깊은 우정을 나누었다.

그의 『관상학』(*Von der Physiognomik*)은 원래 취리히 자연과학학회 강연을 토대로 한 것으로, 역시 절친한 친구였던 치머만(Johann Georg Zimmermann)에 의해 1772년 처음 출판되었다. 스위스 태생의 의사인 치머만은 영국 국왕의 주치의로서 유럽의 상류사회에 친분을 갖고 있었다. 그는 또한 천부적인 세일즈 감각을 갖고 있어서 라바터의 관상학을 전 유럽에 보급하는 데 결정적인 역할을 하였다. 라바터는 유럽의 상류사회에 선풍을 일으켰고, 유럽 각국 황실의 왕과 황태자들이 관상을 보기 위해 다투어 취리히로 몰려들었다.

라바터의 『관상학』은 본래 많은 그림이 들어가고 최고급 종이와 장정을 한 매우 값비싼 책으로, 힘 있고 돈 있는 소수의 사람을 위해 디자인된 것이었다. 그런데 이런 고급화 전략이 오히려 상승욕구에 불타는 많은 사람들 사이에 이 책을 유행시킨 계기가 되었다. 그리고 이후 널리 퍼져나가면서 그리 비싸지 않은 다양한 판본이 나왔으며, 일종의 핸드북의 형태로 출간되기도 하였다.

라바터의 『관상학』은 그야말로 18세기 말의 희대의 베스트셀러였다. 이 책은 1770년대와 1780년대에 독일어로 여덟 번이나 재판되고 프랑스어로 번역되었다. 1780년대에는 독일어 16판, 프랑스어 15판, 영어 4판, 네덜란드어 1판이 각각 출판되었다. 100년이 지난 1870년대까지도 그의 책은 꾸준히 출판되었다. 각국에서 151종에 이르는 라바터의 책이 출판된 셈이다. 전쟁 중 고향 취리히에서 부상병을 돌보던 그가 저격병의 총에 맞아 숨졌을 때, 『스코트 매거진』(*The Scots Magazine*)은 "수년간 유럽에서 가장 유명한 사람 가운데 하나였던 이가 죽었다"고 쓰기도 하였다.[31] 브리태니커 백과사전의 8판에는 그의 책에 대하여 이렇게 쓰고 있다.

『관상학』의 출판은 전세계에 심각한 반향을 불러일으켰다. 저자에 대해서 사람들은 찬탄과 경멸, 분노, 공포의 감정을 품게 되었다. 새로운 학문의 창시자는 숭배되는가 하면 웃음거리로 전락되기도 한다. 관상을 통해 사람의 성격을 읽는 태도가 유행병처럼 번지는 도시에서는 얼굴에 가면을 쓰고 거리를 다니는 사람들까지 생겨났다.[32]

관상학의 유행 때문에 심지어 비글 호 선장이 다윈의 관상을 싫어해 배에 태우지 않으려고 했다는 일화도 전해온다. 선장은 라바터의 숭배자로, 다윈의 코는 과학적 열정도 없고 힘든 항해도 견딜 수 없으리라고 생각해서였다.[33]

관상학에 대한 변함없는 수요

관상학이 과학혁명과 계몽주의 사조 아래서 사이비로 몰려 침체기를 겪고 있었음에도 불구하고, 라바터의 관상학서가 출판되자마자 엄청난 반향을 일으켰던 까닭은 무엇일까? 우선 그것은 관상학을 필요로 하는, 인간의 변함 없는 수요가 있었기 때문에 가능한 것으로 보아야한다.

관상은 사실 사람들의 본능적인 행위에 가깝다. 자신에 대한 호기심을 충족시킬 뿐만 아니라 타인에 대한 판단을 돕기 위해 관상은 누구나 하는 행위이기 때문이었다. 라바터는 "요람에서 무덤까지, 모든 신분과 연령층을 망라하여, 어느 나라에서나 아담부터 이 지상의 마지막 인간까지, 관상은 우리가 하는 모든 것의 기본이다"라고까지 말한다.[34]

라바터의 이런 문제의식은 전통적으로 내려온 관상학의 사회적 기능에 바탕을 두고 있는 듯이 보인다. 라바터의 말을 들어보자.

모든 곤충은 동지와 적을 안다. 모든 아이들은 사랑과 공포를 안다. 이유를 알지는 못해도 관상에 의해서 말이다. 지상의 그 어느 누구도 매일 관상에 의해 인도되지 않는 자가 없다. 얼굴이라는 것을 보는 한 누구나 극도로 사랑스럽다거나 극도로 혐오스럽다는 인상을 받지 않을 수 없다. 누구나 다소의 차이는 있을지라도 자기에게 처음으로 다가온 사람을 유심히 바라보고, 재고, 비교하며 관상학적 판단을 하는 것이다. 심지어 그 사람이 일생 동안 관상이라는 말을 한번도 들어본 적이 없어도 말이다.[35]

이 당시 유럽에서는 관상학이 수행하던 사회적 기능에 대한 변함없는 수요가 있었음이 틀림없다. 따라서 당시 라바터의 책이 출간되자마자 그 동안 '숨어 있던' 수천 명의 관상학자들이 저마다 전문가를 자처하며 뛰어나와 활발한 활동을 할 수 있었다.[36]

라바터의 저서는 관상을 행하였던 많은 역사적 인물들과 기존의 관상학적 전통을 망라했다. 이는 라바터 자신의 관상학이 튼튼한 역사적 토대 위에 있음을 증명하는 것이기도 했다.『성서』, 키케로, 몽테뉴, 프랜시스 베이컨(Francis Bacon), 라이프니츠, 슐처, 할러(Haller), 볼프(Wolff), 칸트, 르 브룅, 파슨스(James Parsons), 라파엘로(Sanzio Raphaello), 홀바인(Hans Holbein the Elder), 반 데이크 등 관상학적 연구를 남긴 수많은 사례들이 이 학문의 정당성을 설파하는 데 동원되었다. 실제로『학문의 진보』(*Advancement of Learning*)에서 프랜시스 베이컨은 이렇게 말한 바 있다.

이후 미신적이고 공상적으로 악용되기는 했지만, 본질을 잘 추려내고 복원한다면 자연의 공고한 토대 위에 있으면서도 삶에 유용한 두 지식이 있다. 첫째는 관상학으로 마음의 상태를 용모로 파악하는 것이다. 둘째는 꿈의 해석으로, 마음 됨됨이를 몸의 상태를 통해 알아내는 것이다.[37]

그러나 라바터의 관상학은 철학자에서부터 과학자들에 이르기까지 많은 비난을 받았고 논쟁에 휩싸이기도 하였다. 사람들이 관상학을 부정하거나 비판하는 경향에 대하여 라바터는 당시 과학이 "본능적으로 시각적 인상에 의존하는 인간의 잠재의식"을 긍정하기가 어려운 탓으로 보았다. 이 말은 우선 라바터가 당시의 과학 자체가 가진 보수적인 한계성에 대하여 비판하고 있음을 보여준다. 실제로 그는 자신에 대한 비판의 근원에 뻔한 사실을 굳이 회의적인 시각으로만 보는 과학계의 풍토가 있다고 주장하기도 하였다.[38] 이것은 19세기에 들어 관상학이나 골상학을 주창하던 학자들이, 과학계의 분위기를 보수적이고 수구적인 것이라고 기득권을 가진 과학자들이 비판하였던 것과 같은 맥락이다.

그러나 당시 과학계를 이끌던 저명한 사람들 사이에서 큰 논란을 일으킬 정도로 라바터의 관상학은 센세이션을 일으켰다. 그의 관상학이 엘리트와 대중들 모두에게서 엄청난 반향을 이끌어낼 수 있었던 것은 그것이 과학혁명과 계몽주의로 표상되는 '변화한 사회상'을 담아낼 수 있는 '변화된 관상학'의 모습을 충분히 보여주었기 때문이다. 라바터는 자신의 관상학이 '과학'임을 아주 강력하게 주장하였고, 이 새로운 관상학이 당시의 지적 풍토에서 충분히 설득력 있을 정도로 높은 '과학적' 수준을 갖추고 있었다는 이야기다.

과학을 표방하는 관상학

라바터 열풍의 원인은 우선 그가 당시의 사조에 맞춘 관상학을 제창하였다는 점에서 찾을 수 있다. 18세기는 이른바 '체계'(system)에 열광하던 시대였다. 이 체계에 대한 맹신은 종종 경험과 실험이라는 두 가지 특징과 더불어 나타나곤 하였다. 라바터는 관상학을 '법칙화'할 수 있다고 주장한다. 그리고 그 법칙은 관상학의 경험주의적 접근을 통해 도출된다고 했다. 라바터는 "더 많은 사람의 관상이 행해질수록 관상학은 더욱 과학적이고, 정교하고, 가르칠 만한 것이 된다. 더 많이 이루어질수록 과학 중의 과학이 되는 것이다"[39]라고 이야기하였다.

따라서 그의 관상학은 기존의 관상과는 차별적인, 새로운 방법론을 제시하는 것이었다. 점성술, 예언, 그리스의 기질설이나 갈레노스의 체액설과 같은 요소들을 배제하였다. 대신 분류체계를 만들고 이에 따라 얼굴과 심성의 관계에 관한 가설, 그리고 이 법칙을 확립하기 위하여 얼굴 특징을 자세히 묘사하였다. 이것은 린네가 식물학에서 이룩한 분류학이라는 업적을 관상학에 적용하려는 시도로 보아야 한다.

또한 그는 기존의 관상학이 과학적으로 정확성이 결여된 것이라고 보고, 관상을 보는 좀더 정교한 기준을 부여하려 하였다.

흔히 굽고 끝이 뾰족한 코를 가진 사람은 기지가 있고, 뭉툭한 코를

바보의 모습. 라바터는 이 남자의 무리하게 찌푸린 얼굴이 지극한 바보스러움을 보여준 다고 하였다.

가진 사람은 그렇지 않다고 한다. 여기서 좀더 정확한 구분이 필요하다. 그림을 그려보지 않고는 불가능할 것이다. 굽은 코라고 하면 수직으로 굽은 것을 말하는지 또는 수평으로 굽은 것을 말하는지? 그리고 얼마나 굽었는지?[40]

또한 굽은 코가 기지의 표지라면, 그 기지란 어떤 신비적인 원인으로부터 나오는 것인지? 또는 코 자체가 기지를 만들어내는지? 난 여기서 표지, 원인, 그리고 결과가 모두 종합적이라고 말하겠다.

표지: 왜냐하면 그것은 기지를 표현하기 때문에, 그리고 기지의 비자발적인 표시이기 때문에.

원인: 적어도 원인이 된다. 기지가 많든 적든, 또는 다양한 종류이든 간에 원인이 된다. 주변적 원인이다.

결과: (기지는) 정신이 얼마나 어느 정도, 또는 얼마나 활동적인가에 따라 생성된다. 이것이 코의 모양을 바꾸지는 않는다. 그러나 원초적 모양을 형성하면서 어떤 본성과 요소들이 작용한 것인지를 고려해야 한다.[41]

그가 '과학'을 강조한 이면에는 당시 과학에 대한 맹신이 있다. 이 시대는 대중들 사이에 과학에 대한 관심이 급증한 때였다. 새로운 과학적 지식을 알고, 새로운 과학적 체계를 만드는 데 일조하는 것이 마치 사회를 이끌어나가는 주역으로서의 조건이라고 생각하는 분위기였던 것이다. 과학잡지들은 새로운 우주에 대한 이론들과 체계로 가득 차 있었다. 프랑스 혁명 당시의 급진파들조차 당시 전기라든가 기타 온갖 새로운 발명이나 발견에 심취해 있었다. 1780년대에는 과학과 유사과학의 경계가 희미해지는 듯한 현상까지 보였다. 이것은 불과 수십 년 전 계몽주의 사조 아래 '과학'과 '유사과학'의 확실한 구분을 지었던 것과는 대조적인 움직임이었다.

새로운 과학적 체계를 만들어내는 것은 알고 있던 기존의 모든 지식을 동원하는 것이기도 하다. 아직 많은 부분들에서 미처 발달하지 않은 과학이 설명할 수 없는 부분은 상상력에 의해 채워지곤 하였다. 18세기에 과학과 신학의 분리가 일어났다고 보기도 하지만, 아직도 사물을 이해하는 데 사람들은 초자연적인 존재를 동원할 수밖에 없었다. 이 시대는 아직도 중력이란 개념을 마치 신비한 마력과 마찬가지로 이해하고 있었던 때였다.

이 당시 과학자들은 종종 신학자들이었으며 라바터 역시 그러했다. 그들이 추구하던 과학은 지금 기준에서 보면 철학의 범주에 들 법한 것이 많았다. 라바터는 관상학을 '법칙화할 수 있는 과학'이라고 천명하면서도 "다른 과학과 마찬가지로 감수성과 천재성에 의존할 수밖에 없다"[42]고 말한다. 이것은 아직도 현상과 해석에서 나타나는 많은 공백을 자의적 논리와 성찰에 의존하고 있다는 말이 된다.

그런데 과학에 대한 대중들의 광적인 열중은 이른바 진정한 '과학'과 '유사과학'의 경계를 희미하게 만들기도 하였다. 이런 사회적 분위기 속에서 유사과학은 종종 사람들을 신비주의로 몰아가기도 하였다. 이 당시 유럽에서 가장 대표적인 '유사과학'을 꼽아보자면 관상학과 메스

프랑스 귀족사회에서 유행한 메스머리즘.

머리즘(mesmerism)을 들 수 있을 것이다. 메스머리즘은 메스머(Franz Anton Mesmer, 1734~1815)라는 독일인 의사가 제창한 것으로 이른바 동물 자기(animal magnetism)를 이용해 질병을 고치는 것이다. "극렬한 두통에는 엄지 한쪽 끝을 이마에 대고, 다른 쪽 끝을 머리 뒤쪽에 대어" 자기가 통하게 하면 두통이 낫는다는 것이다. 이것은 원시적 형태의 최면술로 마취 대용으로 사용되기도 하였으며, 프랑스 궁정을 비롯하여 수많은 추종자를 만들어내면서 유럽 전역에 유행되었다.[43]

라바터의 관상학과 메스머리즘의 공통점은 우선 '몸'을 중심에 둔다는 점일 것이다. 또한 지상의 모든 것에는 '자기'가 흐르고 있으며, 이 자기는 사람의 몸을 움직이는 원초적 힘이라는 메스머의 주장은 보이지 않는 것을 '보이는 것'으로 꿰뚫어 보고 조율하려 한다는 점에서 라바터의 관상학과도 일맥상통하는 것이었다. 또 '치유'나 '개선'이라는 부분에도 공통점이 있는데, 라바터는 사람의 외형에서 보이지 않는 내면을 읽고, 그 사람을 더 나은 사람으로 만들기 위해 관상학이 사용되어야 한다고 주장하였기 때문이었다.

한편 메스머리즘이나 관상학과 같은 유사과학이 급속히 유행할 수 있었던 배경에는 이것들을 '첨단 과학'이라고 강조하면서 새로운 시대의 상징적인 것으로 이해하고자 하는 소장파 지식인들이 있었다. 그들은 기존 과학자들이 익숙하지 않은 분야를 무기로 삼아 기성 과학계를 공격하였다. 메스머와 라바터 역시 자신들의 이론에 반박을 제기하는 사람들을 "다양한 사고가 결여되고 새로운 것을 거부하는" 보수적인 사람들이라고 비난하였다.

더구나 너무 딱딱한 과학적 이론보다 일상생활과 연결시킬 수 있는 과학적 발견들은 대중의 기호에도 잘 맞아떨어지는 것이었다. 이는 기존의 학문적 체제, 나아가 구체제는 필요없고, 우리가 만들어낸 새로운 것이 있다는 진취적인 사회 분위기와도 부합했다.

라바터의 저서는 당시의 과학적 지식을 모두 동원하여 관상학을 집대성하였다. 생리학, 해부학, 동물학, 인류학 등과 같은 새로운 학문 분야의 업적과 예술적 표현기법까지도 총망라하며 다루었다.[44] 심지어 그의 관상학서는 관상을 읽는 데 필요한 초보적인 연습단계와, 그의 이론에 대하여 반론으로 제기될 수 있는 부분들에 대한 질의응답 코너까지 포함되어 있었다.[45]

관상, 사람을 드러내주는 언어

라바터는 관상이야말로 "자연에 기반을 둔 진정한 과학이다"라고 주장한다.[46] 여기서 자연이란 절대적 본질을 뜻하며, 사람의 내면의 선과 악은 그대로 외양에 드러난다는 것이다. 따라서 인간의 본질을 꿰뚫기 위해서는 인간의 모습 그대로를 고찰해야 한다고 주장한다. 이는 겉치레나 화장 등이 가져올 수 있는 오류를 줄이자는 것으로 앞에서 살펴본 '화장의 시대'가 이제 끝나간다는 것을 의미하기도 한다.

라바터는 "사회적 신분, 습관, 재산, 옷과 같은 모든 것은 인간의 몸자체를 변모시키거나 감춘다. 따라서 관상의 우선적 과제는 상당한 정도의 한계가 있음에도 불구하고 이런 마스크를 꿰뚫어 추정해볼 수 있는 탄탄한 토대를 찾는 것이다"⁴⁷⁾라고 말한다. 여기서 그는 옷이나 화장, 습관과 같은 것이 인간의 본질을 '감추는' 역할을 하지만, 관상이야말로 사람을 그대로 드러내는 '언어'라고 주장하였다. 여기서 언어는 인간의 언어가 아니라 신의 언어이고, 말로 표현되지 않는 언어이다. 반면 인간의 언어는 본질이 아니라 파편적일 수밖에 없는 불완전한 언어라는 것이다.⁴⁸⁾

  그런데 지식이란 언어와 떨어질 수 없는 것이기 때문에, 진정한 언어인 관상학을 습득해야만이 최고의 지식에 도달할 수 있다는 논지가 나오게 된다. 따라서 관상은 곧 자연의 언어이고, 본질이라는 것이다. 생김새는 본질을 드러내는 표지이다. 그러므로 이 언어는 일종의 기호로 볼 수 있다. 그의 눈썹에 관한 표지를 보자.

  —보통 모양으로 눈썹이 굽은 것은 무기력한 어린 시절을 보냈음을 나타낸다.
  —수평으로 곧은 눈썹은 남성다움을 표시한다.
  —곧은 눈썹 양끝이 둥글게 올라간 사람은 남성다운 이해력과 여성스러운 친절함을 갖추고 있다.
  —마치 아라비아 사람들이 아주 아름답게 여기는 것처럼 양 눈썹이 붙어 있는 것에 대하여 옛 관상학자들은 손재주가 있다고 보았지만, 나는 그것이 그런 자질을 나타내거나 아름답다고 보지 않는다. 그런 눈썹은 종종 아주 개방적이고 정직하며 훌륭한 사람의 얼굴에서 발견할 수 있다. 물론 그런 눈썹은 얼굴을 어둡게 보이게 하고 마음 속에 고민이 있다는 것을 나타낸다.
  —난 지금까지 훌륭한 사상가나 강하고 분별력 있는 사람 가운데 눈썹이 엷거나 이마의 한가운데까지 높이 올라간 사람을 본 적이 없다.
  —눈썹과 눈의 사이가 좁을수록 정직하고, 심오하며, 강한 성격을

나타낸다.

—눈썹 사이가 넓으면 따스하고, 개방적이며, 호들갑을 잘 떤다.

—흰 눈썹은 나약함을 상징한다.[49]

여기서 보이듯이 얼굴의 각 부분은 그 하나하나가 특정한 성상을 나타내는 기호이다. 이런 경향은 신체 부분을 조각조각 고찰하였던 중세 관상학의 경향을 답습하고 있는 것으로 보인다. 하지만 라바터의 관상학서는 각 부분을 조합한 얼굴 전체의 모습을 고찰하는 것을 더욱 중시하였다. 그러기 위하여 수많은 사람의 얼굴 전체를 그린 그림들을 예로 들면서 그 모습에 따라 성격을 써나가기도 하였다. 더구나 그의 관상학적 분석은 많은 교훈과 충고를 담고 있다.

코 뿌리가 몹시 오똑하고 가슴이 풍만하며 이가 개의 이빨처럼 약간 앞으로 튀어나온 여성은 언뜻 보기에 정이 가지 않을 듯이 보이지만, 사실은 완벽한 미녀보다도 남자들을 더욱 잘 호린다. 창녀 기질이 강한 여자들은 대개 이런 여성들이다. 이런 여자들을 대할 때는 무서운 질병을 대하듯 해야 한다. 이런 여자와는 어떤 관계도 맺지 마라. 비록 순수하고 고상해 보일지라도 그러한 여자와 결혼해서는 절대로 안 된다.[50]

그의 관상서는 수많은 역사상의 위인들의 모습을 분석한 예시들로 가득하였으며, 이렇게 그림을 통해서 관상의 지침을 전파하는 관상서는 이후 19세기 얼굴에 관한 성격 분석의 수많은 저술들의 표본이 되기도 하였다. 그러나 그의 관상학이 표방하는 교훈적 성격 때문에 이미 뛰어난 업적을 이룩한 사람들의 관상에 대하여 객관적일 수 없다는 한계를 지니고 있기도 하다. 이미 훌륭한 위인이라고 알려진 이상, 악덕보다는 미덕을 강조해야만 하기 때문이다. 예를 들어, 셰익스피어의 얼굴에 대하여서는 그 소묘가 비록 단순하고 얼굴 모습이 불완전함에도 불구하고 이런 분석을 내린다.

> 명석하고, 도량이 크고, 이해가 빠르다. 이런 얼굴은 모든 것을 이해하고 모든 것을 받아들일 뿐만 아니라 그만큼 쉽고도 신속하게 상상하고, 창조하고, 생산한다.[51]

라바터는 인간의 본성이 얼굴에 나타나 있으므로 범죄자를 구별할 때에도 관상학을 사용하는 것이 합리적인 방법이라고 주장했다. 죄의 유무란 얼굴에 나타나므로, 굳이 고문과 같은 가혹한 방법을 사용할 필요가 없다는 것이다. 이 '범죄 관상학'(criminal physiognomy)은 라바터의 계몽주의적 실천의 한 방편으로 고안된 것이다. "앞으로 25년 안에 관상학은 범죄학의 일종으로서 고문을 대치할 것이다."[52] 범죄와 관상을 연결시키는 경향은 19세기 중엽 롬브로소(Cesare Lombroso)가 제안하게 되는, 관상을 통한 범죄자의 분류에 영향을 끼치는 것이었다.

라바터의 관상학에서 한 가지 주목할 점은 얼굴의 정적인 특징을 연구하는 관상학과 동적인 특징을 연구하는 감정 표출학을 구분하였다는 것이다. 그는 고정적인 생김새야말로 진실한 관상학의 대상이라고 보았다. 고정된 생김새는 진정한 순수과학의 영역에 들어가지만 표정이란 부패하고 세속적이라는 것이다. 이것은 아리스토텔레스가 고대의 분석적 관상학에서 주장한 바 있는 표정보다도 생김새가 본질을 투영한다는 원칙의 연장선에 놓여 있다고 볼 수 있다.

이런 맥락에서 그는 움직이는 다른 요소들을 배제한 실루엣 관상을 높이 주창하였다. 이것은 그림자 관상이라고 부를 수 있는 것으로, 그림자에 비친 턱선, 코의 모습과 두개골의 형상을 보는 것이다. 그림자는 표정이나 얼굴의 빛깔 등을 최대한 배제할 수 있기 때문에 사람의

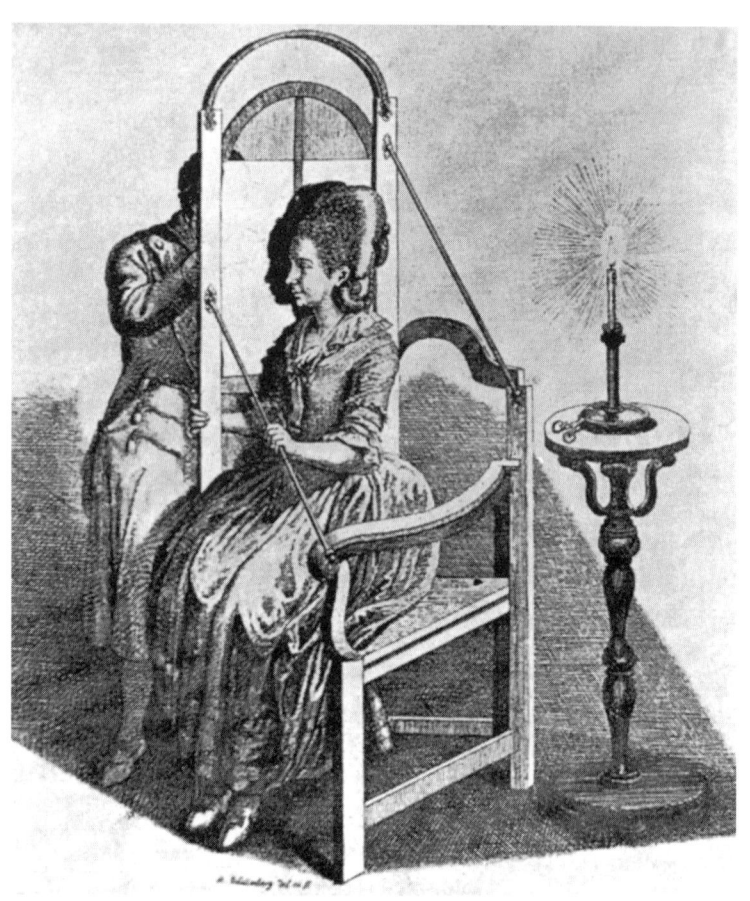

라바터가 고안한, 그림자로 관상을 보는 도구.

본성을 그대로 드러낸다는 것이다. 그는 그림자 관상에서 고려해야 하
는 얼굴의 부분들로 다음과 같은 요소들을 강조하였다.

　　첫째 정수리에서 머리카락이 난 자리까지의 곡선, 둘째 눈썹까지의
이마 모양, 셋째 미간과 코가 자리한 모양, 넷째 인중의 모양, 다섯째
윗입술, 여섯째 입술 모양, 일곱째 턱의 윗 부분, 여덟째 아래턱, 아홉
째 목.[53]

라바터의 『관상학 단상』에 실린 그림자 관상.

그의 분류에 따르면 이마에서 눈썹까지는 이해력을, 코와 턱은 도덕적이고 감각적인 삶의 이미지를 나타낸다고 주장하였다. 그는 이마를 가장 중요한 성격의 표지로 보았다. 눈은 모든 것의 축소판이라고 주장하면서도 이마를 강조하는 것은 아마도 그림자 관상에서 눈의 모습을 구체적으로 볼 수 없기 때문이 아니었을까 추측된다.

라바터가 관상에서 표정을 배제한 이유는 표정이란 후천적인 것으로, 본성을 투영하는 것이 아니라고 믿었기 때문이다. 표정은 개인이 사회로 들어갈 때 생기는 것으로 사람의 세속적인 경험에 따라 만들어진다는 측면을 강조하는 것이다. 실제로 아름다운 얼굴이 웃는 순간 멍청해 보이는 수도 있다. 하지만 그는 계속 반복되는 정념의 기호가 영구히 얼굴에 남게 된다고 생각하였다. 즉 나이가 들면서 반복적인 표정에 따라 얼굴의 근육과 주름의 발달이 달라진다는 원리를 포용하는 것이었다. 라바터가 17세기에서 18세기에 이르는 동안 축적된 근육의 움직임에 대한 연구들을 수용하고 있었음을 보여주는 부분이다.

앞서 살펴보았듯이 표정을 만들어내는 얼굴의 근육에 대한 연구는 1667년 프랑스의 궁정화가 르 브룅에 의해 처음으로 과학적으로 연구되기 시작한 것이다. 19세기에 들어서서 라바터의 인상학을 계승한 모로(L. J. Moreau de la Sarthe)를 비롯하여 많은 사람들이 안면 근육의 움직임을 생리현상으로 주목하기 시작하였다.[54] 특히 벨(Charles

Bell)은 『표현의 해부학과 생리학』(*Anatomy and Physiology of Expression*, 1806)에서 안면 근육의 대부분이 표현을 위해 쓰이는 기계적 도구 또는 특별한 장치임을 주장하였다. 이들의 연구는 표정을 동물군 전체에서 나타나는 감정의 외적 표지로 인식하는 것이었다.

표정을 결정짓는 근육의 움직임에 대한 연구로 가장 널리 알려진 것은 다윈(Charles Darwin)의 『인간과 동물의 감정표현에 대하여』(*The Expression of Emotions in Man and Animals*, 1872)[55]일 것이다. 그는 인간과 기타 하등동물들이 특정한 감정 상태에 따라 언제나 습관적으로 같은 움직임을 나타내는 경향이 있다고 주장하였다. 여기서 주목할 것은 후천적으로 습득된 행동이 대를 물려 전달된다는 진화의 원리이다. 다윈은 인간과 동물의 무의식적인 행동도 역시 오랜 기간에 걸쳐 서서히 습득된 것으로 파악한다.

> 머리 잘린 개구리가 허벅지 위에 뿌린 염산을 닦아내는 행동은 특정한 목적의식을 갖는 조직적인 행동으로 볼 수 있다. 이러한 행위는 처음에는 자발적으로 발생되지는 않았으나, 오랜 기간에 걸쳐 습득하여 습관이 된 행동양식으로 바뀌게 되었다. 그리고 마침내 대뇌의 명령과는 상관없는 무의식적인 행동으로 변화된 것이다.[56]

하지만 다윈의 연구는 완벽하게 독창적인 것은 아니었다. 근육의 움직임과 감정과의 관계에 대한 그의 개념은 고대 그리스-로마 때부터 연극과 수사학에 적용되었고, 이후 르네상스 시기에 부활한 파토스에 대한 관상학적 표지의 연장선에 있는 것이다. 하지만 피부 가죽 위로 나타난 표정을 피부 아래 근육의 기계적 움직임으로 구체화시켰다는 점에서 다윈의 연구는 분명히 선구적이다. 매우 낙담하거나 슬퍼하고 있는 사람의 눈썹이 기울어진 모습을 하곤 한다는 사실에 대하여 다윈은 이렇게 설명한다.

19세기 대중용 관상서에 나타난 대식가(왼쪽)와 거식가의 전형적 모습.

　　병에 걸린 아들을 간호하고 있던 어머니의 얼굴 표정을 관찰한 적
이 있었는데, 이 경우에도 눈썹의 모양은 양쪽으로 기울어진 모습이
었다. 눈썹이 이러한 모양을 갖게 되는 것은 여러 가지 근육의 수축
때문이다. 즉 구근, 추미근, 그리고 코의 피라미드형 근육, 이 모두는
수축과 동시에 눈썹을 아래로 잡아당긴다. 또한 부분적으로는 앞이
마 근육의 중앙 근막이 강하게 움직이기 때문이기도 하다. 이 근육이
수축되면 눈썹의 안쪽 끝부분만을 치켜올린다. 그리고 이와 동시에
추미근도 이 부분을 잡아당기기 때문에 눈썹 안쪽 끝은 오므라들며
주름이 잡히게 된다.[57]

　　이런 고찰이 가능했던 것은 18세기 후반부터 발달한 해부학의 영향
때문이다. 따라서 고대부터 사람들 사이에 공통적으로 인지되어온 '표
정'이 이제 '근육의 움직임'이라는 생리학적 외피를 쓰고 설명될 수 있
었던 것이다.

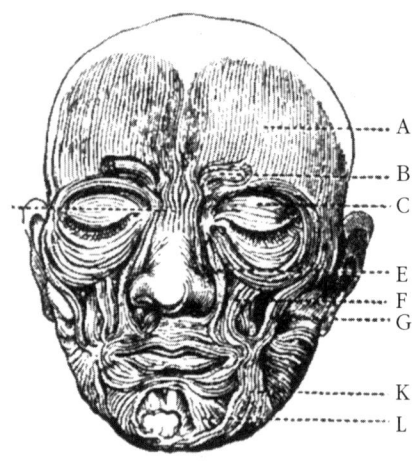

찰스 벨의 안면근육 도해도. 19세기 과학자들은 표정과 얼굴 근육 사이의 상관관계를 '과학적'으로 밝히려고 노력하였다.

궁정문화에 반기를 든 개인주의

라바터는 과학을 "진실이나 지식이 정해진 원칙에 의해 설명될 때 그것은 과학적인 것이 된다. 그것이 단어나 문장, 법칙이나 정의 등으로 전달될 때 말이다"[58]라고 정의한다. 그는 사람의 얼굴과 몸의 형태들 사이에 존재하는, 부인할 수 없는 차이점들이 특정한 성격, 표지나 표현으로 나타나는 것은 곧 관상이 과학임을 보여주는 이치나 다름없다고 생각하였다.[59]

그런데 생김새를 일종의 기호이고 표지라고 하는 주장은 또한 지극히 개인주의적인 성향을 드러내는 것이었다. 이것은 흔히 18세기에 팽배한 사회적인 언어, 에티켓과 화술과 같이 사람들이 '공유하는 겉치레'를 부정하는 것이기도 하였다. 궁정이라는 틀을 중심으로 이루어진 18세기의 공공생활은 엄격한 에티켓을 통한 반복적이고 형식적인 사인들로 가득하던 것이었다. 그 틀 속에서 사람들의 개성과 본질은 묻혀질 수밖에 없었다. 하지만 라바터의 시대에 이제 사람들의 본질은 각각 다른 것으로 존재해야 했다.

개인주의는 인간의 삶을 구성하는 일차적 요소가 사회적 집단이 아

찰스 다윈은 감정의 표현방식에서 인간과 원숭이가 매우 흡사하다고 지적한다. 그림은 실망스럽고 불만에 찬 침팬지의 표정을 그린 그림이다.

니라 개인이라는 신념에 기초한 것을 말한다. 여기서 개인은 분리할 수 없고, 서로 환원되지 않으며, 실제로 홀로 느끼고 행동하며 생각하는 인간이다.[60] 이 인간은 분리된 자의식과 이성을 지닌 주체일 뿐만 아니라 자유주의 시장의 주체이며, 민주주의적인 인본주의를 신봉하는 평등한 시민의 모습으로 발전해나가는 것이었다. 개인주의의 기원은 중세까지도 거슬러올라갈 수 있으나, 사회 전반적으로 주도적인, 호소력 있는 이데올로기로 자리잡은 것은 계몽주의 시대에 와서 많은 사상사들이 개인의식에 대하여 논지를 펼치면서부터이다.

이 개인주의가 발흥한 배경에는 분명히 아직도 굳건하게 존재하고 있던 궁정문화가 있었다. 개인주의는 궁정문화에 반기를 드는 현상으로, 궁정문화를 끊임없이 의식하면서, 일차적으로는 그 비판을 통해서 개인을 규정해나가는 것이었다. 따라서 개인은 궁정이라는 집단과 정반대의 미덕을 지녀야 했다. 여기서 곧 관상학, 계몽주의, 반(反)궁정, 정직, 솔직, 순수라는 등식이 성립한다. 따라서 정직과 감정의 새로운 표현이라는 계몽주의의 사조는 세속적이고, 특히 궁정적인 것들과 가장된 치장을 거부하는 것에서 출발했다.

그런데 라바터가 나타난 18세기는 이른바 '자연', '자연적인 것'과

'본질'이라는 의식들이 개인의식과 연결되면서 개인을 어떻게 정의할수 있는가 하는 점에서는 아직 혼란을 겪던 시기였다고 할 수 있다. 즉 사회적 존재로서의 한 사람과 완전하게 개별적인 개체로서의 개인이라는 의식이 싸우는 시대였던 것이다. 이 과정은 새로이 태어나는 개인을 수긍하면서도 과거 공동체가 가지고 있던 미덕에 대하여 아쉬움을 느끼는 것이었다. 19세기 말 『사람의 얼굴』(*Das Menschengesicht*)에서 피카르는 이렇게 말한 바 있다.

유럽에 사는 사람들은 오늘날 본질적인 공동체를 더 이상 이루지 못하고, 그저 심리적이거나 사회적인 그룹만을 만들 뿐이다. 이 그룹 속에서 얼굴들이 서로 비슷한 것은 오늘날 심리적이거나 사회적인 현상일 따름이다.[61]

이 말은 거꾸로 해석하면 얼굴이 비슷해 보인다는 것이 꼭 유사성이나 공동체의 결속력을 의미하는 것은 아니라는 것이다. 나아가 이것은 한 집단이란 비슷해 보이지만 속성상 아주 다른 것들이 필요에 의해 모여 있는 것이라는 이야기가 된다. 이런 맥락에서 라바터의 관상학은 개인주의적 특성을 강하게 반영하고 있는데, 그의 개인주의에 대한 개념은 라이프니츠의 단자론(1714)[62]에 영향을 받은 것으로 보인다. 개인은 단자(monade)의 형태를 띠는 것으로, 그것은 단일성과 유일성을 지닌 개체로서 자신의 내부에 갇혀 있는 자족적 전체이다.[63] 이것은 곧 이 세상의 어느 것도 완벽하게 똑같은 것은 없다는 사고에서 출발한다.[64]

따라서 이 세상 누구도 똑같이 생긴 사람은 없다는 것 자체가 사람들이 모두 다른 독립적인 개체라는 것을 보여준다는 것이다. 이런 측면에서 생김새가 자연의 언어라는 라바터의 주장은 일반적인 언어보다 더 궁극적인 자기를 나타내는 표지가 된다. 왜냐하면 의사소통을 위한 사람들의 언어는 그들에게 필요한 실용성 위주로 쓰이기 때문에 제한적이고, 내면을 감출 수 있지만, 생김새는 내면을 그대로 드러내기 때문이다. 따라서 라바터는 사람의 얼굴이야말로 "모든 언어 가운데 가장 아름답고, 가장 유창한 언어로, 지혜와 미덕을 드러내는 자연의 언어"라고 말한다.[65]

이런 경향은 이후 많은 관상가들에게 영향을 끼쳤고, 개인의 얼굴을 중요하게 생각하는 것이 공동체 전체의 보편적인 특성과 대비되는 근대의 한 표지로 삼게 되는 경향이 나타났다. "오늘날은 자신의 다양성이 자기에게만 귀속된다고 느끼기 때문에 그로 인해서 다른 사람과 아무런 차이도 없어진다면 자기 자신까지 잊게 되는 것이 아닐까 염려한다"[66]고 하면서 피카르는 이렇게 말하였다.

사람이 모든 관련을 상실한 오늘날, 곳곳에서 지나치게 뚜렷한 얼굴들과 마주친다……. 그리하여 탐욕스런 자는 오늘날 더욱 탐욕스러워 보이고, 심술궂은 자는 훨씬 사악해 보인다……. 전에는 공동사회의 척도에 거슬리는 것이 결코 쉬운 일이 아니었다. 개인의 얼굴은 공동사회 속에서 갇혀 통제를 받았기 때문이다. 그러나 사람의 공동체가 결여되어 있고, 개인으로 해체된 오늘날, 역시 해체된 사람에 의해 관찰된 사람의 얼굴은 해체와 개별화의 표지가 뚜렷하다.[67]

라바터의 영향을 받은 작가들은 등장인물의 캐릭터를 묘사하면서 관상을 적극적으로 동원하였다. 발자크(Honore de Balzac), 스탕달(Marie-Henri Beyle Stendhal), 디킨스(Charles Dickens), 조지 엘리엇(George Eliot) 등은 라바터의 관상학에 큰 영향을 받은 작가들이다.[68] 발자크의 소설은 특히 라바터와 그의 영향을 받은 갈(Franz Joseph Gall)의 관상학을 참조한 부분이 100군데가 넘는 것으로 나타난다.[69] 그는 관상학의 법칙이 정말로 정확하다고 찬탄하면서 "비단 사

람의 성격만 들어맞는 것이 아니라 인생의 정해진 운명까지도 알 수 있는 학문"이라고 칭찬하였다.[70]

직업에 따라 분류되는 사람의 얼굴

라바터의 관상학이 개인주의라는 당시 사회의 화두를 강하게 반영하고 있음에도 불구하고, 사람의 얼굴을 읽는다는 것이 완전히 개인적이고 개별적일 수는 없었다. 관상의 속성이 종종 집단을 나누고, 서열을 매기는 구별짓기의 기제로 쓰이기 때문이다. 이런 현상은 아직도 개인에 대한 개념이 완전히 정립되지 못했던 당시의 상황 때문이기도 했지만, 계몽사상이 만들어낸 개인이 부르주아 계급에 한정되었던 불완전한 개념이었던 한계 탓이기도 하였다. 사회의 주축이 될 만큼의 이성과 재산을 갖추었다고 여기던 집단 내에서 개인주의는 성립할 수 있어도, 그 집단을 벗어난 이상 다른 사람들은 개인이 아니라 다른 집단의 구성원으로 보일 뿐이었다는 이야기이다.

엄밀히 말하면, 이 당시는 개인을 말하기 앞서 누군가가 속한 신분과 직업에 의한 집단이 먼저 정해지고, 그 테두리 속에서 존경받을 만한 집단에서만 개인이 탄생하였던 시기였다. 따라서 관상의 영역에서도 마찬가지로 '남'을 이야기할 때 먼저 직업이나 계층을 말해주는 집단의 얼굴을 읽곤 하였던 것이다. 라바터의 관상학을 집대성한 모로는 다음과 같이 말한 바 있다.

일반적으로 직업은 이마와 눈의 상태나 코, 입의 모양에 따라 스스로 이야기되게 마련이다……. 기술적이고 경험 많은 외과의사의 경우 그의 관상은 습관적으로 윗입술을 들어올리는 경향을 짚을 수 있다. 이는 수술할 적에 그의 눈앞에서 펼쳐지는 고통에 대한 인상과 싸우고자 하는 그의 노력 탓에 생긴 습관이다.[71]

사람의 얼굴을 직업에 따라 분류한다는 것은 과거 옷차림으로 사람들을 분류하였던 전통과도 같은 관상의 강한 사회성을 반영한다. 세넷(Richard Sennett)은 18세기 파리에서 부자와 빈민을 구별하는 절대적 기준으로 옷차림을 든 바 있다.[72] 하지만 19세기에 피카르는 관상을 통해 노동자와 자본가를 구별한다. 그리고 때로는 얼굴의 변화를 통해 사회의 변화를 읽을 수도 있다.

1870년부터 1890년 사이의 노동자의 얼굴과 기업가의 얼굴을 나란히 놓고 보면, 막강한 힘 모두가 기업가의 얼굴 속에 있음을 알 수 있다. 노동자의 얼굴 속에는 그런 것이 전혀 없다. 모를 일이다. 기업가의 얼굴이 노동자의 얼굴에서 강한 힘을 모두 빼앗아 자신의 얼굴로 가져간 것일까. 아니면 노동자의 얼굴이 자진해서 그 막강한 힘에 굴복하여 그것을 모아서 기업가의 얼굴 속으로 가져간 탓일까?

약 1890년부터 노동자의 얼굴이 달라졌다. 힘이 강해진 것이다. 그러나 기업가의 얼굴처럼 무턱대고 강해진 것은 아니다. 노동자의 얼굴은 점차적이라는 것뿐만 아니라, 기업가들이 권세를 제대로 조절하지 못한다는 점에서도 구별된다.[73]

라바터가 그린 괴테의 실루엣.
괴테와 라바터는 절친한 우정을 과시하였으나, 나중에 괴테는 라바터를 사기꾼이라고 비난하였다.

라바터의 관상학에 나타난 지나친 일반화는 많은 비판을 불러일으켰으며, 나중에는 절친한 친구였던 괴테마저도 그를 사이비라고 비판하기도 하였다. 괴테는 라바터의 관상학이, "엉터리 이야기를 진실화하기 위해 전력을 기울이고, 텅 빈 어린이의 두뇌의 감성을 신성화하려고 애쓴다면……그것은 분명 자연의 심오함을 더 자세히 밝히려는 모든 것을 혐오하는 것"[74)]이라고 비난했다.

하지만 괴테 스스로도 이탈리아 여행 내내 아름다운 조각상의 두개골을 주의 깊게 관찰하였다. 그 또한 성 루카 미술원에 있는 라파엘로의 두개골에서 "갈(Gall)의 학설에서 그다지도 다양한 의미를 갖게 되었던 융기와 혹, 돌기 등의 흔적"을 찾아보고자 했던 것이다.[75)]

라바터를 비난한 괴테가 갈의 이야기를 한다는 것은 매우 시사적이다. 라바터의 죽음과 함께 그의 열풍은 사그라졌지만, 그 자리에 갈의 골상학이 들어선 것을 마치 암시하고 있는 듯하기 때문이다. 19세기에 선풍을 일으키게 된 골상학은 사실 라바터 관상학의 연장선에 놓인 것이었다. 특히 라바터가 관상의 주요 대상을 얼굴, 특히 두상으로 설정함으로써 두상을 주로 고찰하는 골상학이 등장할 수 있는 토대를 마련한 셈이다.

19세기의 골상학

1791년 갈(Gall)이라는 빈의 저명한 의사가 뇌와 성격이 직접적인 관계가 있다는 개념에 기초한 골상학[76)]을 제창하였다. 이 이론은 크게 다음과 같은 가정 아래 이루어진 것이었다.

첫째, 뇌는 정신을 담고 있는 기관이다.

둘째, 뇌는 단일한 개체가 아니라, 정신적 기관들의 집합이다.

셋째, 이 정신적 기관과 신체적 능력은 구체적인 기능을 맡고 있다.

넷째, 다른 요건이 동일한 경우, 정신적 기관들 가운데 어느 하나의 상대적 크기는 그 기관의 힘의 정도를 나타낸다.

다섯째, 유아 발달기에 뇌를 덮고 있는 두개골이 경화되므로, 표면적인 두개골 측정은 두뇌의 능력이라는 내적 상태를 알아보는 데 이용될 수 있다.

이 가운데 널리 알려진 개념은 마지막의 것이었는데, 19세기 초반 유럽과 미국, 심지어 오스트레일리아 등 서구사회[77)]에 큰 반향을 불러일으켰다. 특히 갈의 제자였던 슈푸르차임(J. G. Spurzheim)이 골상학을 열렬하게 선전하면서 대중적으로 전파되었다.

슈푸르차임은 미국과 유럽 방방곡곡을 순회하면서 많은 청중들에게

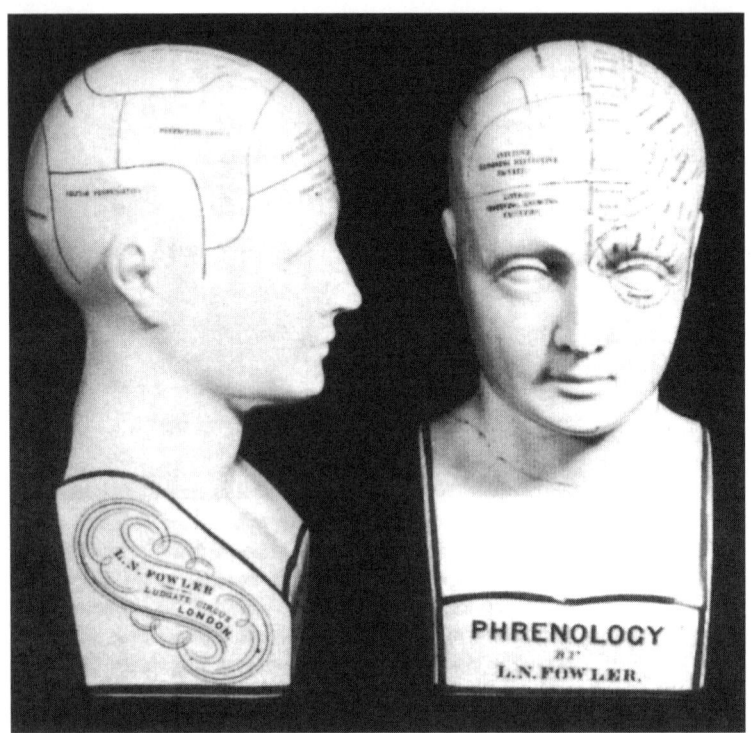

골상학의 흉상들.

강연을 하였다. 1832년 하버드 의대 교수진들에게 일련의 강의를 한 후 얼마 되지 않아 슈푸르차임은 갑작스럽게 과로로 쓰러졌고, 그의 장례식은 일종의 국가 행사가 되었다. 슈푸르차임 사후 스코틀랜드의 변호사인 콤(George Combe)이 그 활동을 계승하였다.

1830년대 후반 포(Edgar Allan Poe)는 "이제 아무도 골상학을 비웃지 않는다. 상식을 가진 사람이라면 누구도 골상학을 비웃지 않는 것이다. 골상학은 과학의 황제로 간주된다. 그리고 과학으로서, 골상학은 사고하는 존재에 대한 관심과 연관지어볼 때 가장 중요한 과학이다"[78]라고 말하였다. 1830년대 중반 런던을 방문한 사람들은 "팔기 위해 전시한 골상학 흉상이나 두개골 상과 마주치지 않고는 걸어다닐 수가 없을 정도"라고 말하고 있다.[79]

정신은 두뇌에 있다

골상학자들은 골상학의 기원을 아리스토텔레스류의 관상학에서 찾는다. 열렬한 골상학자인 콤은 아리스토텔레스가 비록 두개골의 종류를 세 가지밖에 들지 않았지만, 그 세 가지가 골상학과 정확하게 일치한다고 강조하였다. "머리가 큰 사람은 마치 개처럼 총명하다. 머리가 작은 사람은 마치 당나귀처럼 미련하다. 머리가 원추형인 사람은 발톱이 굽은 새처럼 수치심이 없다."[80] 그러나 골상학은 두상을 강조하고 있는 측면에서 라바터의 관상학을 직접적으로 계승하고 있는 측면이 강했다고 보는 것이 옳다.

하지만 골상학은 라바터의 관상학보다 훨씬 더 구체적이고 과학적인 것처럼 보였다. 기존 관상학이 얼굴과 몸의 외형적 모습을 통해 성격을 추론하였다면, 갈의 골상학은 두상 특히 두개골의 부분부분을 인간의 구체적인 기질과 성향으로 연결시키기 때문이었다. 관상학의 고찰 대상이 얼굴 모습으로부터 두개골로 초점이 이동된 것은 당시 사회의 지적 경향과 관계가 있을 것이다.

18세기 후반부터 뇌와 행동, 특히 사회적 행동 사이의 관계를 규명하고자 하는 노력이 대두하였기 때문이었다. 따라서 당시 지식인들에게 골상학이 깊이 어필하였던 이유는, 당시 쏟아져 나오던 골상학 문헌들에서 강조하는 "정신에 대한 미스테리를 풀어주었다"는 측면이었다. 골상학은 정신이 정확히 어디에 위치하고 있는가 하는 오랜 의문에 대하여 좀더 분명한 탐구 영역을 제시하는 것으로 보였다.[81] 아리스토텔레스는 정신이 심장에, 플라톤과 갈레노스는 뇌에 있다고 믿었고, 데카르트는 뇌를 정신과는 독립된 일종의 기계로 파악하였다. 그러나 18세기 의사들을 중심으로 데카르트에 반박하며 뇌와 마음이 연관되어 있다는 개념이 퍼져나갔던 것이다.

또한 이 시기 신경학자들은 두뇌가 본질적으로 단일한 구성체라는

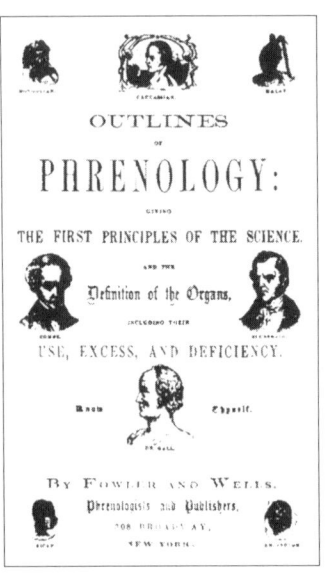

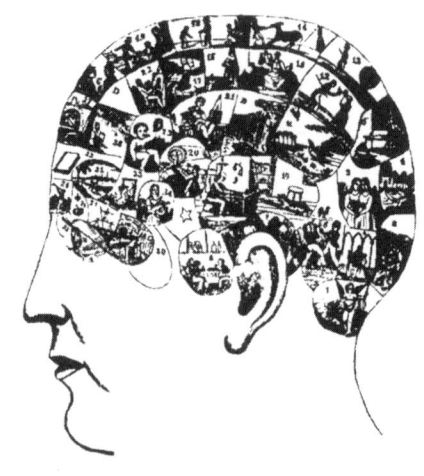

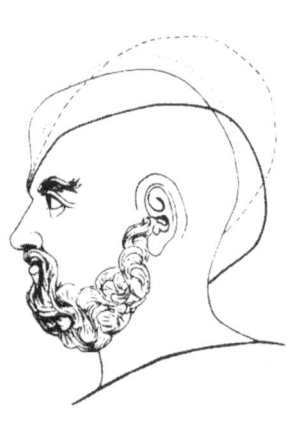

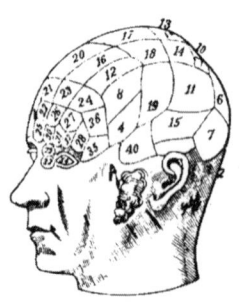
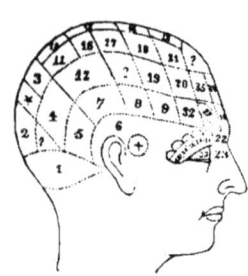
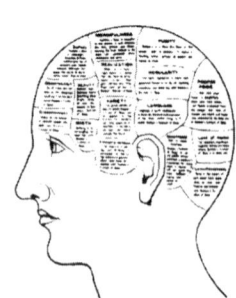

골상학은 개인의 성격을 파악할 뿐만 아니라, 배우자를 고르거나 범죄인을 가려내는 척도로 사용되기도 하였다.

두개골을 측정하는 골상학자를 풍자한 그림.

시각과 두뇌 자체가 각기 다른 기능을 하는 부분들의 조합이라는 두 가지 시각으로 나뉘어 활발한 논쟁을 하고 있었다. 골상학은 여기서 후자를 대표하는 것으로, 다음과 같은 논리에 의해 뒷받침되었다.

부분적으로만 바보이거나 가끔만 미치는 사람은 두뇌가 단일한 구성체라는 원칙에 전적으로 위배된다. 어떤 바보들은 지적인 면은 조금도 없지만 아주 강한 도덕심을 갖고 있다. 대개의 경우에 다른 모든 것에서 완전히 바보라 할지라도 시간 개념이나, 음조 또는 계산에 뛰어난 사람도 있다. 두뇌가 단일한 구성체라면 이런 현상이 어떻게 일어나겠는가?[82]

따라서 뇌가 모든 정신 기능의 소재지라고 주장하는 갈의 이론은 이런 논쟁들의 결정체로, 이후 수십 년 동안 뇌 연구의 지침이 된다. 또한 뇌를 여러 부분으로 구분한 갈의 가설은 비록 많은 오류들이 발견되었음에도 불구하고, 뇌의 각 부위가 담당하는 독자적 기능을 밝혔다는 점에서 지대한 영향을 끼쳤다.

골상학의 원리가 되는 의학

갈은 두뇌에 인간의 신체적, 감정적, 지적 기능에 상응하는 스물일곱 개의 독립 기관이 존재한다고 주장하였는데, 이후 골상학자들의 계속된 발견에 힘입어 기관의 수는 서른다섯 개, 또는 서른일곱 개까지 늘어나게 되었다. 이 기관들의 정신적 기능은 크게 정서적 기능과 지적 기능으로 나뉜다.[83] 예를 들어 머리 뒷부분 아래쪽의 융기는 '호색성'을 의미하고, 지적 능력에 해당하는 '인과관계'에 대한 기능은 이마의 윗부분에 위치한 것이라고 하였다.

이처럼 '과학'을 표방하고 있었기 때문에, 19세기 초반에 골상학을 가장 강렬히 지지한 분야는 의학 분야였다. 이는 영국의 경우 1840년까지 최소 28개 이상 발족된 골상학회에서 3분의 2가 넘는 회원이 의학계에 몸담고 있었던 사실로 증명될 수 있다.[84] 미국에서도 마찬가지로 유수의 의과대학에서 골상학을 가르쳤다. 의사들은 또한 정교한 골상 측정기계를 발명하기도 하였다.

그러나 골상학은 시작부터 신빙성에 대한 비판의 소리도 만만치 않았다. 이미 1802년부터 의학잡지에는 골상학이 "망상적이다"라는 비난이 실리기 시작하였다. 벤덤(J. Bentham)은 언젠가 골상학을 일컬어 "미친 자들의 꿈"이라고 불렀다.[85] 그러나 이처럼 비판이 널리 제기되었다는 것 자체는 그만큼 골상학이 유행처럼 번지고 있었다는 것을 반증하는 것이기도 하다. 사람들의 관심을 지속적으로 붙잡아둘 정도로, 이 학문은 진위와 관계없이 호소력을 지니고 있었던 셈이다.

실제로 정통과학 쪽에서도 골상학을 지지하는 논문들이 계속 쏟아져 나왔고, 당대의 지성들 가운데 골상학을 신봉한 사람들의 수는 헤아릴

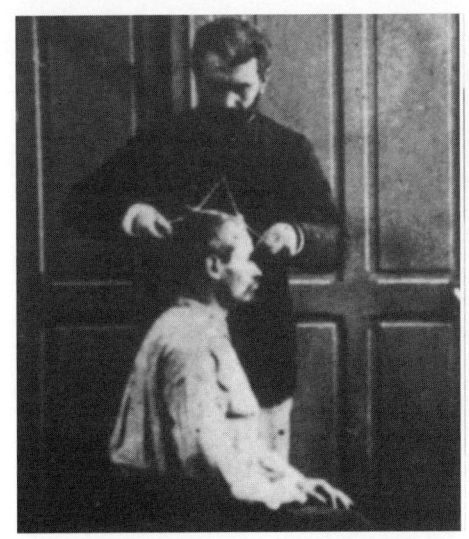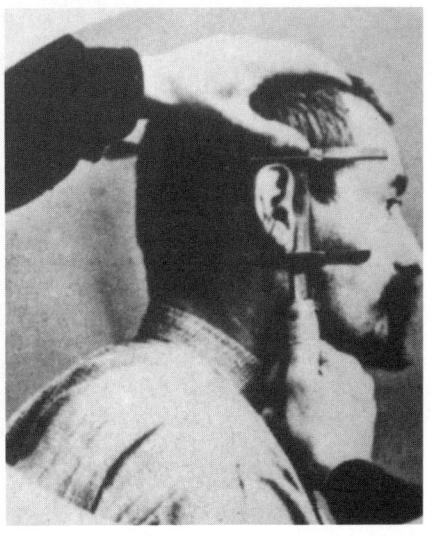

골상학은 지문이 발견되기 전까지 가장 광범위하게 사용되던 범죄자 식별법이기도 하였다.

수 없을 정도로 많았다. 스펜서(Herbert Spencer), 체임버(Robert Chambers), 월리스(Alfred Wallace), 헌트(James Hunt) 등의 사상에서도 골상학의 영향을 발견할 수 있다. 또한 쿨리지(Samuel Coleridge), 밀(John Stuart Mill), 마르티노(Harriet Martineau), 콩트(Auguste Comte), 생시몽(Henri de Saint Simon) 등도 골상학을 지지하였던 사람들이다. 문학 분야에서는 샬럿 브론테(Charlotte Bronte), 위고(Victor Hugo), 조지 엘리엇, 포, 휘트먼(Walt Whitman), 호손(Nathaniel Hawthorne), 멜빌(Herman Melville) 등 당시 문화계의 중심을 이루던 대부분의 사람들이 골상학을 배웠거나 언급하고 있다.[86]

부르주아 개혁과 골상학

1840년대가 되면 골상학은 잡지를 구독하는 지식인뿐만 아니라 공장의 노동자에게까지도 널리 전파되었다. 특히 콤은 1832년부터 골상학의 이론을 통해 노동자를 계몽시키거나, 광인, 범죄자와 아동들을 교화시키는 활동을 활발히 전개하였다. 이것은 그 이전까지 '유용한 지식'이라는 차원에서 인식되던 골상학이 본격적인 개혁 프로그램의 일환으로 커다란 방향 전환을 한 것을 의미하는 것이다.[87]

이런 확산을 주도한 자들은 중산층 부르주아들이었다. 이들이야말로 골상학을 통해 그들의 이데올로기를 숙련공들에게 주입시킬 수 있었던 것으로 보인다.[88] 이 운동에서 골상학은 일종의 자유주의적 개혁의 한 프로그램으로, "단지 덩치만 클 뿐 어린아이와 마찬가지인," "난폭하고 무식한" 노동자들을 계도할 수 있는 한 방법으로 제시되었다.[89] 콤은 이렇게 말한다.

> 만약 우리가 기계공들에게서 도덕적 요소를 개발하고자 한다면, 그들의 열등한 능력들은 그 부분에 해당하는 뇌의 에너지를 증진시킴으로써 조절될 수 있다. 만약 우리가 그들의 지식과 사고능력을 개발한다면, 우리는 그들에게 고차원의 본성을 만족시켜줄 수 있는 가능성들을 열어주는 것이고, 실제로 사용될 수 있는 힘을 증가시키는 것이다. 또한 목적을 위해 수단을 적용할 수 있는 능력을 갖추게 하는 것이다. 이런 것들은 단지 개인으로서 그들에게 도움이 될 뿐만 아니라, 사회 구성원으로서 그들을 더 유용한 사람으로 만드는 것이다.[90]

이런 개혁사상들은 손쉽게 배울 수 있는 책자와 강연을 통해 퍼져나갔다. 콤을 초청하여 뉴욕에서 강연을 열었던 골상학 신봉자들은 골상학의 의미를 이렇게 정리한다. "골상학은 인간의 도덕성과 지성을 보는 새로운 시각을 열어주었다. 그리고 자연의 신비 가운데 최고로 숭고한 '사고'라는 것의 미스테리를 풀어준다. 그것은 또한 어린이의 훈육을 가르친다. 지식을 증대시키고, 인성을 고양시키며 열정을 순화시키는 데 훈육의 지침이 된다."

그리하여 이 학문의 실제적인 적용이란 "체육, 도덕적·지적 교육, 광인의 치료, 범죄자 입법 등 실제성에서 가장 중요한 활동"으로 연결되는 것이었다.[91] 1830년대에 이르면, 골상학이 부르주아적 개혁과 관련된 가장 대표적인 학문이라고까지 평가받았다. 1831년『이그재미너』(*Examiner*)지는 이렇게 보도하였다.

따라서 현재 골상학자들이야말로 사회를 진보라는 방향으로 다잡아가기 위한 가장 강력한 주창자로 대두되었다……. 힘과 지식에서 현재의 불평등하고 부적절한 배분을 혐오하는 이들 모두가 그들(골상학자)에게 빚을 지고 있음을 느껴야만 한다……. 만약 골상학이 그 자체의 함의들을 공고히 하고 전파해나간다면, 골상학 자체는 결코 나쁜 것일 수 없다.[92]

골상학 강연회는 미국 대륙과 유럽 대륙 양쪽 모두에서 활발히 개최되었다. 영국의 경우, 1825년과 1845년 사이에 적어도 200회가 넘는 강연들이 개최되었던 것으로 알려지고 있다.[93] 강연회는 대중적 성격을 강하게 띠고 있었고, 연사들 또한 다양한 계층에서 배출되었다.

골상학회에서 강연을 하기 위해서는 사실 전문지식이나 허가증 또는 면허 따위가 필요치 않았다. 많은 연사들이 중·하위 계층의 직업인들이었으며, 이들은 숙련공들의 개혁운동을 이끌던 사람들이었다. 또한 판사, 정신병원 간수장, 내과의사 등 골상학의 실제 응용과 관계 깊은 직업군들도 골상학회와 강연회를 통해 활발한 활동을 펼쳤다.[94] 미국으로 건너간 골상학은 상업성이 강하게 가미되었는데, 주요 도시마다 이른바 '골상학소'가 문을 열었다. 강연과 책자들이 홍수를 이루었고, 심지어 구직 과정에서 면접을 볼 때 골상학 차트를 면접위원에게 제출해야 되는 경우도 있었다.

골상학이 대중적으로 어필할 수 있었던 가장 큰 이유는, 인간의 본성을 일목요연하게 '정리된 체계'로 설명한다는 점에서 찾을 수 있다. 이것은 난해한 학문적 지식을 필요로 하지 않는, 매우 쉽고 단순한 체계였다. 더구나 이것은 범죄나 광기와 같은, 설명할 수 없는 현상에 대해서도, 두뇌의 융기라는 간편한 방법으로 그 성향을 집어내어 설명하였던 것이다. 예를 들어 두개골에서 '비밀스러움'이 발달한 사람은 다음과 같은 특징이 있는데, 그 내용은 결국 고대 관상학에서 찾아볼 수 있는 환관이나 배덕자의 모습에 대한 묘사의 반복일 뿐이다.

얼굴은 코의 넓이가 넓다는 특징이 있다. 자연스럽게 나타나는 외형적 언어로는 단추를 턱까지 채우고, 넥타이도 높이 맨다. 여자인 경우는 목을 꽁꽁 감추는 옷을 입는다. 이런 여성의 전형은 살인자 켄트(Constance Emily Kent)이다. 눈을 양 끝까지 굴리고, 목소리가 낮으며 어깨는 귀까지 올라가곤 한다. 그리고 발걸음은 부드럽고 미끄러지는 듯하다.[95]

골상학은 또한 실제적인 해결책을 제시한다는 실용적인 측면도 가지고 있었다. 사람의 자질 가운데 어떤 부분이 부족하다고 판단되면 그 부분을 계속 강화시키면 되기 때문이다. 골상학의 이런 속성들은 무언가 변화해간다고 믿던 이른바 '진보의 시대'에 살던 사람들에게 스스로 무언가를 변화시킬 수 있다는 가설 자체만으로도 매우 강하게 어필하였을 것이다. 예를 들어 두개골에서 자긍심을 관장하는 부분이 발달되지 않은 사람에게는 자신에게서 가장 큰 장점을 떠올리며 "나는 남자다"라고 자꾸 외치라는 것과 같은 해결책이었다.[96] 그러면 그 부분이 강해진다는 것이었다.

1826년에 이미 이 학문의 인기는 "골상학에 대한 열광이 마치 흑사병처럼 번지고 있다……. 부엌에서 다락까지 사회의 모든 계급을 휩쓸면서 말이다"[97]라고 묘사되었다. 따라서 골상학은 19세기를 이해하는 하나의 문화적인 뉘앙스로 보아야 한다.[98] 특히 골상학이 쇠퇴할 때에도 최후까지 이 전통을 고수한 이들이 노동자 계층이었다는 것은 주목할 만한 사실이다. 이는 이 학문이 새로운 과학적 발견 등에 의해 빠른 변화를 경험하는 사회 상층부의 지적 흐름이 아닌 19세기의 문화적 뉘앙스로, 이미 대중 문화의 한 요소로 생활 속에 녹아들어가 있었다는 것을 의미하기 때문이다.

여성운동을 일으킨 골상학

골상학에서 민주주의적 요소를 발견하는 19세기의 사람들은 극단적으로, "골상학은 모든 사람이 평등하다고 선언한 것"이라고 말한다.[99] 이것은 모든 사람이 동일한 구조의 두뇌를 갖고 태어난다는 골상학의 기본 원칙이 인간의 평등성을 뒷받침한다는 것이다.

물론, 이것은 모든 사람이 능력이나 자질에서 완전히 평등하다는 것을 의미하는 것은 아니다. 선천적으로 얼마나 잠재성을 갖고 태어났는가, 또는 일생 동안 자질들이 얼마나 잘 개발될 수 있는가 하는 변수가 있기 때문이다. 그럼에도 불구하고, 골상학과 연계하여 인간의 평등성을 주장하는 이들에게 이런 차이란 기존의 신분 질서와는 관계없는 종류의—어찌 보면 소소한—차이들이고, 또한 그 차이들은 얼마든지 개선될 수 있었다.

따라서 아직 신분적 위계질서가 분명한 사회에서, 골상학은 대단히 민주적인 이념을 깔고 있는 것처럼 보였을 것이다. 그래서 골상학은 "인간에게 진정한 '차이'를 설명하는 유일한 과학"이라고까지 불렸다.[100]

이 과학(골상학)은 두뇌 구조라는 측면에서 사람들 사이에 불평등이 존재한다는 것은 부정하지 않는다……. 그러나 그럼에도 불구하고 사람들 각자는 인간에게만 있는 고유한 정신적 기능과 감정들을 모두가 소유하고 있다……. 골상학자가 주장하는 것은 바로, 그 어떤 사람도 다른 사람이 갖지 않은 정신적 기능을 가질 수는 없다는 것이다. 즉 '정도'(degree)의 차이가 있다는 것은 인정하나, '종류'의 차이는 없다는 것이다.[101]

이러한 맥락에서 여권운동가들은 골상학을 여성평등권을 뒷받침하는 든든한 과학적 근거로 삼곤 하였다. 기존 역사학 연구들 역시 대중적으로 널리 전파된 이 학문이 19세기의 여성운동, 즉 의복개혁, 건강 문제, 고용확대, 동일임금제, 참정권 등 개혁운동에 직접적인 영향을 미친 것으로 파악한다.[102]

실제로 골상학을 이용하여 여성의 지위 향상을 위한 선구적인 노력을 기울인 사람들을 많이 찾아볼 수 있다. 미국 골상학의 구심점이었던 파울러(the Fowlers) 가문의 리디아 파울러(Lydia Folger Fowler)는 로체스터 대학의 교수직을 역임하면서 골상학 강연 여행을 통해 여성의 질병, 출산, 위생 등을 계몽하는 활동을 활발하게 전개한 최초의 여성 의사 가운데 한 명이었다.[103] 골상학 잡지에서는 여성문제를 둘러싼 급진적인 개혁안들이 많이 논의되었는데, 특히 여성들의 의학 분야 진출을 지지하는 활발한 활동을 펼치기도 하였다.[104]

골상학은 우선, 여성들의 삶에 지대한 영역을 차지하고 있는 결혼과 성이라는 문제를 드러내어 논의하는 매우 혁신적인 프로그램을 만들어 냈다. 사촌 간의 결혼을 피하라는 것이나, 결혼 전에 상대방의 유전적 질병 유무를 살피라는 내용, 또는 첫사랑과 결혼하라는 내용 등이 설파되었다. 부부간의 성생활의 최대 만족을 위해서는 정신적 사랑과 욕정이 병행되어야 한다는 내용도 들어 있었다.

정신적 사랑이 없는 욕정만에 의한 결합은 "두뇌의 일부분의 활동만으로 이루어지므로 상대적으로 적은 만족밖에 줄 수 없다"[105]는 것이 골상학을 통한 설명이었다. 가족계획의 필요성도 제기되었는데, 교육시킬 능력이 없으면서도 아이를 계속 낳는다는 것은 도덕적인 죄로 간주되었다.[106] 이 맥락에서 구체적인 피임법과 같은 주제를 다루는 교육이 시행되었다.[107]

당시 경직된 사회 분위기에 비추어 볼 때 결혼상담과 우생학을 주축으로 이루어진 이 교육활동은 공공장소에서 성에 대하여 이야기한다는, 일종의 파격을 의미하는 것이었다. 그러나 그 호응은 매우 컸다. 사랑에 관한 매뉴얼들이 쏟아져 나왔고, 특히 배우자를 고르는 법에 대한 골상학 지침서는 큰 관심을 불러일으켰다.

1841년에 필라델피아에서 출판된 오슨 파울러(Orson Fowler)의 『골상학적 결혼상대 찾기』와 『행복한 결혼생활 매뉴얼』의 경우 초판 5천 부는 세 달 만에, 재판 1만 부는 네 달 만에 바닥이 났다.[108] 골상학자들은 이 학문이 결혼생활의 문제점들을 해결하는 데 아주 효율적이라고 홍보하였다. 1849년 『미국 골상학 저널』(*American Phrenological Journal*)은 다음과 같이 보고했다.

잘못된 결혼에서, 또는 적대적 기질들을 조절하지 못하여 싸우거나 별거 중인 남편과 아내들이, 골상을 측정받고 조언을 얻은 후 그대로 실행하여 이제 가정의 화목함을 다시 누리고 있다……. 이번엔 젊은 남자들과 홀아비들을 대동하고서 그들 신부감들의 두상을 측정하기 위해 산을 넘고 폭풍우 속에서 먼 길을 달려왔다……. 남편과 아내들은 이제 그들의 결혼생활의 습관을 조절하기 시작하였고, 싸움을 멈추게 되었다……. 바로 골상학의 도움으로 말이다.[109]

또한 골상학적 개혁은 웰스(the Wells) 가문으로 대표되는 '건강개혁'(health reform)의 한 축을 이루는 것이었다. 특히 골상학 잡지는 새로운 과학적 담론들에 지대한 관심을 보이며 생리학적 이론들을 대중적으로 전파시키는 데 일조하였다.[110] 채식주의 운동을 펼치는 한편,

술, 담배, 차와 커피 등의 남용을 반대하며 건강을 위하여 원천적으로 금하자는 캠페인을 펼치기도 하였다.

또한 '적합한 옷'에 대한 담론을 통해 여성의 신체를 억압하는 옷에서 벗어나 편안한 옷차림과 블루머(bloomer)라 불리는 반바지를 보급시키는 데 결정적인 역할을 하기도 하였다. 골상학자들이 주장하기를, 꼭 끼는 구두와 벨트처럼 몸을 조이는 옷차림은 결국 "몸과 연결된 정신에도 직접 영향을 미쳐서 활력의 기관들을 위축시키고 오직 정신적 기관들만이 활동하게 한다"고 하였다.[111]

여성들의 신체에 대하여 논한다는 것 자체가 상스러운 것으로 여겨질 정도의 당시 사회 분위기에서 골상학 논문들은 여성의 속옷, 특히 코르셋을 반대하는 주장들을 펼쳤다. 심지어 "자연스러운 허리가 아니면 아내로 맞지 말라"는 주장으로 캠페인을 벌이기도 하였다.[112] 또한 골상학 강연 등은 여성의 질병에 대한 홍보의 장이었으며, 여기서 니콜스(Mary Gove Nichols)나 스미스(Mrs. E. Oakes Smith) 등은 당시 금기시되었던 여성 시체 해부의 필요성을 외치면서 여성해방을 주장하였다.

남성과 여성의 골상

그러나 진정 골상학이 여성의 평등권을 뒷받침하는 이론이었는가는 다시 한 번 검토해보아야 할 문제이다. 사실 이 당시 대중들에게 보급되었던 골상학 담론은 '평등'을 암시하기보다는 그렇지 않은 경우가 더욱 많았다. 여성평등권을 주장하며 활발한 활동을 펼쳤던 로렌조 파울러(Lorenzo Fowler)가 이른바 '여성의 지위향상을 위해' 펼치는 이야기조차 다시 한 번 자세히 살펴보아야만 하는 부분이다.

골상학적으로 여성은 인정받고 싶은 마음(approbativeness)의 기관과 자비심(benevolence)의 기관이 크다. 이 둘은 다른 사람을 기쁘게 해주고 싶어하는 자질이다……. 따라서 여성은 가게나 문방구, 서점과 같이 물건을 팔거나, 재산을 돌보거나, 의상을 만들거나, 그림을 그리거나 조각하고, 법률문서를 베껴 쓰고, 시를 짓거나 타이프를 작성하고 배포하고, 노래하고, 가르치고, 손님들을 즐겁게 하고 여성들과 아이들을 잘 돌보아 낫게 하고, 병자를 간호하며 집과 가족을 돌보는 일에 소질이 있다. 존경심(veneration)의 기관이 크고 호전성(combativeness)과 파괴성(destructiveness)의 기관이 잘 발달되지 않은 관계로 여성은 남성을 보호자로 우러러본다.[113]

여기서 사람이 모두 동일한 구조의 두뇌를 갖고 있지만, 여성과 남성의 두뇌는 성격과 역할을 규정하는 '실제적 자질'이라는 내용물에서 분명 다르다는 개념을 볼 수 있다. 앞서 이야기한, 이른바 진정한 '차이'라는 개인 간의 잠재력의 차이가 아닌, 획일적 구분이 두 성별에 적용되고 있는 것이다. 고대 그리스 이후 관상학은 끊임없이 남성과 여성의 대립적 모습을 조형해왔고, 갈의 골상학 역시 그 발판 위에 있었다.

그런데 과거 관상학은 철저히 남성 위주로 씌어졌지만, 골상학이 구체적으로 여성을 다루고 있다는 점은 주목하여야 한다. 이것은 18세기 후반부터 두드러지는 인체에 대한 담론의 증가와 관계가 있다. 이른바 계몽사상의 부산물로 평등권이라는 문제가 논의되면서 인간의 신체에 대한 과학적 담론들이 폭증하였다. 이런 과정에서 사람이 진정하게 평등한가 하는 문제가 사람의 몸도 모두 같은 구조를 하고 있는가 하는 관심으로 이어진 것이었다.

특히 프랑스 혁명 전후로 급진적 자유주의의 움직임 속에서 남성과 여성의 동등한 권리에 대한 문제가 제기되자, 프랑스 혁명의 남성 리더들은 여성이 공적 영역에 참여하는 것을 막고자 그들의 연약한 신체조건을 내세웠다. 따라서 상대적으로 이른바 활동에 적합한 신체를 부여

받은 남성들만이 공적 영역에 적합한 존재들로 설정되고, 여성들은 가정이라는 사적 영역에 묶이게 되는 결과를 가져오게 된다.[114]

학자들은 이 경향을 계몽사상이 여성과 남성의 관계를 설정하면서 몸을 중요한 기제로 사용하게 된 현상이라고 분석한다. 그리하여 래커(Thomas Laqueur)가 지적하였듯이, "육체가 모든 정치적 담론의 중심에 놓이게"[115] 되었다. 그리하여 남성과는 아주 다른 여성의 몸에 대한 정교한 탐구가 진행되었다.

우선, 여성은 생물학적 준거에 의거하여 열등성이 정당화되어야 했다. 해부학의 진보를 빌려 의사들은 여성들의 뼈대가 남성들보다 작고 약하다는 것을 강조하였다. 두개골의 크기가 작은 것, 골반이 상대적으로 넓은 것들은 여성을 지적 영역에 적합치 않은 존재로 추락시킨다. 이른바 '과학적' 담론에 의해 여성의 열등성이 객관적 사실로 확립되었다.

골상학에서는 우선 두뇌의 용량에서 여성과 남성의 사이에 차이가 존재한다는 사실을 강조했다.[116] 여성의 두뇌는 남성보다 가벼운데, 훌륭한 사람의 두뇌는 종종 매우 무겁다는 것이 그것이다. 이런 맥락에서는 두개골의 크기가 지성을 측정하는 객관적인 기준이 된다.

그런데 두개골의 크기에 천착하는 것은 결국, 지성을 선천적인 것으로 묶어둠으로써, 교육에 의해 누구나 진보할 수 있다는 골상학자들의 주장과 정면으로 충돌하는 것이다. 이는 골상학 자체가 학자들의 주장과는 달리, 오히려 보수적이고 체제 수호적인 측면을 강하게 갖고 있다는 것을 단적으로 보여준다고 할 수 있다.

실제로 같은 똑같은 환경을 부여하더라도 극단적으로 다른 성격을 나타내는 경우를 보고, 기질이란 것은 타고나는 것이라는 나름대로의 분석에 기초하여 골상학을 고안한 것이었다. 따라서 골상학의 원칙 가운데 가장 우선하는 것은, "인간의 정신적 능력은 타고나는 것이고, 재능이나 성향은 관찰에 의해 발견될 수 있다……. 이것이 명백히 유전적인 측면을 강조하는 것이다"라는 부분이다.[117]

골상학의 이런 측면은 래커가 주장하였듯이, "현대의 생물학적인 결정론에 버금가는 것"[118]처럼 보이기까지 한다. 헤겔은 다음과 같이 말한다.

여성은 교육을 받을 능력은 있으나 더 고급한 학문에는 적합하지 않다. 철학과 예술 분야, 이들은 모두 보편적인 자질을 필요로 한다. 여성은 아마도 재치, 취향, 그리고 우아함을 가지고 있을지는 모르나 이상을 품을 수는 없다……. 여성은 자신들의 행동을 보편성의 요구에 따라 조절하지 않고 변덕스러운 기호나 의견에 따른다……. 그들은 객관성이 아닌 주관성의 명령에 따르는 것이다.[119]

여성의 본질

이제 의학과 생물학은 여성이 남성과 다르고, 나아가 열등하다는 것을 '자연의 섭리'로 객관화시키는 작업을 맡았다. 여성의 몸은 이 이분법적 성의 장치 속에서 출산과 육아에 적합한 신체임이 강조된다. 출산과 육아가 자연이 부여한 여성의 역할이라는 것은, 여성의 공적 영역 참여를 막는 가장 강력하고 설득력 있는 근거가 될 수 있었다.

골상학 역시 여성을 출산과 육아라는 영역과 밀접하게 연결시킨다. 갈은 두뇌에서 '아이를 좋아하는 성향'이라는 특별한 기관을 상정하였다. 뒷머리의 아래쪽에 위치하였다고 주장되는 이 특별한 기관은 발견의 계기부터가 남녀의 구분이라는 분명한 틀에서 출발하는 것이었다. "갈은 여성은 후두골의 윗부분이 남성보다 더 내려앉아서, 그 아래에 있는 뇌에 분명 남성보다 여성에게 더욱 강한 어떤 자질이 있다고 당연히 추론하였다."[120] 나아가 갈은 이 부분이 "어떤 우월한 지적 능력이나 도덕적 자질과 직결되는 부분은 아니라고 확신하였다."[121]

이 추론 과정은 전형적인 남성 위주의 내러티브이다. 두개골의 이 특정한 부분은 여성의 경우 남성보다 훨씬 크다—남성보다 여성에게 훨씬 더 많은 것은 무엇일까?—그것은 모성이다—이 모성은 지적, 도덕적 자질과는 관계가 없다. 즉 이미 '아이를 좋아하는 성향'을 여성적인 자질로 가정하고 시작하는 셈이다.

그런데 '아이를 좋아하는 성향', 여기서는 이른바 '모성'이라 불릴 수 있는 이 성향은 우등한 자질에 속하지 않는 것이다. 따라서 이 자질을 독점적으로 많이 갖고 있다는 것은 여성이란 존재의 열등성으로 연결될 수 있다. "갈은 결국, 원숭이의 두뇌에서 이 특별한 부분이 여자들의 그것과 놀랄 만큼 비슷하게 발달되어 있다는 것을 발견하였다……. 이것은 여성과 동물들이 상당한 정도로 동일하게 갖고 있는 자질이다."[122]

이러한 골상학의 담론은 19세기 서구사회에 만연하였던 지상의 존재들에 대한 위계질서의 개념을 그대로 투영하는 것이다. 백인 남성을 가장 높은 위치에 두고 여성, 동물, 그리고 흔히 원시인(primitive)이라 불리는 이민족들은 상대적으로 열등한 군(群)을 이룬다. "여기 니그로(흑인)의 두개골과 스코틀랜드의 고지 사람들의 두개골이 있다. 또 이것은 빈센트(St. Vincent) 섬에서 가져온 카리브 사람(서인도 제도의 토인)들의 두개골이다. 이 얼마나 자식을 사랑하는 모성의 기관이 발달되어 있는가!"[123]

한편 '아이를 좋아하는 성향'이 열등한 성향임에도, 그런 모성을 발휘하는 여성의 모습이 아름답고 숭고하게 그려진다는 것은 남성적 담론에 내재한 긴장을 말해준다. 왜냐하면 이러한 기질 자체가 '지적으로, 도덕적으로 우월한' 것은 아니었기 때문이다.

따라서 골상학 담론은 이 독특한 자질 자체가 그다지 숭고한 것은 아니라는 것을 보여주어야만 하는 압력 속에 놓이게 된다. 골상학 이론들은 모성의 기관이 크게 발달한 경우에 대한 긍정적인 측면은 가정하지 않는다. 오히려 이 모성적 자질이라는 부분은 모든 여성이 최소한 갖추고 있어야 할 필요조건이다.

그러나 이 모성적인 자질이 부족한 여성은 '반사회적'인 인물로, 위험하고 혐오스러운 존재이다. "갈 박사는 데어링(Regine Daering)이라는 여인에게서 파괴에 해당하는 기관이 크게 발달되었고, 모성에 해당하는 부분이 완전히 납작한 것을 발견하였다. 이 여인은 아이를 여럿 두었는데, 그들 모두를 몰래 죽여버렸다. 그녀는 종신형을 선고받고 수감되었는데, 전혀 참회나 슬픔을 보이지 않고 평온하고 당당하게 방에 들어와서 갈 박사에게 두뇌를 측정받았다."[124]

남성적 자질들에 관한 예시를 위해서는 수많은 위인들의 두개골이 동원되지만, 여성성의 자질들을 설명하기 위한 예들은 주로 정신병원과 감옥에서 수집된다. "갈과 슈푸르차임은 유아 살해를 저지른 29명의 여성들의 두개골을 측정하였다. 그 가운데 25명의 경우, 이 부분이 아주 빈약하였다."[125]

심지어 이 모성적 자질이 강한 경우에도 그 결과는 부정적인 것으로 전달된다. '아이를 좋아하는 성향이 지나치게 강한 경우'로, 빈의 병원에 있는 한 여성이 등장한다.

그녀는 자신이 여섯 명의 아이를 임신하고 있다고 믿고 있었다. 갈은 이 이야기를 듣고 자식에 대한 사랑의 기관이 지나치게 발달한 탓과 부분적으로는 지나치게 흥분한 상태 때문이라고 결론지었다. 이 여성이 죽고 그녀의 두개골이 갈에게 보내졌는데, 갈은 이 특정한 기관이 매우 크다는 것을 발견하였다.[126]

따라서 모성이 지나치게 강하다는 것은 환각 또는 광기와 같이 통제할 수 없는 상태, 즉 '이성의 부재'를 말한다. 이런 예들은 여성을 무질서의 영역 쪽으로 밀어붙이며, 지적 영역에서부터는 너무나도 멀리 떨어뜨려놓는다. "1836년 4월, 정신병원에서 자신의 아이들을 도둑맞았다고 생각하는 여인을 보았다. 그녀는 간수 앞에서 무릎 꿇고, 고통으로 울부짖으며, 그 애들을 되찾을 수 있을 것처럼 암시하였다. 그녀의 비통함은 내가 표현할 수 없을 만큼 그지없는 것이었다." [127]

나아가 소뇌에 있다고 주장된 호색성(amativeness)에 대한 이론 역시, 여성을 억압하는 한편 남성들이 쾌락이라는 요소를 향유할 수 있도록 정당화하는 과학담론이다. 이 기질은 남성에게서 강하게 나타나며, 여성은 남성과 아이를 양극단에 놓았을 때 중간 정도를 가지고 있다고 주장되었다.

이처럼 성욕과 소뇌 부분의 발달을 연결시키는 것은, 성에 있어 여성이 수동적이어야만 하는 원칙에서 파생한 것으로, 여성에게서 성적 쾌락이라는 요소를 거세하는 강력한 생리학적 장치이다. 즉 여성은 아주 감각적인 신경계통을 갖고 있으면서도 성행위에서 쾌락을 찾기보다는 쉽게 열정을 포기하는 경향이 있다고 하면서, 이것이 쾌락을 관장하는 소뇌가 덜 발달된 탓으로 합리화해나간 것이다.

마찬가지로 같은 '인정받고 싶은 마음'(love of Approbation)이라는 기관에 의해 남성은 자만에 빠져 사람들로부터 멀어지는 반면, 여성은 그 정도가 지나쳐 '미친 증상'이 나타난다고 본다. 남성은 "남성적 위엄에 빠져 근엄하고, 침착하며, 오만하고, 고상한, 거만한" 태도를 보이는 반면, 여성은 다음과 같다고 묘사된다.

한없이 경박하고, 지치지 않고 수다를 떨며, 뻔뻔스럽고, 자신의 훌륭한 태생과 엄청난 부에 대해 말하고 싶어 안달하며, 호의와 명예를 부여하겠다고 약속한다. 그녀는 관심을 끌기 위해 남을 귀찮게 하며 경탄을 얻기 위해 어떤 짓이든 한다. [128]

골상학 담론에 깔려 있는 여성에 대한 신체적 규정과 역할, 그리고 이미지들은 사실 당시 사회의 지적 흐름을 그대로 반영하는 것이다. 1830년 콩트는 이렇게 말했다.

생물학이 지닌 건실한 철학, 특히 갈의 중요한 이론들은 한껏 고양된 남녀평등이라는 문제에 대한 과학적 해결을 제시하기 시작하였다. 해부학과 생리학의 연구들은 신체적, 그리고 도덕적 측면에서 남, 녀 두 성별이 궁극적으로 분리되어 있는 현격한 차이를 보여준다.[129]

결국, 골상학과 같이 새로이 등장한 '과학'은 이분법적인 성적 장치를 더욱 정교하게 만들어가고, 그 안에서 여성들은 더욱 구속되는 결과를 가져오는 것이었다. 이런 흐름 속에서 일부 해부학자들은 남녀의 신체적 차이가 너무 엄청나서 여성은 진화에서 조기 정지 상태를 보인다고까지 주장하게 되었다. 결국 "여성에게 적합한 사회적 지위란 것은 정치 문제가 아니라 생물학적인 문제"[130]가 되었던 것이다.

19세기 말 골상학은 급속한 쇠퇴를 경험한다. 쇠퇴의 가장 큰 요인으로는 새로운 과학적 발견들을 들 수 있다. 19세기 중반에 이르자 신경학자와 해부학자들은 두뇌의 각 부분이 어떠한 역할을 하는지 차츰 발견하기 시작하였다. 예를 들어 1867년에 브로카(Pierre Paul Broca)는 언어능력을 담당하는 두뇌 부분이 눈의 뒤가 아니라 두뇌의 다른 부분, 즉 왼쪽 귀 뒤에 자리잡고 있다는 사실을 증명하였다.

이것은 갈을 비롯한 골상학자들의 주장을 정면으로 반박하는 것이었고, 두뇌 모양이나 크기가 그 사람의 지적인 능력이나 개성과 아무런 상관관계도 없다는 것이 새로운 과학상식으로 대두된 것이다. 그러나 두개골의 모습, 나아가 겉으로 나타나는 생김새를 통해 사람들을 구별 짓고, 나아가 차별과 박해의 정당성을 찾는 경향은 20세기에 다시 부활하며 역사에 어두운 긴 그림자를 드리우게 된다.

6
관상학의 긴 그림자

재물을 사랑하고 재산을 획득하는 능력이 있는
사람의 관상학적 표지는 일반적으로 커다란 코에 있다.
유대인의 코는 일반적으로 두텁고 휘었는데,
이런 매부리코는 상업적인 코라고 불렸다.
• 새뮤얼 웰스, 『성격을 읽는 법』[1]

범죄자와 관상

골상학은 19세기 말에 이미 죽은 과학으로 치부되는 분위기였다. 그러나 골상학을 비롯한 관상학은 20세기 사회에 많은 영향을 끼쳤고, 21세기가 시작된 지금까지도 계속되는 문화적 맥락이다. 근대사회를 지배한 이른바 '과학적 합리주의'의 전통은 관상학의 두 기능──운명을 알아보는 예언적 기능과 타인의 성품을 추론하는 사회적 기능──가운데 예언적 기능을 현저하게 쇠퇴시키는 결과를 가져왔다. 그러나 성격 분석적 관상학은 새로운 과학의 외피를 입고 다양한 학문 분야와 문화적 전통 속으로 침투해 들어갔다.

관상학의 영향을 가장 두드러지게 보여주는 분야는 범죄학이다. 외모를 통해 범죄자를 식별할 수 있다는 오랜 믿음은 사회적 목적이 강한 분석적 관상학의 전통 위에 있는 것이었다. '최초의 범죄학자'라고 불리는 델라 포르타(J. Baptiste della Porte, 1535~1615)는 당대의 가장 유명한 관상가였다. 그는 범죄자의 신체적 특성과 범죄유형 사이에 분명한 관계가 있다고 주장하면서, 도둑들은 "작은 귀, 짙은 눈썹, 작은 코, 자주 움직이는 눈, 날카로운 시선, 벌어진 입술, 길고 가는 손가락"을 가졌다고 기록한 바 있다.[2]

이탈리아의 범죄학자 롬브로소는 『범죄자론』(L'Uomo Delinquente, 1876)을 통해 범죄의 원인을 신체적 특성과 결합시키는 범죄 인류학을

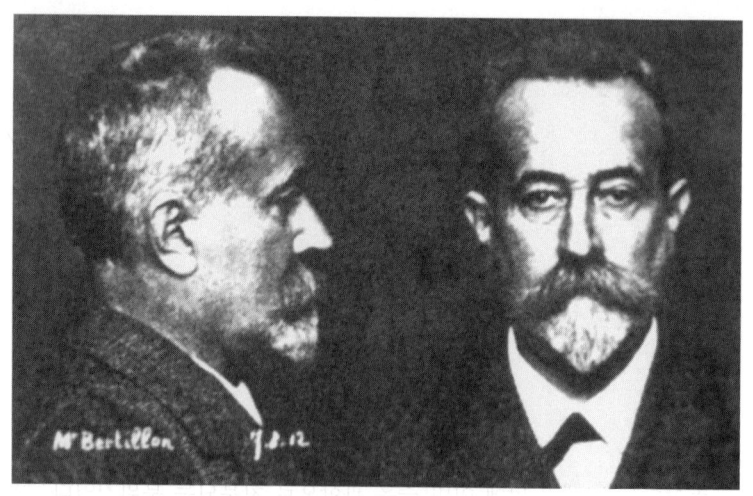
의사와 과학자들은 종종 관상을 토대로 수감자들을 관찰하고, 연구하였다.

창시하였다. 그는 두개골, 귀의 모양, 안면의 뼈, 이마의 모양, 입술, 치
아, 머리카락 등이 범죄성을 특징짓는 중요한 요소라고 지적하였다. 따
라서 범죄자에게는 신체적으로 '타락의 낙인'이 찍혀 있다는 것이다.

롬브로소의 이론은 수많은 사례들을 분류하고, 통계를 동원해 체계
화하는 이른바 '과학적 실증주의'를 내세운 것이었다. 이 '과학적' 범죄
학은 비판을 불러일으키기도 하였지만, 범죄학 분야에 엄청난 영향을
끼쳐서 이후 수많은 후계자들을 낳게 되었다. 대표적으로 미국의 인류
학자인 후턴(E. A. Hooton)이 『범죄와 인간』(Crime and the Man,
1939),[3] 『미국의 범죄자들: 인류학적 고찰』(The American Criminal:
An Anthropological Study, 1939)[4]과 같은 저서를 통해 범죄의 일차
적 원인을 생물학적 결함과 결부시켰던 예를 들 수 있다. 그는 1939년
만 7천 명 이상을 표본조사한 결과를 토대로 범죄자의 체형에 대한 이
른바 '실증적' 일반화를 시도하였다. 키가 크고 마른 사람은 살인자나
강도가 될 가능성이 높고, 체격이 왜소한 사람은 절도범이 될 가능성이
높으며, 작고 살이 찐 사람은 성범죄를 저지르는 경향이 강하다고 결론
지었던 것이다.[5]

한편, 1921년 독일의 정신의학자 크레츠머(Ernst Kretschmer)[6]와 후계자들은 사람의 체격을 크게 네 가지로 구분하고,[7] 그 유형에 따라 기질과 정신병을 연결시켰다. 예를 들어 근육이 발달한 사람은 정신분열증이 많고, 비만형의 사람에게는 조울증이 많다는 것이다. 이를 받아들여 후르비츠(S. Hurwitz)[8] 등은 폭력범과 절도범이 근육질에서 많고 사기범의 대부분이 비만형이라는 결론을 도출하기도 하였다.

제1차 세계대전 직후 프랑스에서는 범죄자를 구별하기 위한 관상학이 조직적으로 연구되었다. 범죄 인류학과 결합한 관상학은 공식적인 사회제도에도 반영되기 시작하였던 것이다. 또한 미국 펜실베이니아 동부 주립 교도소는 19세기 말부터 70년이 넘게 골상학적 분류를 이용하여 재소자를 구분짓곤 하였다.[9] 이런 관행 뒤에는 외모를 지적, 윤리적 자질과 연결시킨 서양 관상의 긴 역사가 자리하는 것이었다.

제국주의가 빚어낸 인종주의

생김새가 곧 내면의 미덕을 그대로 투영한다는 대전제 위에서, 관상은 단순히 사람을 구별지을 뿐만 아니라 가치의 우열을 매기는 위계적인 것이었다. 아름다운 생김새는 미덕을 드러내지만, 추한 생김새는 바로 악덕을 드러낸다고 해석되었다. 이런 관상학이 인종이나 계급을 구별하는 표지로 쓰일 때 그것은 차별을 정당화시키는 강력한 기제가 될 수 있었다.

인종적 비교에 동원된 관상학적 구분법은 제국주의 물결 속에서 다른 문명권에 대한 유럽의 우월감을 만드는 바탕을 만들었다. 사실 우리가 알고 있는 '인종'이란 개념은 유럽의 제국주의가 만들어낸 발명품으로, 그리스-로마 시대부터 존재해온 이방인과 다른 문명권에 대한 배타와 폄하를 과학적 방법으로 세련화시킨 것이었다.

서양 역사에서 인종주의는 앞서 살펴본 것처럼 고대 그리스-로마에

18세기부터 서양에 의해 만들어지기 시작한 네 종류의 인종의 정형화. 백인종, 적인종, 황인종, 흑인종이라는 표시는 피부색으로 인종을 구분하고 있는 사조를 잘 드러내고 있다. G. 브뤼노, 「두 아이들의 프랑스 여행」, 1900.

서도 흔적을 찾을 수 있을 만큼 기원이 오래된 관념이다. 플리니우스는 『박물지』에서 자신들의 문명권 밖에 살고 있는 괴물과도 같은 모습의 사람들을 소개하였다. 또한 『맨더빌의 여행』과 같은 중세의 여행기는 개의 머리를 가진 인간, 엄청나게 큰 발을 가져서 그 발로 햇빛을 가리고 있는 외발족과 같은 종족들에 대한 이야기로 가득하다.[10] 중세 유럽 사람들은 고대적 개념을 토대로 무시무시한 이방인에 대한 이미지를 만들어나갔던 것이다.

비기독교인을 인간 이하의 집단으로 설정하던 기독교 이데올로기 속에서 이방인은 곧 식인, 야만, 도덕적 타락이라는 속성과 결부되었다. 따라서 유럽 사람들은 다른 문명권의 사람들을 두려움, 혐오, 그리고 비판의 대상으로 설정하였고, 나아가 자신들에 비하여 훨씬 열등한 집단으로 규정하였다. 유럽의 이러한 인종주의적 전통은 15세기 이후 바깥 세상과의 조우를 통한 이른바 '진정한 세계사의 출발'로 인해 큰 변화의 국면을 맞았다. 유럽 세계가 비유럽의 많은 곳들을 식민화하는 과정에서 인종주의가 과거처럼 상상에 그치는 것이 아니라, 좀더 구체화된 체계를 필요로 하게 된 것이다.

18세기의 계몽주의 사조는 비유럽인의 노예화를 정당화하며 유럽인의 문화적, 인종적 우월성을 고무시켰다. 19세기에 들어 인종주의는 생리학, 해부학, 언어학 등의 여러 학문적 분야를 동원하여 인종들 사이의 근본적인 차이를 찾으려는 노력으로 나타났다.[11] 18세기 말까지도 여행가나 박물학자들은 종종 중국인이나 일본인을 백인으로 간주하고 있었다. 그러나 이후 인간을 네 종류, 또는 다섯 종류로 나누는 '인종'이라는 도식이 성립되면서 중국인의 얼굴은 더 이상 백인이 아닌 황인종으로 구분되기 시작한 것이다. 사람을 몇 개의 배타적 집단으로 구분하는 학문적 탐구는 유럽과 비유럽을 정교하고도 견고하게 구분하는 강력한 장치였다.

라바터는 사람의 얼굴을 크게 두 종류로 나누고, 다음과 같이 고찰한 바 있다.

첫번째 유형은 뺨이 판판하고 코가 마치 언덕처럼 솟아 있으며 입이 칼로 벤 상처처럼 평평한 표면에 늘어져 있고, 아래턱 뼈의 선이 별로 굽지 않은 유형이다. 이런 사

맨더빌의 여행기에 나타난 이방인의 모습.

흑인 노동력에 대한 유럽인들의 환상은 고대로부터 존재했다. 이 그림은 그리스 신화에 바탕을 둔 것으로, 15세기 프랑스에서 제작된 「트로이의 로마인」이다.

람의 인상은 길쭉하다기보다는 넓다는 느낌을 주며, 극도로 무례하고, 과묵하며, 멍청하고, 모든 감각이 무딘 사람이다.

다른 유형은 코가 오똑할 뿐만 아니라 양쪽으로 날카로운 각이 져 있는 사람이다. 광대뼈는 보이지 않으며 양쪽 광대뼈 사이의 근육 부분과 코가 통통하고도 돌출되어 보인다. 입술은 양쪽 가장자리에서 안쪽으로 들어가 있으며 다물거나 벌어질 때 타원형이며 턱뼈는 턱 가운데 뾰족하게 모아진 사람이다. 이런 얼굴은 세심하고, 활발하면서 지적인 심성을 나타낸다.[12]

이런 일반화는 황인종과 같이 상대적으로 얼굴이 넓적하고 코가 낮고 광대뼈가 튀어나온 인종을 전체적으로 싸잡아 비하하는 결과를 가져오는 것이었다. 실제로 라바터는 "나는 중국인보다 더 나약하고, 사치스럽고, 정체되고, 게으른 사람들을 본 적이 없다"[13]고 말한다. 같은 맥락에서 아프리카 흑인, 랩랜드인(Laplanders), 타타르인(Tartars) 등의 다른 인종들도 폄하되었다. 특히 흑인에 대해서는 "6까지밖에 셈할 줄 모르며, 그보다 많은 것은 무조건 '셀 수 없이 많다'고 하는"[14] 사람들이라고 말하며, 그런 열등함이 외형적 표지로 분명히 나타난다고 하였다.

펑퍼짐한 코와 머리에서 튀어나온 것 같은 눈과 마치 입을 죽 내민 것처럼 치아를 덮지 못한 채 튀어나온 입술은 둥글고 두툼하다.[15]

한편, 라바터는 "흑인도 백인만큼이나 다양한 종류가 있다"[16]고 말하는데, 여기서 흑인의 종류가 다양한 것은 동물의 세계에서 다양한 종이 있는 것과 마찬가지라는 암시를 한다. 하지만 흑인의 얼굴을 읽기 위해 동원하는 비교대상은 인간이 아닌 동물이다. 흑인의 튀어나온 입은 "원숭이들에게서 나타나는 현상으로, 뜨거운 기후 때문에 지나치게 성장

혹인을 묘사하는 데는 종종 검은 피부와 돌출된 턱뼈, 그리고 두터운 입술의 이미지가 강조되었다.
「판매를 위한 혹인구매」, 작자 미상, 19세기.

하고 부어오른 것"[17)]이라는 것이다. 그는 혹인처럼 매우 다른 모습의
인종이 생기는 이유를 다음과 같이 설명한다.

덥고 습한 기후는 동물이 자라고 혹인이 생겨나는 데 매우 적합하
다. 자연의 섭리는 이 기후에서 강하고, 근육질이고, 기민한 것들을
만들어낸다. 그러나 그것들은 더럽고, 게으르고, 무익한 것들이다.[18)]

라바터 사후 100년이 넘어서 출간된 피카르의 글은 옆얼굴을 관찰하
던 라바터의 그림자 관상에 영향을 받았음을 보여준다. 그리고 그의 혹
인에 대한 개념 역시 라바터의 연장선에 있다.

혹인들의 얼굴은 옆얼굴이 거의 나타나지 않는다. 그들의 옆얼굴은

명확하게 그릴 수가 없다. 얼굴 평면의 검은빛이 너무 강하게 작용되어서 그 밖의 다른 것은 눈에 띄지 않기 때문이다. 옆얼굴은 검은 빛 속에서는 돋보일 수 없다. 그렇기 때문에 흑인의 얼굴은 거의 드러나지 않는다. 그저 조용히 존재할 따름이다. 흑인의 얼굴은 자기가 있는 공간 속에서 아주 확고히 존재한다. 그리고 우리는 거기에 완전하게 존재하는 흑인의 본성이 역사에 영향을 미치지 않는다는 것을 알게 된다. 흑인은 역사가 결코 없는 것처럼, 그리고 혼자만의 역사를 가질 수 없는 것처럼 생각된다. 그래서 흑인은 그저 거기에 현존하는 모습으로 있다.[19]

흑인을 비롯한 기타 인종에 대한 폄하는 유럽인을 하나로 묶어 '우리들'로 보고 기타 민족을 '저들'로 구분하는 커다란 구별짓기의 소산이다. 라바터는 "인종별로 나타나는 관상학적 차이를 무시하는 것은 마치 해나 달을 부인하는 것과 마찬가지이다"[20]라고까지 말하며, 인종 간의 우열의 차이를 뛰어넘을 수 없는 것으로 보기도 한다.

인종이라는 개념이 유럽인의 발명품이듯, 인종을 특징짓는 신체의 차이 역시 유럽의 발명품이었다. 여기서 '타자의 몸'은 실제의 몸이 아니라 유럽인들이 만들어낸, 자신들과 다른 몸이다. 19세기의 의학서들은 신체의 이상을 설명하기 위하여 이른바 '동양인'의 몸을 종종 동원하곤 하였다. 이 담론의 중심부에 놓여 있는 것은 기형적인 동양인의 모습으로, 특히 생식기에 대한 이야기가 주를 이루곤 하였다.

미국의 의사 홀릭(Frederick Hollick)은 호텐토트족 여성들에게서 기형적으로 길게 자라난 소음순을 보았다고 증언한다. 그는 그것을 '행주치마'라 부르며, 자신이 관찰한 사례로는 그 길이가 3.5인치 정도라고 보고한다. 하지만 아프리카를 여행한 다른 사람들에 따르면 4~5인치, 길게는 9인치에 이른다고 전하며, 그것의 쓰임새는 알 수 없지만 분명히 생활에 방해가 될 것이라고 말한다.[21] 이런 이상 현상은 곧 진화의 열등한 단계, 즉 종족적 열등성으로 연결되는 것이었다. 홀릭은 심지어 흑인 남성의 성기에서 종종 뼈가 발견되곤 한다고 말한다.

> 흑인에게서 나타나는 이런 현상은 개에게서 매우 자주 목도되고, 고양이의 경우는 가늘고 작은 뼈, 너구리는 S자 모양으로 휘어져 나타나고……. 다람쥐는 그 끝이 삽 모양으로 납작하다.[22]

이런 담론들은 생리학을 동원하여 흑인을 사람보다는 동물에 가까운, 열등한 집단으로 규정해버리는 것이다.

19세기 유럽에서 인종이라는 개념은 종종 민족이라는 개념과 혼동되어 쓰이곤 했다. 따라서 유럽인은 모두 뭉뚱그려서 하나의 인종으로 취급되는 경향이 있었다. 그럼에도 불구하고 근대에 들어 국가의 존재가 중요해짐에 따라 유럽인을 국가별로 나누고자 하는 경향 또한 뚜렷해졌다. 이것은 유럽의 국가별 정체성을 확보해나가는 일련의 과정으로 해석할 수 있다.

라바터는 모든 유럽인이 잘생긴 것은 아니지만 최소한 유럽인은 다른 인종에 비하여 폭넓은 향상을 이룩할 수 있는 민족들이라고 보았다.[23] 하지만 그는 유럽 사람들 사이에서도 관상학적으로 볼 때 분명히 국가별로 차별성이 드러난다고 보았다. 국가별로 민족성을 나타내는, 국가별 특징적인 모습이 있다는 것이다.[24]

> 프랑스인은 가장 특징짓기 어렵다. 그들의 얼굴 생김새는 영국 사람들만큼 특출나지도 않고 독일인처럼 정밀하지도 않다. 프랑스인을 알 수 있는 방법은 주로 치아와 웃음이다. 이탈리아인들은 코, 눈과 튀어나온 턱으로 구별할 수 있다. 영

라바터가 전형적 독일인의 이상이라고 말한 한 청년의 얼굴.

국인들은 이마와 눈썹으로 알 수 있다. 네덜란드인은 두상이 둥글고 머리카락이 가늘다. 독일인은 눈 주변과 볼에 나타나는 각과 주름살로 알 수 있다. 러시아인은 들창코, 엷은 색 또는 검은 머리카락으로 알 수 있다.[25)]

그런데 신의 창조물인 인간은 누구나 값진 존재라고 주장하던 라바터였지만, 특정한 민족이 다른 민족에 비하여 더 우월하다는 자기 모순적 생각을 공공연하게 피력하였다. 그는 영국과 독일인은 스위스, 프랑스, 이탈리아와 러시아인에 비하여 우월하다는 입장을 드러내곤 하였던 것이다. 그가 그림을 통해 설명한 한 취리히 청년의 모습은 다음과 같다.

> 단순하고 순진 무구하나 양식 있고 선량하다. 이제 성년이 된 이 젊은이는 독일의 민족 특질에 따라서 자신을 계속 계발하고 완벽을 향해나가는 얼굴이다. 이마를 보라. 얼마나 탁월하게 독일적인 작품인가. 얼굴 역시 독일인의 이상에 따라 완성된 것으로, 거의 완벽에 가깝게 독일인의 이상에 접근하고 있다. 결백, 근면성, 모든 형식적이고 모호한 것에 대한 경멸, 세련된 취향과 어린아이 같은 순박성이 바로 독일적 특성이다.[26)]

19세기 중반부터 인류학 분야는 사회진화론과 우생학을 도입하여 진화 단계별 생김새에 대한 연구를 생산하기 시작한다. 이 과정에서 특히 코나 입의 모양을 통해 진화의 단계를 설정하는 경향이 두드러지게 나타났다. 19세기 후반 영국에서 출간된 베도(John Beddoe)의 『영국의 인종』(*The Races of Britain*, 1885), 『색과 인종』(*Colour and Race*, 1905), 해든(Alfred Haddon)의 『인종들』(*The Races of Man*, 1909) 『인간 연구』(*The Study of Man*, 1898) 등은 얼굴을 관찰하여 진화된 사람과 진화 과정에서 처진 열등한 사람을 나누곤 하던 당시의 사조를 명백하게 보여주는 것이다.

이런 연구들은 비단 다른 인종에 대한 폄하뿐만 아니라 유럽 내의 민족, 집단 간의 우열의 등급 매기기에 이용되기도 하였다. 베도는 인류를 크게 입 주변이 튀어나온 사람(prognathous)과 덜 튀어나온 사람(orthognathous)으로 나누면서, 튀어나온 입이 원시인에 가까운 낮은 발달단계를 나타내는 표지라고 주장하였다. 그는 에스파냐에서 이런 모습을 한 사람들을 흔히 찾아볼 수 있다고 말하며, 영국 내에서도 아일랜드, 웨일스 사람과 하층 노동자들이 이런 입모양을 가지고 있다고 주장한다. 그런 사람들은 크로마뇽인과 비슷하기 때문에 인종으로 보아 아프리카 사람에 가깝다고 주장하기까지 하였다.[27]

해든 또한 관상학의 오랜 전통을 답습하면서 들창코를 가진 사람을 열등한 부류로, 반면 이른바 '로마인의 코'라 불리는 길고, 높고, 좁은 코를 가진 사람을 귀족적인 사람으로 분류하였다. 같은 맥락에서 스토리(Alfred T. Story)는 1881년 유럽인의 코를 다음과 같이 다섯 종류로 분류하였다.

로마형 코는 실행력이 풍부한 공격적인 성격을 반영한다. 그리스형 코는 예술가적 기질을, 그리고 짧게 튀어나온 코는 미숙한 성격을, 하늘로 향한 코는 파고드는 것을 좋아하며 감수성이 풍부한 성질을, 유대형 코는 예민하고, 걱정이 많고, 의심이 많은 유형의 표현이고 기획하고 연구하는 성향이 강하다.[28]

이러한 분류는 이른바 '과학'을 빌려 특정한 외모에 일반화된 성향을 부여하는 것으로, 궁극적으로 생김새를 통해 사람들을 전혀 다른 몇 개의 집단으로 구분하는 것이었다. 그런데 분류법이란, 일단 분류된 집단들 사이에는 공통점보다는 차이점만을 부각시키게 되는 폐해를 안고 있는 것이다. 그런 부조리 위에 19세기에 형성된 인종적 정형화는 이후

Schreibers raffenkundliche Anschauungstafel: Deutsche Raffenköpfe
Bearbeitet von Dr Alfred Eydt

Nordisch

Westisch

Falisch

Dinarisch

Ostbaltisch

Ostisch

나치는 인종주의적 인류학에 근거를 둔 '과학적 방법'을 통해 독일 내의 다양한 인종들을 식별할 수 있는 표를 만들어 배포하였다.

비교문화 연구의 기본적 개념을 형성하였고, 나아가 인류학과 역사학의 주류가 되었다. 인종을 나누는 가장 기본적 요소로 동원된 것은 피부, 머리카락, 홍채의 색과 얼굴의 골격으로, 서양 관상학의 오랜 전통을 적극 활용하는 것이었다.

인종말살정책과 관상

관상은 사람이 다른 사람의 생김새만으로도 그의 내면과 성향, 나아가 가치를 파악할 수 있다는 대전제 위에 있는 것이다. 이런 관상학이 유전학과 우생학에 영향을 끼치면서 엄청나게 비극적인 결과를 낳게 되었다. 범죄 인류학이 타락의 낙인이 신체에 나타난다는 주장을 제기한 이래, 유전학은 이런 타락의 낙인이 유전의 결과라 규정하였다. 이런 맥락에서 우생학은 이런 열등한 인자들을 품종개량이란 차원에서 점차 제거해나가야 한다는 이론을 내놓기 시작한 것이다.

그 대표적 희생자가 바로 유대인들이었다. 이미 18세기 말 라바터의 관상학은 유대인에 대한 혐오와 비판을 뚜렷이 드러낸 바 있다. 유럽의 역사에서 전통적으로 내려오는 유대인에 대한 편견을 그대로 반영하고 있는 것이다. 그는 특히 유대인의 특징이라고 알려진 매부리코(hawk nose)를 악덕의 표상으로 강조한다.

> 아래로 굽은 코는 결코 진실하거나, 진정으로 쾌활하거나, 고상하거나, 위대하지 않다. 그들(유대인들)의 생각과 경향은 항상 땅을 향해 있다. 폐쇄적이고, 차갑고, 냉혹하며, 의사소통을 할 수 없고, 때때로 악의적으로 냉소적이고, 성질이 나쁘며, 또는 극도로 위선적이거나 우울하다. 코의 윗부분이 휜 경우는 소심하고 주색에 잘 빠지는 경향이 있다.[29]

인류학에 관상학이 흠뻑 녹아들었던 19세기에서 20세기로 넘어가는 기간 동안 유럽에서는 새로운 반유대주의가 맹위를 떨치게 되었다. 과거 유대인에 대한 차별이 기독교 이데올로기에 근거한 중세적인 것이었다면 이제는 세속적인, '과학'을 동원한 근대적인 인종차별이 나타나게 된 것이다. 이른바 '과학적' 반유대주의는 종족 간의 우열이 존재한다는 종족설에 근거한 것으로 이를 실제적으로 논증하고 널리 전파시키기 위해 각 인종의 두개골이나 신체 부분을 측정하여 발표하면서 유럽 사회에 선풍을 불러일으켰다.[30]

제1차 세계대전 후 전체주의의 물결 아래서 새로운 공동체의 개념이 출현하였다. 전체주의에서 강조하는 공동체는 '민족공동체'로 이것은 특히 민족의 결속력의 가장 기본적인 요소로 순수한 인종을 꼽는 것이

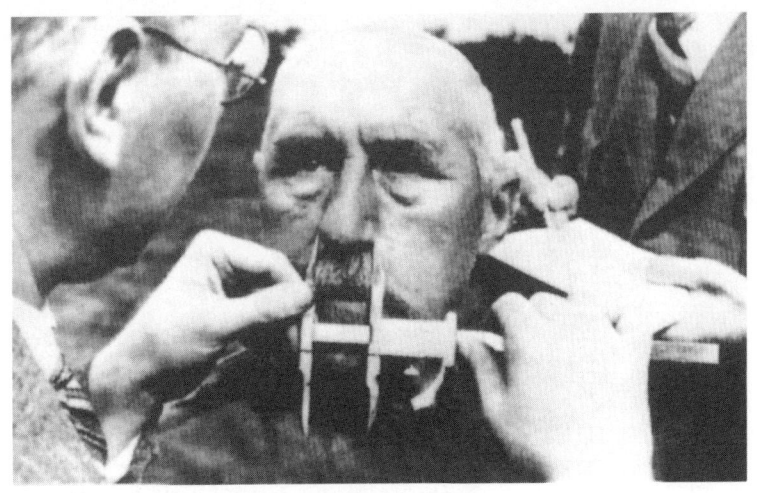
나치 독일 아래에서 유대인을 가려내기 위하여 얼굴의 각 부분별 크기를 측정하는 모습.

었고, 인종의 순수성을 창출하기 위하여 불순한 요소들은 제거되어야
하는 과제를 만들어내는 것이었다. 그런데 이 과정은 불순한 인종뿐만
아니라 순수한 인종 역시 규정하여야 하는 이중적 작업이었다. 나치 독
일의 인종주의는 대중들을 정치적으로 결속시키기 위하여 정형화된 순
수인종을 만들어냈던 대표적 사례이다.

독일의 나치 아래의 인종차별주의는 신체적 종족주의를 극단적으로
보여주는 것이었다. 인종주의 정책 아래서 동원된 작가들은 당대의 가
장 순수한 인종이 아리안종이며, 내적 자질은 본질적으로 뚜렷이 구별
되는 외모를 통해 찾을 수 있다는 개념을 전파하였다. "금발, 큰 키와
긴 두개골, 갸름한 얼굴, 우뚝 솟은 높은 턱, 높고 뾰족한 코, 부드러운
직모의 머리카락, 큼직하고 연한 색깔의 눈, 하얀 연분홍 피부"가 전형
적으로 이상화되었다.[31]

반면 유대인은 열등 인종의 전형으로, 아리안 인종의 순수 혈통을 위
협하는 두려운 대상으로 정의되어갔다. 유대인은 독일의 정치를 부패
시키고, 경제를 마음대로 휘두를 뿐만 아니라 매독의 기원이며, 도덕을
부패시키는 기생충으로 간주되었다. 그들은 '검은 머리,' '안짱다리'와

'엄청나게 큰 성기'를 가진 육체적으로 혐오감을 일으키는 인간으로 묘사되었다. 따라서 나치 독일이 1934년부터 시행한 강제 불임법을 비롯한 일련의 인종보존정책 뒤에는 외모를 통해 사람의 가치를 매기는 매우 극단적인 관상학적 개념이 숨어 있는 것이었다. 실제로 1930년대 후반부터 독일에서는 종족별 관상에 대한 연구와 선전이 대대적으로 이루어졌다.

관상학지인 『인간평가』(*Der Menschenkenner*)는 히틀러를 비롯한 유명인사의 관상을 연재하였다. 히틀러는 뼈와 근육이 육체를 지배하는 '실행형, 운동형'의 인간으로, 그의 섬세한 금발은 '건강, 자연스러움, 성실함'을 드러내는 것이며, 독특한 수염은 그의 용모에 미치는 미국의 강한 영향을 거부하는 것이라고 주장되었다.[32]

또한 1937년 커닝햄(W. E. Coningham)을 수반으로 관상, 골상과 수상 및 눈(안구의 홍채)에 대한 집중적인 연구를 전담하는 기구가 조직되었다. 이 기구는 19세기 후반 영국의 베도가 제안한 홍채와 머리카락 등을 이용한 인종별 분류방법을 적극적으로 도입하며 종족 분류와 등급 매기기의 이론을 생산하였다. 독일의 과학계에서는 이른바 종족을 연구한다는 미명 아래 수많은 희생자들의 두개골을 검사하는 일이 유행하기까지 하였다. 1941년 가을부터 유대인 수용소에서 대량 학살이 시작되었고, 1942년 독일 대학의 해부학 교수들은 "가장 혐오스럽고 경멸해야 하는 열등 인종인 유대인"의 해골을 보내달라고 히틀러에게 요청하였다.[33] 연구의 결과가 희생자들의 '열등성'을 제시해주는 증거로 이용되었음은 물론이다.

하지만 실제로 유럽에 살고 있던 유대인들이 그렇게 확연히 구별할 수 있는 모습을 하고 있던 것은 아니었다. 오히려 인종주의와 관상의 결합은 특정 집단의 신체적 이미지를 개념화하고, 그를 통해 차별과 박해의 정당성을 확보해가는 '마음 속의 정형화' 작업이었다. 유럽에 '과학적' 반유대주의가 맹위를 떨칠 당시 스위스의 정신의학자 피카르는 이렇게 말한 바 있다.

오늘날 많은 사람들은 게르만적 모습보다는 게르만적인 것으로 과장되거나, 유대적으로 보이지 않으면서도 그런 것으로 과장되는 수가 있다. 이따금 우리는 고대 게르만 당시의 어떤 사람보다도 더 금발인 사람을 볼 때가 있다. 또한 고대 지방의 어느 누구보다도 머리칼이 더 검은 유대인을 볼 수도 있다. 여기서 인종적인 것이 싹트게 된다. 게르만적인 것보다 더 게르만적으로, 유대적인 것보다 더 유대적인 것이 되는 것이다. 두 경우는 물론 잘못된 경우이다. 인종적인 것이 유별나게 강조되면 관찰하는 사람의 눈길을 끌게 된다. 그리고 오직 그것으로만 사람의 형상을 만들 수 있듯이 과장된다. 사람의 본질을 꼭 인종적 현상에서 보려고 한 것이다. 오늘날은 인종 자체가 지나치게 나타난다. 인종이란 것도 과장되어 있다. 인종이론의 배경과 출발 시점 때문이다.[34]

이른바 '과학적' 반유대주의야말로 관상이라는 사이비 과학을 동원한 시대적 광신의 소산이었다. 관상학이라는 이 사이비 과학은 인간의 삶에서 다른 과학 분야보다도 훨씬 더 큰 폐해를 가져왔다고 볼 수 있다. 관상이 이렇게 큰 영향을 끼칠 수 있던 것은 이 과학이 가진 사회적 속성 때문이다. 관상 자체가 본질적으로 나와 타자를 구별하고 배척하는 '타자화'의 과학이었고, 유럽 사회는 늘 그 타자화를 필요로 하고, 또 습관적으로 해왔던 것이다. 관상학이 가진 이런 속성은 시대적 불안이 극에 달하였을 때 엄청난 힘을 발휘할 수 있었다.

아직도 드리운 긴 그림자

관상학은 고대로부터 생김새를 통해 차별적인 위계를 만들어왔다.

자본주의자들을 비판하는 소비에트 선전용 포스터. 흔히 자신만을 살찌우는 자본가의 모습은 뚱뚱하고, 커다란 코를 가진 모습으로 그려지곤 하였다. 아래로 굽은 커다란 코는 오랫동안 유대인을 표시하는 상징이었다.

이방인, 동물, 여성들은 늘 주변인으로 설정되고, 그들에 대한 박해는 외양이 곧 내면을 투영한다는 논리로 정당화되어왔다. 하지만 관상학을 통해 집단들을 정형화하는 것은 단순한 외적인 핍박뿐만이 아니라 그보다 더한 효과를 가져오곤 한다. 실제로 '보이는' 생김새가 아니라, 마음 속에 그려진 생김새의 위계질서를 따라 사람들로 하여금 가공의 우월한 생김새를 숭앙하도록 만드는 효과를 가져오기 때문이다.

때문에, '나'와 '타자'를 이분법적으로 분리하는 관상학에서 열등하게 설정된 집단은 외양에 매겨지는 가치로 인하여 사회적 위치에서 불이익을 받곤 한다. 나아가 그 폐해는 사람들 내면의 자아 존중감까지도 박탈하는 결과로 나타나기도 한다. 더구나 이 위계질서를 정당화하기 위하여 정교한 과학이 동원되고, 과학이 주장하는 객관성 앞에서 사람들은 이를 부정할 기반마저 확보할 수 없어진다.

이 구도 속에서 열등하게 설정된 집단들이 종종 자기 부정과 혐오를 보이게 되는 것은 어쩌면 당연한 현상일지도 모른다. 흑인들 사이에서 코를 높이고, 입술을 작게 만들고, 머리카락을 펴는 성형수술이 만연한 것은 관상학적 위계에서 우월한 것으로 설정된 백인을 따라가려는 몸짓이다. 동양 사람들이 이른바 '서구화'된 생김새를 닮으려고 외모를 가꾸거나 변형하는 것 또한 같은 맥락이다. 이것은 식민주의적 근대성을 창출해낸 서구 관상학이 만들어낸 잔재에 편승하고자 하는 비서구인들의 슬픈 몸부림이다. 여기서 관상을 철학적으로 조망한 피카르의 말은 다시 새겨들을 필요가 있다.

1880년대 독일인들 사이에는 프리드리히 황제의 얼굴이 유행이었다. 텁수룩한 수염이 있는 부드럽고도 아련한 모습이었다. 그 다음으로는 빌헬름적 유형의 얼굴이 유행을 탔다. 모가 난데다가 은밀하게 감추어진 모습이 전혀 없는, 경솔하여 어디서나 비쭉 앞으로 튀어나오는 불온한 모습이었다. 오스트리아에는 프란츠 요셉 황제를 본으로 삼은 얼굴들이 있었다. 그런 비슷함은 수염의 형태만이 아니라 특별한 심리적 자세에서 비롯되었다. 사람들은 내적으로 프리드리히 황제, 빌헬름 2세, 아니면 프란츠 요셉 같은 원초적인 형상에 자신을 맞춰보려 했는지 모른다……

하지만 이 세 황제의 얼굴 유형을 이루어주는 힘은 단지 외적일 따름이며, 오직 특정한 심리적 상황, 예를 들어 빌헬름적 상황만이 사람의 얼굴 속에서 형성되었다. 그 밖에 사람에게 남겨진 내용은 함께 이루어지지 않았다. 바로 이런 점 때문에 사람들은 빌헬름적 모습을 하고도 자주 우울에 빠졌고, 위대한 사람의 얼굴은 어떤 것에도 적절히 쓰이지 못했다. 빌헬름 같은 얼굴의 유형은 자신의 사회적

심리적인 테두리를 넘어서는 작용될 수 없었다.[35]

　여기서 맨 마지막 구절은 매우 시사적이다. 유행하는 얼굴이 바뀌는 것처럼, 관상학은 과학의 틀이 바뀔 때마다 그 틀을 차용하며 살아남아 왔다. 따라서 과학의 패러다임의 변화에 따라 정상과학의 영역에 군림하던 관상이 어느 순간 유사과학으로 전락하기도 한다.

　하지만 사실 어느 시대나 정상과학과 유사과학의 경계는 그 구분이 모호했다. 오랫동안 제기되어왔던 문제, 즉 관상학이 과학이냐 아니냐 하는 것은 관상의 역사를 통해 해답을 구할 수 있다. 이 문제는 결국 '누가' 관상학을 행하는가에 달려 있다. 따라서 정상과학과 유사과학을 구분할 수 있는 절대적인 틀은 존재하지 않고, 오히려 그 구분이란 당대에 입지를 굳힌 전문가인 '사람'이 정하는, 사회적 맥락 속에서 만들어진 것으로 보아야 한다는 점일 것이다.[36]

　근대로 넘어오면서 이른바 유사과학이었던 관상학을 보급시킨 사람들은 대부분 과학자 집단 가운데에서도 사회적으로 탄탄한 입지를 다지지 못했던 젊은 층이었다. 이들은 때때로 관상학의 내용 자체의 진위나 신빙성보다는 기득권층을 공격하기 위해, 이른바 '첨단과학'을 표방하면서 관상학을 도입하곤 하였다.[37] 때문에 더욱 과학적으로 보이기 위해 새로운 기구를 발명하거나 차트, 통계 같은 것들을 많이 활용하는 경향을 보이기도 하였다.[38] 그리고 때때로 그들의 과학은 사회에 끼친 영향력이라는 측면에서 볼 때 더욱 극단적인 결과나 효과를 불러일으켰던 것이다.

　그런 선풍의 이면에는 이런 유사과학의 속성, 즉 스스로가 정상과학의 틀에서 인정받지 못할 경우에 대중이라는 다른 영역에서 인정을 받으려 하는 경향이 깔려 있다.[39] 대중들에게 어필하는 유사과학은 미래에 대한 불안에 대처한다는 점에서 종교와 유사하며, 사회의 기존 조직이나 기구에서 불만을 느끼는 사람들은 이런 유사과학이 지속되도록

하는 근원적 힘이 되곤 한다.[40]

따라서 그 생존력의 배경에는 관상을 필요로 하는 사회적인, 그리고 심리적인 필요와 기능이 있다. 본질적으로 관상이 호소하는 것은 이 사회적이고 심리적인 측면, 사람에 대한 이해라는 영역이다. 타인을 파악하고, 나와 타인을 구별짓고, 나아가 나조차도 규정할 수 있게 하는 사회적인 무엇, 심리적인 무엇, 나아가 문화적인 무엇이 바로 그것이다. 따라서 관상은 굳건하고도 끈질기게 지속되는 이러한 인간의 욕구 위에 자리하고 있는 것이고, 결국 그것이 어떻게 쓰이느냐 하는 것이 역사 속에서 관상 그 자체의 가치를 자리매김한다.

21세기가 된 오늘날에도 서구 관상학의 전통은 다양한 분야에 녹아있다. 의학을 비롯한 과학의 영역뿐만 아니라 사회학, 심리학, 경영학, 미학과 관습 등에도 말이다. 특히 1950년대 이후 TV의 보급과 더불어 시작된 이른바 '텔레비전의 시대'는 인간의 외모에 대한 관심에서 새로운 시대를 여는 것이었다. 이제 매스미디어를 통해 개인이 시각적으로 경험할 수 있는 얼굴의 수는 상상할 수 없으리만큼 급증하였고, 시청자들을 끊임없이 세뇌시키는 미인의 기준 또한 강제되었다. 따라서 20세기 중반 이후에 생김새로 누군가를 판단하는 경향은 더욱 팽배되었다고 보아야 한다.

여기서 누군가의 외모를 본다는 것은 단순한 시선이 아닌 몸에 드러난 사회적 정체성을 인식하는 것이다. 신체의 이미지는 몸에 대한 표상을 둘러싼 자신과 타인 사이의 역학관계 속에서 만들어진다. 그리고 여기서 관상은 그 이미지가 내포하고 있을 육체와 정신의 연관성 바로 그것이다.[41]

외모가 내면을 그대로 투영한다는 고대의 믿음은 오늘날 한편으로는 '정치적으로 올바르지 않은 것'으로, 다른 한편으로는 '과학'에 의해 근거 없는 것이라 비판받는다. 하지만 이런 변화 속에 암묵적으로 관상학을 지지하는 또 다른 과학이 있다. 최근 '과학'은 외모가 타인의 성격을 추론하는 데 많은 영향을 미치고 있다는 것을 밝혀내는 연구를 속속 내놓고 있다.[42] 신체적으로 매력이 있는 사람은 모든 면에서 긍정적으로 평가받는다는 '후광 효과'(effect de halo)를 심리학적으로 실증하는 연구들이 바로 그것이다. 이는 아직도 우리 마음 속에 긍정적 관상과 부정적 관상이 뿌리깊게 내재하고 있음을 보여준다.

최근 과학자들은 남을 파악하는 데 가장 즉각적이고 강렬한 것이 상대방의 신체적 특성이고, 특히 상호작용의 초기단계에서 매우 중요한 위치를 차지한다는 것을 증명하기도 한다.[43] 1998년 미국 듀크 대학교 신경학자 매카시(Gregory McCarthy)는 사람의 두뇌가 상대방의 눈동자를 보고 그의 감정 상태를 0.2초 만에 감지한다는 연구결과를 발표하였다. 과거 골상학자들이 주장하였듯이, 사람의 두뇌에 상대방 얼굴의 움직임을 파악하는 전용 구역이 있다는 것이다. "특히 철천지원수를 만났을 때 상대방의 감정을 빠르게 인식하는 능력은 사활이 걸린 문제"라는 그의 주장은[44] 사회관계에서 관상학의 방어적 기능을 명백하게 보여주는 말이다.

과거 사람들이 얼굴 생김새를 가지고 성격을 파악했던 전통은 이제 상당 부분이 심리학에서 관장하는 '성격 테스트'라는 영역으로 넘어간 듯 보인다. 하지만 아직도 사람들은 신체적 외모에 대한 미신적 관념이나 관습적 판단 기준을 고수한다. 얼굴 생김새에 따라 승용차를 선택하는 기준이 달라진다는 한국 경영학계의 한 연구,[45] 약지와 식지의 길이 차이를 통해 동성애 성향을 판별했다는 미국의 한 의과대학의 연구[46] 등은 이런 전통의 연장선에 있다.

이 모든 것은 문명의 발생과 더불어 나타난 관상학이 아직까지도 인간의 삶에 드리우는 긴 그림자이다. 따라서 관상학은 사람이 사회를 형성하고 살아가는 한 결코 쉽게 소멸하지 않을, 역사적으로 체득한 해묵은 관습에 대한 인간의 끈질긴 집착을 보여주는 한 예이기도 하다.

주(註)

머리말

1) Melissa Percival, *The Appearance of Character: Physiognomy and Facial Expression in 18th Century France*, London, 1999, p.8.
2) Michael Foucault, *Discipline and Punish*, New York, 1979 ; Idem, *The History of Sexuality*, New York, 1980 ; Idem, *Power/Knowledge*, New York, 1980 등 참조. 프랑스어로 쓰인 원작들은 1970년대 초반에 출판되었다.
3) Thomas Laqueur, *Making Sex: Body and Gender from the Greek to Freud*, Cambridge : Mass., 1990 ; Catherine Gallagher and Thomas Laqueur, eds., *The Making of the Modern Body*, Berkeley, 1987 ; Roy Porter, *The Fact of Life*, New Haven, 1994 ; Laqueur, "Bodies, Details and the Humanitarian Narrative," in Lynn Hunt, ed., *The New Cultural History*, Berkeley, 1989 ; Edward Shorter, ed., *Women's Bodies*, London, 1991 등 참조.

1 관상학의 탄생

1) Aristotle, "Physiognomonics," T. Loveday and E.S. Forster, trans., in Jonathan Barnes, ed., *The Complete Works of Aristotle*, Princeton, 1984, p.1241.
2) Siegfried Frey, "Lavater, Lichtenberg, and the Suggestive Power of the Human Face," in Ellias Shookman, ed., *The Faces of Physiognomy: Interdisciplinary Approaches to Johann Caspar Lavater*, Columbia : SC., 1993, p.64.

3) Christopher Rivers, *Face Value*, Wisconsin, 1994, p.18; F.R. Kraus, *Die physiognomischen Omina der Babylonier*, Leipzig, 1935; Jean Bottéro, "Symptômes, signes, écritures," in J.P. Vernant, ed., *Divination et Rationalité*, Paris, 1974 등 참조.

4) Bottéro, p.82 재인용.

5) John North, *Pagan Priest: Religion and Power in Ancient World*, Ithaca., 1990, p.49.

6) Ibid., p.5.

2 그리스-로마 시대의 관상학

1) 파울 프리샤우어, 이윤기 옮김, 『세계풍속사 1』, 까치, 1991, p.272.

2) John Liggett, *The Human Face*, New York, 1974, p.181.

3) Thomas W. Africa; *Science and the State in Greece and Rome*, New York, 1968, p.19.

4) Ibid., pp.20~21 참조.

5) 히포크라테스의 『유행병』(*Epidemics*)에서 사용한 것으로 나타난다. 실제로 히포크라테스는 관상을 보는 몇 가지 기준을 제시한 바 있다. 예를 들면 "머리가 크고, 크고 검은 눈과 넓고 뭉툭한 코를 가진 이는 정직하다"는 식의 정형들이 그것이다. Hippocrates, *Epidemics*, 2. 6. 1. Tamsyn S. Barton, *Power and Knowledge*, Ann Arbor, 1994, p.101에서 재인용.

6) 이 당시 자연과학자들이 만든 관상학은 크게 다음과 같은 네 종류의 저서를 통해 전해 내려오고 있다.
  ① 기원전 3세기의 아리스토텔레스류의 『관상학』(*Physiognomonica*)
  ② 서기 2세기 폴레몬에 의해 씌어진 『관상학』(*De Physiognomonia*)
  ③ 4세기에 나온 소피스트 아드만티우스의 『관상학』(*Physiognomonica*)
  ④ 4세기경 익명의 라틴 핸드북 『관상학』(*De Physiognomonia*)
  Elizabeth C. Evans, "Physiognomics in the Ancient World," in *Transactions of the American Philosophical Society*, Vol.59, Philadelphia, 1969, p.5.

7) Cicero, *Cicero in Twenty-Eight Volumes*, H. Rackham ed. and trans., Vol.4, Cambridge: Mass., 1968, p.204.

8) 이 저술은 흔히 아리스토텔레스류(Pseudo-Aristotelian)라고 부르기도 한다. 그 이유는 이것을 아리스토텔레스가 직접 썼다기보다는 기원전 3세기

경 두 사람 이상의 제자가 이것을 기록했을 가능성이 더 높기 때문이다.

9) Aristotle, "Physiognomics," T. Loveday and E.S. Forster, trans., in Jonathan Barnes, ed., *The Complete Works of Aristotle*, Princeton, 1984, p.1237.

10) 아리스토텔레스의 『관상학』은 다음 여섯 가지 내용으로 구성되어 있다.
　　－성격을 드러내는 신체의 부위
　　－성상(또는 덕성)을 나타내는 신체의 외양
　　－남성과 여성의 신체적 차이
　　－남녀의 외모와 태도의 비교
　　－다양한 동물의 외모와 행동(특히 사자와 표범)
　　－외양(얼굴 모양, 신체 각 부분, 목소리, 빛깔)을 통해 추론할 수 있는 성격

11) Ibid., p.1238.

12) Ibid., p.1243.

13) 아리스토텔레스는 스승 플라톤의 사상을 이어받아 자연계의 모든 변화에는 지적인 계획과 목적이 있다고 생각하였다. 아리스토텔레스는 물질에 관한 인과관계에 대하여 그 원인으로 크게 네 가지를 파악한다. 첫째는 질료인으로, 물체가 만들어진 원초적 물질에 관한 것이다. 둘째는 형상인으로, 원초적 물질 위에 새겨진 계획, 모양, 형상이다. 셋째는 효과인으로, 이것은 계획을 실현하는 수단과 과정을 설명한다. 넷째는 목적인으로, 물체에 계획된 목적을 말하는 것이다. 아리스토텔레스는 주로 형상인과 목적인에 관심이 있었으며, 형상인은 자연계의 모든 것과 변천 사이에 선천적으로 주어져 있다고 믿었다. 최초에 그 형상인들은 숨어 있으나, 물체나 생물의 발달 과정에서 형상들이 나타나게 되었다. 결국 그 형상들은 그것을 계획한 의도, 즉 목적인을 만족시킴으로써 완결되는 것이다. 스티븐 에프 메이슨, 박성래 옮김, 『과학의 역사 I』, 까치, 1996, pp.46~47 참조.

14) Ibid., p.47.

15) Jennifer Montagu, *The Expression of the Passions*, New Haven, 1994, p.23 참조.

16) Aristotle, p.1239.

17) Ibid., p.1238.

18) Ibid., p.1239.

19) Ibid., p.1247.

20) Ibid., pp.1240~1241.

21) Ibid., p.1242.

22) Diogenes Laertius, *Diogenes Laertius*, R.D. Hicks, trans, Vol.I, Cambridge: Mass., 1972, p.35.

23) Aristotle, p.1244.

24) Ibid.

25) Ibid.

26) Ibid.

27) Ibid.

28) Aristotle, *Politics*, VII, Ernest Barker, trans., New York, 1958, p.296.

29) Ptolemy, *Tetrabiblos*, 2. 2. 2. F.E. Robbins, trans., Cambridge: Mass., 1956, p.58.

30) R. Foerster, ed., *Scriptores Physiognomici*, Vol.1, Leipzig, 1893, p.238.

31) Ibid.

32) Ibid., pp.156, 252.

33) Barton, pp.122~128 참조.

34) Edmund Leach, *Social Anthropology*, Cambridge, 1983.

35) John Bulwer, *Anthropometamorphosis*, London, 1653, p.411.

36) Thomas W. Africa, *Science and the State in Greece and Rome*, New York, 1968, p.37.

37) Aristotle, *Metaphysics*, XII, Cyril Armstrong, trans., Cambridge: Mass., 1969, p.163.

38) Cato, *De Agricultura*, 7. 4. John North, *Pagan Priest: Religion and Power in Ancient World*, Ithaca, 1990, p.58에서 재인용.

39) Valerius Maximus, 1. 3. 3. Tamsyn S. Barton, *Power and Knowledge*, Ann Arbor, 1994, p.190, footnote 16 참조.

40) North, pp.49~71 참조.

41) Alexis, "Fragment 30," T.F. Higham, trans., *The Oxford Book of Greek Verse in Translation*, Oxford, 1953, p.524.

42) 라인하르트 라팔트, 김이섭 옮김, 『로마 황제들의 눈물』, 찬섬, 1997, p.30.

43) Lucan, *Civil War*, I. 639~672. Barton, p.38 재인용.

44) Tacitus, *Annals*, 14. 9. 3. in A. J. Church and W. J. Brodribb, trans., *The Complete Works of Tacitus*, New York, 1942, pp.325~326.

45) 라팔트, p.200.

46) Ibid., p.221.

47) Ibid., p.144.

48) Galen, *On Prognosis*, V. Nutton, trans., Berlin, 1979, p.72 참조.

49) Cassius Dio, *Dio's Roman History*, LVI. 25. 5. Earnest Cary, trans., Cambridge: Mass., 1968, p.57.

50) Suetonius, *The Lives of the Caesars*, J.C. Rolfe, trans., Vol.II., Cambridge: Mass., 1965, p.323.

51) E. Riess, "The Influence of Astrology on Life and Literature at Rome," in *Classical Weekly* 2, New York, 1933, pp.73~78.

52) 폴레몬의 관상학은 현재 전체가 다 남아 있지는 않고 약 70여 장만 남아 있다. R. Foerster, *De Polemonis Physiognomicis*, Kiel, 1886; Idem, ed., *Scriptores Physiognomici*, 2 Vols., Leipzig, 1893 참조.

53) Aristotle, "Physiognomonics," in Jonathan Barnes., ed., *The Complete Works of Aristotle*, Princeton, 1984, p.1242.

54) Foerster, *Scriptores*, Vol.I, p.210.

55) Ibid., p.114.

56) Ibid., p.120.

57) Ibid., p.120.

58) Ibid., p.148.

59) 라팔트, p.160.

60) Dio, p.57.

61) John Liggett, *The Human Face*, New York, 1974, p.182.

62) Suetonius, Vol. I, p.481.

63) Ibid., p.245.

64) Ibid. *Divus Augustus*, p.21, 33, 51, 66, 67, 72 참조.

65) Pliny, the Elder, *Naturalis Historia*, H.L. Rockham, trans., pp.11. 141~145 참조.

66) K. Hopkins, *Conquerors and Slaves*, Cambridge, 1978, pp.235~236.

67) Elizabeth C. Evans, "Physiognomics in the Ancient World," *Transactions of the American Philosophical Society*, Vol.59, Philadelphia, 1969, p.39.

68) A.D. Hunt, and C.C. Edgar, trans., *Select Papyri*, Vol.1, Cambridge: Mass., 1932, p.27.

69) 로버트 단턴, 조한욱 옮김, 『고양이 대학살』, 문학과지성사, 1997, p.232.

70) 코린 쿨레, 이선화 옮김, 『고대 그리스의 의사소통』, 영림카디널, 1999, pp.84~90.

71) Evans, p.38 참조.

72) T.B.L. Webster, *Hellenistic Poetry and Art*, New York, 1964 ; Idem., "Monuments Illustrating Old and New Comedy," *Bulletin Supplement, The Institute of Classical Studies, Univ. of London*, No. 9, London, 1960 참조.

73) J.P. Vernant, *Les origines de la pensée grecque*, Paris, 1983, p.45

74) 호세 안토니오 게레로, 강필운 옮김, 『수사학의 역사』, 문학과지성사, 2001, pp.41~41.

75) 라팔트, p.127.

76) R. Foerster, ed., *Scriptores Physiognomici*, Vol.I, Leipzig, 1893, pp. 126~128.

77) Ibid.

78) Ibid.

79) Ibid.

80) Cicero, *Pro Quinto Roscio*, 7, 20. Evans, p.43 재인용.

81) Foerster, Vol.1, p.276, 410, 415.

82) Ibid., p.160.

83) Aristotle, "Physiognomonics," in Jonathan Barnes, ed., *The Complete Works of Aristotle*, Princeton, 1984, p.1249.

84) Ibid., p.1248.

85) Quintilian, *Institutio Oratoria*, H.E. Butler, trans., Vol.II, 3. 69. Evans, pp.42~43 재인용.

86) Cicero, *Ad. C. Herennium*, H. Caplan, trans., 3. 20~27, Cambridge : Mass., 1954. Evans, p.41 참조.

87) Judith Wechsler, *A Human Comedy: Physiognomy and Caricature in 19th Century Paris*, Chicago, 1982 참조.

88) 앨버트 S. 라이언즈, R. 조지프 페트루첼리, 황상익 · 권복규 옮김, 『세계 의학의 역사』, 한울, 1994, p.208 재인용.

89) Anon., *Aristotles's Secret of Secrets Contracted*, Printed for H. Walwyn, London, 1702, p.51.

90) 히포크라테스, 윤임중 옮김, 『의학이야기』, 한국과학문화재단, 서해문집, 1998, p.36.

91) Herodotus, *Herodotus*, IX, 62. Thomas W. Africa, *Science and the State in Greece and Rome*, New York, 1968, p.26 재인용.

92) 히포크라테스, pp.25~26.

93) Ibid., pp.42~43.

94) Ibid., p.27.

95) Ibid., p.47.

96) James Yonge, trans., Governaunce of Prynces, 1422, 69b L-70L.

97) Ibid.

3 조각난 육체와 중세의 관상학

1) Accandam, *The Most Excellent, Profitable and Pleasant Book of the Famous Doctor, An Expert Astrologian, Accandam, or Alcandrin*, William Warde, trans., London, 1558, no. pag.

2) Jacques Le Goff, *Medieval Civilization*, Julia Barrow, trans., London, 1990, p.325.

3) 조르주 뒤비, 양영란 옮김, 『서기 1000년과 서기 2000년 그 두려움의 흔적들』, 동문선, 1997 참조.

4) 대한성서공회 발행, 『대역 한글판 구약전서』, 서울, 1956.

5) Carlo Ginzburg, *The Cheese and the Worms*, New York, 1978.

6) Françoise Loux and Richard Philippe, *Sagesses et Corps*, Paris, Maisonneuve et Larose, 1978: 김경희, 「프랑스 속담에 나타난 '신체'에 대한 분석」, 『몸의 이해』, 프랑스 문화읽기 Vol.3, 어문학사, 1998, pp. 362~401 참조.

7) 페르시아의 의사이자 화학자, 연금술사로 923년, 또는 924년에 사망하였다고 알려지고 있다.

8) 이 책은 아리스토텔레스류만큼은 아니지만 중세 유럽에서 꾸준히 회자되고 있음을 알 수 있다. 그런데 일단 문헌이 발견된 곳들이 넓게 분포되어 있고, 12세기에 씌어진 것이 12부, 그리고 13, 14, 15세기에도 최소 6부씩의 새로운 필사본이 만들어졌다.

9) 1227년에 쓰고 1471년에 인쇄된 것. John Liggett, *The Human Face*, New York, 1974, p.182 참조.

10) Carroll Camden, "The Mind's Construction in the Face," *Philological Quarterly*, XX, 3, Iowa, July 1941, p.403.

11) 창세기, i. 26(또는 i. 27).

12) 막스 피카르, 조두환 옮김, 『사람의 얼굴』, 책세상, 1994, p.230.

13) Ibid., p.28.

14) Anthony the Great, *The Russian Philokalia*, 1: 21. 대니얼 B. 클렌데 닌, 주승민 옮김, 『동방정교회 신학』, 은성, 1997, p.77 재인용.

15) Keith Thomas, *Man and the Natural World*, London, 1984, pp.30~31.

16) George Abbot, *An Exposition upon the Prophet Ionah*, London, 1600, p.549.

17) Thomas, p.39.

18) 미셸 카플란, 노대명 옮김, 『비잔틴 제국: 동방의 새로운 로마』, 시공사, 1999, pp.134~135.

19) Loux and Philippe; 김경희 참조.

20) Thomas, *Religion and the Decline of Magic*, New York, 1971 참조.

21) 데이비드 폰테너, 최승자 옮김, 『상징의 비밀』, 문학동네, 1998, p.37.

22) Robert Bartlett, *Trial by Fire and Water: The Medieval Judicial Ordeal*, Oxford, 1990, p.11.

23) Ibid., pp.23~25. 12~13세기 유럽에서 마술에 처벌을 가하는 일은 프랑 스 지역은 물론, 영국, 에스파냐, 노르웨이까지 보편적으로 나타난다.

24) 까트린 끄노, 이재형 옮김, 『상대적이며 절대적인 마법의 백과사전』, 열린 책들, 1997, p.21.

25) Richard Saunders, *Physiognomie, and Chiromancie, Metoposcopie, the symmertrical Proportions and Signal Moles of the Body*, London, 1671, pp.128, 134.

26) 제프리 리처즈, 유희수 옮김, 『중세의 소외집단: 섹스, 일탈, 저주』, 느티 나무, 1999, p.125.

27) Bartlett, p.32.

28) John Gaule, *The Magicall-Astrologicall Diviner Posed, and Puzzled*, London, 1652, p.165.

29) 필사본과 인쇄물로 유럽 전역으로 유포된 이 문헌은 16세기까지 지방어로 꾸준히 번역, 출판되었다. 중세 문헌들이 그렇듯이 판본에 따라 발췌된 부 분들이 각각 다르게 나타나기도 한다. 이 문헌의 다양한 판본들에 관해서 는 Robert Steele, ed., *Three Prose Versions of the Secreta Secretorum*, London, 1898; M.A. Manzalaoui, ed., *Secretum Secretorum: Nine English Versions*, Oxford, 1977 참조.

30) 이 문헌은 12세기에 라틴어로 번역된 이래 영어, 불어, 히브리어, 독일어

등으로 번역되어 전 유럽에 퍼졌으며, 상당한 인기를 누리고 있던 것으로 추정된다. 이 문헌은 또한 15세기 이후 살레르노(Salerno) 학파에 의하여 씌어지기 시작하여 중세 말, 근대 초에 널리 보급된『가정용 건강지침서』(*Regimen*)의 기초가 되었다.

31)『군주의 섭생법』(1411~12)은 헨리 5세의 교육에 쓰였고,『원칙의 검경』과『군주의 거울』(1501)은 헨리 8세의 교육에 사용되었다. 중세 영국 왕들이 사용하였던 교육서 내역은 Nicholas Orme, *English Schools in the Middle Ages*, London, 1973, pp.21~29 참조.

32) Elizabeth C. Evans, "Physiognomy in the Ancient World," *Transactions of the American Philosophical Society*, 59, Philadelphia, 1969 참조.

33) James Yonge, trans., *The Governaunce of Prynces*,1422, 66b L.

34) Ibid., 68b L-70b L.

35) Loux and Philippe ; 김경희 참조.

36) 리처즈, p.233.

37) Accandam, *The Most Excellent, Profitable and Pleasant Book of the Famous Doctor, An Expert Astrologian, Accandam, or Alcandrin*, William Warde, trans., London, 1558, no. pag.

38) M. 몽테뉴, 민희식 옮김,『몽테뉴 수상록』, 육문사, 1991. p.272.

39) Johann Caspar Lavater, *Essays on Physiognomy*, London, 1840, p.264.

40) Accandam, no. pag.

41) Ibid.

42) Samuel R. Wells, *How to Read Character: New Illustrated Hand-Book*, New York, 1883, pp.17~18.

43) Keith Thomas, *Religion and the Decline of Magic*, New York, 1971, p.223.

44) Ibid.

45) 야콥 부르크하르트, 정운용 옮김,『이탈리아의 르네상스 문화』, 을유문화사, 1991, p.476.

46) Ibid., p.481.

47) Geoffrey Chaucer, *The Canterbury Tales*, Nevill Coghill, ed., London, 1977, p.293.

48) Walter C. Curry, *Chaucer and the Medieval Sciences*, New York,

1926, pp.91~107 참조.

49) Ionnes Baptista Porta, *Coelestis Physiognomoniae*, Neapoli, 1603, p.116.

50) Accadam, no. pag.

51) Ibid.

52) Curry, p.95.

53) Philippi Finella, *De metroposcopia, Antverpiae*, 1648, p.134.

54) Belot, p.225.

55) Ibid. p.110.

56) 안달루시아에 거주했던 아라비아의 술탄.

57) 세르반테스, 박철 옮김, 『집시여인』, 오늘의책, 1997, pp.40~42. 이 작품은 1613년 모범소설이라는 제목으로 나온 열두 개의 중편 가운데 첫 작품이다. 이 작품은 에스파냐 문학 가운데 집시들의 모습과 풍습을 가장 잘 나타내는 작품으로 손꼽힌다.

58) 피에트로 뮈토니, 「손금 보는 사람」, 12세기, 시민화랑, 비상스.

59) Accandam, *The Most Excellent, Profitable and Pleasant Book of the Famous Doctor, An Expert Astrologian, Accandam, or Alcandrin*, William Warde, trans., London, 1558, no. pag.

60) Walter C. Curry, *The Medieval Ideal of Personal Beauty*, Baltimore, 1916, p.36 참조.

61) 에드워드 1세.

62) J.M. Wallace-Hardill, *The Long Haired Kings*, Toronto, 1982, pp.156~157 참조.

63) 윌리엄 P. 캐논, 서영일 옮김, 『중세교회사』, 기독교 문서선교회, 1986, p.284.

64) 나탈리 제먼 데이비스, 양희영 옮김, 『마르탱 게르의 귀향』, 지식의풍경, 2000, pp.62~63.

65) Loux, Françoise and Richard Philippe, *Sagesses et Corps*, Paris, Maisonneuve et Larose, 1978; 김경희, 「프랑스 속담에 나타난 '신체'에 대한 분석」, 『몸의 이해』, 프랑스 문화읽기 제3호, 어문학사, 1998 참조.

66) James Yonge, trans., The Governaunce of Prynces, 1422, 70L.

67) 살라미스 동방교회의 대주교.

68) 파울 프리샤우어, 이윤기 옮김, 『세계풍속사 1』, 까치, 1992, pp.357~358.

69) 대니얼 B. 클린데닌, 주승민 옮김, 『동방 정교회 신학』, 은성, 1997. pp.

68~69.

70) 레오니드 오우스펜스키, 『성상의 의미와 내용』, Ibid., p.93.

71) 까트린 끄노, 이재형 옮김, 『상대적이며 절대적인 마법의 백과사전』, 열린책들, 1997, p.267.

72) 이케가미 슌이치, 강응천 옮김, 『여성에게 문화는 있었는가』, 사계절, 1999, pp.104~105.

73) François Villon, *Oeuvres*, A. Longnon, ed., Paris, 1914, p.39.

74) J. Huizinga, *The Waning of the Middle Ages*, New York, 1949, pp.268~272 참조.

75) Jacques Le Goff, *Medieval Civilization*, Julia Barrow, trans., London, 1990, pp.178~179.

76) Johann Caspar Lavater, *Essays on Physiognomy*, London, 1840, p.304.

77) 중세의 아름다움의 기준에 대해서는 커리(Curry)의 저서 참조.

78) Lavater, p.304.

79) Accandam, no. pag.

80) 장긍선 편저, 『이콘: 신비의 미』, 기쁜소식, 1993, pp.246~247.

81) E. Rodocanachi, *La Femme Italienne*, Paris, 1907, p.102.

82) 요한 호이징가, 최홍숙 옮김, 『중세의 가을』, 문학과지성사, 1988, p.335.

83) 마가레테 브룬스, 조정옥 옮김, 『색의 수수께끼』, 세종연구원, 1999, p.104.

84) Accandam, no. pag.

85) John Evelyn, *A Discourse of Medals*, London, 1697, pp.295~296, 299~300.

86) 김정숙, 「르네쌍스와 바로끄 문학에 나타난 몸」, 『몸의 이해』, 프랑스 문화 읽기 제3호, 어문학사, 1998, p.284.

87) 에두아르트 푹스, 이기웅, 박종만 옮김, 『풍속의 역사 II: 르네상스』, 까치, 1986, pp.17~18.

88) 김정숙, pp.283~285 참조.

89) Salomone Morpurgo, *El costume de la donne*, Firenze, 1889. Natalie Zemon Davis, ed., *A History of Women*, III, Cambridge, 1993, p.58 재인용.

90) Ibid.

91) Agnolo Firenzuola, *Delle bellezze della donna*, Firenze, 1548. 오카

다 아쓰시, pp.68~77 참조.

92) 김정숙, p.284.

4 관상학의 르네상스, 근세

1) Ben Jonson, *Every Man in His Humor*, I, iii, 122~127.

2) Leonardo Da Vinci, Studio di teste vecchio e giovane affrontate, Firenze-Galleria degli Uffizi.

3) J. Huizinga, *The Waning of the Middle Ages*, New York, 1949, p.264.

4) 몽테뉴, 민희식 옮김, 『몽테뉴 수상록』, 육문사, 1991, p.211.

5) Ibid.

6) Ibid., p.210.

7) 이 책에서는 Erasmus, "On Good Manners for Boys," Brian McGregor, trans., in Erika Rummel, ed., *Erasmus Reader*, Toronto, 1990, pp.101~122를 기초로 분석한다.

8) 처음 6년간 30여 판이 인쇄되었고 책이 출판된 지 2년 만에 첫 영역판이 나왔다. 그리고 1534년에는 교리문답 형식으로 출판되었으며, 이미 어린이용 교과서로 채택되었다. 매년 새롭게 번역된 프랑스어판도 나왔다. 각 국어로 인쇄됨은 물론, 라틴어판은 1547, 1551, 1558년 동안 무려 654쇄나 인쇄될 정도로 기록적인 인기를 끌었다.

9) Erasmus, p.102.

10) Ibid.

11) 탄호이저, 「궁정예법」, 노르베르트 엘리아스, 박미애 옮김, 『문명화과정 I』, 한길사, 1996, p.190 재인용.

12) Erasmus, p.103.

13) Ibid.

14) Ibid., p.102.

15) Ibid., p.103.

16) Johann Caspar Lavater, *Essays on Physiognomy*, London, 1840, p.307.

17) Richard Saunders, *Physiognomie, and Chiromancie, Metoposcopie, the symmertrical Proportions and Signal Moles of the Body*, London, 1671, p.89.

18) *The Doctrine of Courtesy*(1528). William Harrison Woodward, *Studies in Education during the Age of the Renaissance*, Cambridge, 1906, p.247에서 재인용.

19) 『변사가의 훈육』은 1416년에 재발견되고 1417년에 출판되어 르네상스기 유럽에 지대한 영향을 끼쳤다. De Lamar Jensen, *Renaissance Europe*, Lexington: D.C., 1981; Woodward, chp.1 참조.

20) 『변사가의 훈육』은 키케로의 『웅변가』(*The Orator*), 플루타르코스의 『교육론』(*On the Education of Children*)과 같은 텍스트와 더불어 웅변가로 훈련시키는 과정에 필수적이었던 제스처의 기술적인 면들을 포괄적으로 개요하고 있다. 따라서 이들 고전의 재발견은 16세기 이후의 교육서들이 풍부한 내용을 갖추게 하는 바탕을 형성하였다.

21) Robert W. Gaston, *Attention and Inattention in Religious Painting of the Renaissance*, Firenze, 1985, p.255.

22) 노베르트 엘리아스, 유희수 옮김, 『문명화 과정: 매너의 역사』, 신서원, 1995, p.115.

23) Cicero, *Ad Herennium*, H. Caplan, trans., 204. Elizabeth C. Evans, "Physiognomics in the Ancient World," *Transactions of the American Philosophical Society* 59, Philadelphia, 1969, p.41 재인용.

24) 몽테뉴, p.456.

25) Erasmus, p.103.

26) Baldassare Castiglione, *The Courtier*, Thomas Hoby, trans., Oxford, 1970, p.163.

27) Ibid.

28) *The Governaunce of Prynces*, MS. Rawl. B. 490(1422), fols.32~33.

29) Castiglione, p.164.

30) Ibid.

31) Ibid.

32) *The Babee's Book*, MS. Harl, 5086. fol.90b.

33) Morshe Barasch, "Character and Physiognomy: Bocchi on Donatello's St. George," in *Journal of History of Ideas*, Vol.36. No.3, 1975, p.413.

34) 15세기 후반에야 예술가들은 감정을 드러내는 순간적 표정의 변화에 주목을 하게 된다. Jennifer Montagu, *The Expression of the Passion*, New Haven, 1994 참조.

35) Erasmus, p.103.

36) Ibid.

37) 16세기 예술가들이 감정의 표현이라는 문제에 대하여 얼마나 심각하게 고민하였으며, 어떻게 그 방법을 익히며 정형으로 만들어나갔는가 하는 문제는 바라치의 논문에 잘 나타나 있다.

38) Barasch, pp.419~420 참조.

39) 바르치가 1547년에 행한 유명한 강의, 샤를 르 브룅의 1668년의 강의는 감정을 나타내는 표정에 대한 화가들의 관심을 뚜렷이 보여준다. Barasch, p.417; Montagu, p.1 참조.

40) Marin Cureau de La Chambre, *Charactéres des Passion*, Paris, 1640~62. 퀴로 드 라 샹브르는 중세적 전통을 고수하여 감정을 인간이 가진 체액의 움직임에 따라 변화하는 것으로 파악한 반면, 데카르트는 영혼이 뇌에 자리하고 있고 감정이 영혼에 의하여 통제받는 것이므로, 근육과 같은 몸의 움직임과 표정은 뇌에 의해 영향받는다는 것을 피력하였다. Montagu, p.17 참조.

41) Charles Le Brun, *Conference sur l'expression*, Paris, 1698. Montagu, p.19에서 재인용.

42) Lavater, p.305.

43) 엘리아스, p.128.

44) Ibid., p.101.

45) 엘리아스, 박미애 옮김, 『문명화과정 II』, 한길사, 1999, p.319 참조.

46) William Bouwsma, *A Usable Past: Essays in European Cultural History*, Berkeley, 1990, pp.170~171 참조.

47) 엘리아스, 유희수 옮김, p.139.

48) Bouwsma, pp.173, 359.

49) 니콜로 마키아벨리, 강정인 옮김, 『군주론』, 까치, 1994, p.123.

50) Lavater, p.306.

51) 마키아벨리, p.122.

52) 외적 장치란 고프만(Erving Goffman)에 의해 제기된 사회학적 개념으로, 다른 이들에게 자신을 표현하는 다양한 장치들을 일컫는다. 직위표, 옷, 성별, 연령, 인종, 키나 외모, 말하는 습관, 제스처, 표정 등을 일컫는 것이다. Erving Goffman, *The Representation of Self in Everyday Life*, New York, 1959, pp.23~24 참조.

53) Ibid., pp.1~2 참조.

54) Ibid., p.13.

55) Richard Ollard, *The Image of the King*, London, 1993 참조.

56) Ibid., p.25.

57) 이 시기 비학과 마술은 거의 동일한 것을 일컫는다고 말할 수 있다. 비학에 대한 정의는 이종흡, 『마술 · 과학 · 인문학』, 지영사, 1999, p.100, 주 44 참조.

58) astrology. 이 시기 점성술과 천문학은 동의어로 쓰였다.

59) Keith Thomas, *Religion and the Decline of Magic*, New York, 1971, pp.275~288 참조.

60) Peter Burke, "Popular Culture in Seventeenth-Century London," in Barry Reay, ed., *Popular Culture in Seventeenth-Century England*, London, 1985, p.50.

61) 몽테뉴, p.61.

62) The Statues of the Realm [1530~1531], 22 Henry VIII, c. 12.

63) Ibid., [1572], 14 Eliz., c. 5; [1597~1598], 39 Eliz., c. 4; [1603~1604] 1 James I, c. 7.

64) Richard Saunders, *Physiognomie, and Chiromancie, Metoposcopie, the symmertrical Proportions and Signal Moles of the Body*, London, 1671, p.180.

65) Thomas Dekker, *Lanthorne and Candle-light*(1609), in Grosart, ed., *Non-Dramatic Works*, Vol. III, London, 1885, p.263.

66) 이 선들은 현재 우리 나라의 수상학에서 사용하는 용어로 풀이해본다면, 다음 선들을 지칭한다.

　① the table line or line of fortune: 감정선

　② the natural line: 두뇌선

　③ the line of life or the line of heart: 생명선

　④ the line of the liver or the line of stomach: 건강선

　⑤ the sister line of the line of life or the line of death: 운명선

67) Carroll Camden, "Elizabeth Chiromancy," in *Modern Language Notes*, Vol.62, London, 1947, p.4; Saunders, p.2 참조.

68) 손가락 바로 아래 손바닥 부분의 둔덕(mount, 丘)은 각각 바깥쪽부터 수성구, 태양구, 토성구, 목성구로 설정되었고, 엄지 아랫부분의 불룩한 둔덕은 금성구, 반대편은 월구, 손바닥의 우묵한 분지는 화성삼각지대(화성평원)로 규정되었다. 엄지를 제외한 각 손가락의 마디는 각각 점성학의 12

별자리와 상응하는 것으로 설정되었다. 예를 들어 검지 맨 위쪽 마디는 백양자리이고, 그 바로 아래는 다음 별자리인 황소자리를 나타내는 것이다.

69) Saunders, p.88.

70) Ibid., p.118.

71) 단지 공통적으로 인지되었던 아주 간략한 원칙들로는, 우선 곧고 뚜렷한 선이 다른 선에 의해 가로질러지지 않았을 때 그 선이 대표하는 특질이 가장 좋은 상태라는 점을 들 수 있다. 또한 생명선이나 감정선과 같은 주요 선들과 지선이 만나는 모양에 따라서 그 주요 선에 부여한 종류의 사안을 예언하는 것도 공통의 원칙이었다. 예를 들자면 생명선의 윗부분에 지선들이 가로지른 경우는 질병을 의미하는 것과 같은 것이다.

72) 다음의 작품들은 당시 유행하던 수상학의 법칙들을 언급하고 있다. John Lyly, *Mother Bombie*, II, iii, 86~94; George Chapman, *The Blind Begger of Alexandria*, sc., I, 110~119.

73) Ben Johnson, *The Alchemist*, I, iii, 52~57, London, 1680.

74) Richard Saunders, *Physiognomie, and Chiromancie, Metoposcopie, the symmertrical Proportions and Signal Moles of the Body*, London, 1671. 여기서는 영국도서관(British Library)에 소장되어 있는 판본을 기초로 분석하였다. 이 책은 1653년에 처음 출판되었으며, 이마의 주름살을 통해 보는 관상(Metoposcopie), 신체의 점(Moles)을 통한 관상, 꿈을 통해 보는 관상(Physiognomy of Dreams)과 같은 내용이 보강되어 1671년에 재판되었다.

75) 이하 분석은 샌더스의 수상학서의 내용 가운데 각각 다른 형태의 손금 모양을 그리고 있는 손금 분석의 예시(sample) 48개의 장(chapter)에 나오는 920여 가지의 예언을 분석한다. 48개의 장에 나타난 실례는 문헌상 페이지로는 다음과 같다. pp.88~89, 95, 105~152, 1(153쪽인데 인쇄 과정에서 잘못 나타났거나, 끼워 넣어진 듯함), 154. 각각의 장에서는 적게는 1개에서 많게는 28개의 선을 분석하고 있는데, 그에 따른 구체적인 예언은 920여 가지로 나타나고 있다(총 개수는 920개이나, 이 가운데 6개는 활자가 빠지거나 인쇄 상태가 불량하여 해석이 불가능한 것으로, 실제로 해석할 수 있는 예언의 개수는 914개이다).

76) Saunders, p.88.

77) Ibid., p.89.

78) Ibid., p.118.

79) 조르주 뒤비, 양영란 옮김, 『서기 1000년과 서기 2000년 그 두려움의 흔

적들』, 동문선, 1997, p.161.

80) Lawrence Stone, *Family, Sex and Marriage in England 1500~ 1800*, New York, 1979, p.54.

81) Paul Slack, *The Impact of Plague in Tudor and Stuart England*, Oxford, 1990, p.22.

82) 토마스나 스톤 등의 학자들이 17세기의 삶에서 죽음을 초래하는 '환경적 위험'으로, '질병'과 '화재' 등을 강조한 반면, '익사'에 대해서는 구체적 으로 언급하고 있지 않았음을 비추어보면 더욱 주목할 만하다(Stone, pp. 54~66; Thomas, pp.5~17). 사실 이 수상학서가 출간된 17세기 중반에 실제로 익사사고가 얼마나 빈번하게 일어났는가를 알아볼 수 있는 구체적 인 사료는 현재 없는 것으로 보인다.

83) 알랭 코르뱅은 17세기 후반 영국에서 '해양학'의 발달 등과 더불어 바다에 대한 긍정적인 개념이 널리 퍼졌다고 주장한다. 따라서 18세기에 들어서 면 사람들이 물의 투명성, 밝음 등에서 즐거움을 찾기 시작하고, 이른바 '해변의 발명'이라 부를 수 있는, 해수욕이나 해변에서 즐기는 집단적인 경향이 나타났다고 한다. Alain Corbin, *Lure of the Sea*, Jocelyn Phelps, trans., London, 1994, pp.18, 69.

84) Everard Digby, *De Arte Natandi*(Art of Swimming), London, 1586. 딕비의 이 문헌은 수영을 스포츠로 천명한 최초의 문헌으로 알려져 있다. Compton Reeves, *Pleasures and Pastimes in Medieval England*, Oxford, 1998, p.95 참조.

85) Thomas, *Man and the Natural World*, London, 1984, p.39.

86) Johannes Fabricius, *Syphilis in Shakespeare's England*, London, 1994, p.138.

87) Charles Webster, ed., *Caring for Health: History and Diversity*, Buckingham: Phil., 1993, p.23.

88) Slack, pp.26~27.

89) Thomas, *Religion*, p.7.

90) Saunders, p.149.

91) Ibid., p.88.

92) Ibid., p.131.

93) Saunders, p.88.

94) G.R. Quaife, *Wanton Wenches and Wayward Wives: Peasants and Illicit Sex in Early Seventeenth Century England*, New Brunswick:

N.J., 1979 참조.

95) Saunders, p.145.
96) Ibid., p.113.
97) Ibid., p.122.
98) Ibid., p.125.
99) Lena C. Orlin, *Private Matters and Public Culture in Post-Reformation England*, Ithaca, 1994.
100) Geoffrey Parker and Lesley M. Smith, *The General Crisis of the Seventeenth Century*, London, 1985, p.2.
101) Niels Steensgaard, "The Seventeenth-century Crisis," in Parker and Smith, p.27.
102) F. Braudel, *Civilisation matérielle, économie et capitalism*, Vol.I, Paris, 1979, pp.32~33.
103) Parker, *Europe in Crisis, 1598~1648*, Brighton, 1980, p.21.
104) F.M.A. de Voltaire, *Essai sur les moeurs*, Vol.II, Paris, 1963, pp.756~757, 794. Parker and Smith, p.4 재인용.
105) Roland Mousnier, "Les XVI et XVII siecles. Les Progrès de la Civilisation Européenne et le Déclin de l'Orient, 1492~1715," in *Histoire Générale des Civilisationes*, M. Grouzet, ed., Vol.4, Paris, 1953.
106) Christopher Hill, *The World Turned Upside Down: Radical Ideas during the English Revolution*, London, 1991, p.91.
107) 몽테뉴, p.65.
108) E. Pasquier, *Lettres Historiques pour les années 1556~1594*, D. Thickett, ed., Geneva, 1996, p.100. Parker and Smith, p.120 재인용.
109) Saunders, p.112.
110) Barry Reay, *Popular Culture in Seventeenth-Century England*, London, 1985, p.117.
111) Saunders, p.125.
112) Ibid.
113) Ibid., p.129.
114) Ibid., p.136.
115) Ibid., p.144.
116) Ibid., pp.109, 128, 112, 145, 126, 121(인용 순서대로 열거함).

117) Alan Macfarlane, *Witchcraft in Tudor and Stuart England*, New York, 1970.

118) Saunders, pp.135, 110, 89, 145(인용 순서대로 열거함).

119) Stone, p.79.

120) Ibid., p.78.

121) Ibid., p.78 재인용.

122) Ibid., p.96 참조.

123) Ibid., p.77.

124) 여기서 이야기하는 '구별짓기'와 자기 표현방식의 '표출'의 개념은 부르디외와 고프만의 이론에 근거한 것이다. 삐에르 부르디외, 『구별짓기: 문화와 취향의 사회학』, 새물결, 1995; Erving Goffman, *The Representation of Self in Everyday Life*, New York, 1959, pp.23~24 참조.

5 관상학의 암흑기와 새로운 탈바꿈

1) 에두아르트 푹스, 이기웅, 박종만 옮김, 『풍속의 역사 III: 색의 시대』, 까치, 1997, p.59 재인용.

2) 푹스, 『풍속의 역사 II: 르네상스』, 까치, 1986, p.26 재인용.

3) S. Gilman, *Seeing the Insane*, Chichester, 1982, p.54 재인용.

4) Carroll Camden, *The Elizabethan Woman*, *A Panorama of English Womanhood*, 1540~1640, London, 1952, p.214.

5) John Liggett, *The Human Face*, New York, 1974, pp.67~69.

6) G.P. Lomazzo, *A Tracte Containing the Artes of Curious Paintinge Carving and Building*, R. Haydocke, trans., Oxford, 1598. Camden, p.203 참조.

7) 푹스, 『풍속의 역사 III: 색의 시대』, p.10 재인용.

8) Ibid., p.7 재인용.

9) Maggie Angeloglou, *A History of Makeup*, London, 1970, pp.73~74.

10) Samuel Butler, *Hudibras*, A.E. Waller, ed., Cambridge, 1905, p.120.

11) Norbert Elias, *The Court Society*, New York, 1983, p.84.

12) John Bulwer, *Anthropometamorphosis*, London, 1653, p.354.

13) 푹스, 『풍속의 역사 III』, p.56 재인용.

14) Liggett, p.69.

15) Bulwer, A4.

16) Elias, p.45.

17) Ibid., p.84 참조.

18) Ibid., p.103.

19) Richard Sennett, *The Fall of Public Man*, New York, 1992, p.66. 참조.

20) Neil McKendrick, John Brewer, and J.H. Plumb, *The Birth of a Consumer Society*, Bloomington, 1982, p.11.

21) Pierre Bourdieu, *Distinction: A Social Critique of the Judgement of Taste*, Richard Nice, trans., Cambridge, 1984 참조.

22) Sennett, p.66 참조.

23) Ibid., p.65.

24) Alexis Monteil, *Histoire des Français des divers états*, Paris, 1847, p.136.

25) Wilfred Hooper, "The Tudor Sumptuary Laws," in *The English Historical Review*, Vol. 30, London, 1915, p.441.

26) R. Brody-Johansen, *Body and Clothes: An Illustrated History of Costume*, New York, 1968, Chapter on 18th Century 참조.

27) 푹스, 『풍속의 역사 III』, pp.113~114 재인용.

28) 미셸 레, 「비밀의 의식」, 조르지 뒤비 외, 김석희 옮김, 『아름다운 사랑과 성의 역사』, 공동체, 1991, p.369.

29) Ibid.

30) 푹스, 『풍속의 역사 III』, p.114.

31) Ellis Shookman, "Pseudo-Science, Social Fad, Literary Wonder: Johann Caspar Lavater and the Art of Physiognomy," in Idem, ed., *The Faces of Physiognomy: Interdisciplinary Approaches to Johann Caspar Lavater*, Columbia, SC, 1993, p.2.

32) Liggett, p.190 참조.

33) Ibid., pp.232~233.

34) Johann Caspar Lavater, *Physiognomische Fragmente*, Vol.1, Leipzig, 1775, p.49.

35) Ibid.

36) Sigfried Frey, "Lavater, Lichtenberg, and the Suggestive Power of the Human Face," in Shookman, p.86.

37) Francis Bacon, *The Works of Francis Bacon*, James Spedding, ed., Vol.III, London, 1870, p.368.

38) Lavater, Vol.I, p.50.

39) Lavater, *Essays on Physiognomy*, London, 1840, p.40.

40) Ibid., p.293.

41) Ibid., p.294.

42) Ibid., p.37.

43) Robert Danton, *Mesmerism and the End of the Enlightenment in France*, Cambridge: Mass., 1968, pp.154~160.

44) Lavater, *Essays*, p.37.

45) Ibid., pp.78~83.

46) Lavater, *Physionomische*, Vol.1, Vorrede.

47) Ibid., p.15.

48) Melissa Percival, *The Appearance of Character: Physiognomy and Facial Expression in 18th Century France*, London, 1999, p.162.

49) Lavater, *Essays*, pp.389~390.

50) Liggett, p.199 재인용.

51) Lavater, *Essays*, p.34.

52) Lavater, *Physiognomische*, Vol.4, pp.474~475.

53) Lavater, *Essays*, p.193.

54) Lavater, *L'Art de connaître les Hommes*, L.J. Moreau de la Sarthe, ed., Paris, 1807 참조. 모로는 당시 관상학에 대한 문헌들을 편집하면서 표정과 근육 사이의 연관성에 대한 자신의 논문을 포함시켰다.

55) Charles Darwin, *The Expression of Emotions in Man and Animals*, London, 1872.

56) 찰스 다윈, 최원재 옮김, 『인간과 동물의 감정표현에 대하여』, 서해문집, 1998, p.44.

57) Ibid., pp.165~166.

58) Lavater, *Essays*, p.38.

59) Ibid., p.38.

60) 알랭 로랑, 김용민 옮김, 『개인주의의 역사』, 한길사, 1993, p.10.

61) 막스 피카르, 조두환 옮김, 『사람의 얼굴』, 책세상, 1994, p.124.

62) 라이프니츠 자신은 이 저서를 단자론이라고 구체적으로 명명하지는 않았다. 단자는 그리스어 'monos'에서 유래한 말이다.

63) 로랑, p.44.

64) Gottfried Wilhelm Leibniz, *Vernunftprinzipien der Natur und der Gnade, Monadologie*, 1982, p.29.

65) Lavater, *Physiognomische*, Vol.1, p.96.

66) 피카르, p.229.

67) Ibid., pp.116~122.

68) Graeme Tytler, *Physiognomy in the European Novel: Faces and Fortunes*, Princeton, 1982 참조.

69) Christopher Rivers, "Balzac, Physiognomy, and the Legible Body," in Shookman, p.145.

70) Honoré de Balzac, *Une Ténébreuse Affaire*, Paris, 1963. Judith Wecheler, *A Human Comedy*, Chicago, 1982, p.26에서 재인용.

71) L. J. Moreau de la Sarthe, "Observations sur les signes physionomiques des professions," in Lavater, L'Art de Connaitre, Moreau, ed., 1807, Vol. 7, pp.222, 227, 242.

72) Sennett, p.65.

73) 피카르, pp.239~240.

74) 괴테, 박영구 옮김, 『괴테의 이탈리아 기행』, 푸른숲, 1998, p.476.

75) Ibid., pp.684~685.

76) 이 학문은 두뇌의 기관을 연구 대상으로 삼는다고 하여 한동안 '기관학'이라는 이름으로 불렸다. 나중에는 '두뇌 관찰학'으로 불리다가 '골상학'이라는 이름으로 정착했다.

77) 골상학이 영국에 들어온 것은 1800년경이고, 미국의 경우 1830년 이전에 지식인들 사이에 상당히 널리 퍼져 있었던 것으로 보인다. 또한 골상학은 19세기 초 프랑스, 독일, 이탈리아 등은 물론이고, 캐나다에서도 널리 회자되고 있었다.

78) *Southern Literary Messenger*, 2, Richmond: Va., March, 1836, p.286.

79) [J.T. Smith], "Progressive Diffusion of Phrenology," pp.407~408. Roger Cooter, *The Cultural Meaning of Popular Science: Phrenology and the Organization of Consent in 19th Century Britain*, Cambridge, 1984, pp.43~47 참조.

80) George Combe, *Lectures on Phrenology*, New York, 1840, p.49.

81) Cooter, p.32 참조.

82) Samuel R. Wells, *How to Read Character: New Illustrated Hand-Book*, New York, 1883, p.13.

83) 지적인 기능은 지각과 사유로, 정서적 기능은 다시 성향과 감정으로 나뉘는데 그 구체적 내용은 다음과 같다.

    * 정서적 기능

    가. 성향—① 호색성 ②아이를 좋아하는 성향 ③집중 ④집착
         ⑤호전성 ⑥파괴성 ⑦비밀스러움 ⑧탐욕 ⑨건설적 성향

    나. 감정—⑩자긍심 ⑪인정받고 싶은 마음 ⑫신중함 ⑬자비심 ⑭존경심
         ⑮단호함 ⑯의식 ⑰희망 ⑱놀라움 ⑲기능이 구체적으로 확인되지 않음
         ⑳재치와 쾌활 ㉑모방

    * 지적인 기능

    가. 지각—㉒개성 ㉓형식 ㉔크기 ㉕무게 ㉖색깔 ㉗위치 ㉘숫자 ㉙순서
         ㉚우발성 ㉛시간 ㉜선율 ㉝언어

    나. 사유—㉞비교 ㉟인과관계

84) 영국에서는 당시 최고의 명성을 누리던 의학자들이 골상학을 지지하였으며, 당시 가장 권위 있던 의학잡지들이 골상학을 지지하고 나섰다. Cooter, pp.29~33 참조.

85) John Bowring, ed., *The Works of Jeremy Bentham*, Vol.7, Edinburgh, 1843, pp.433~434. 일부 비평가들은 골상학자들을 온 나라를 휩쓸고 다니는 "돌팔이, 사기꾼, 떠돌이 약장사"라고 부르며, 이들을 "바보라기보다는 오히려 악당들"이라고 묘사하였다. Cooter, pp.22~23 참조. 골상학을 조롱하는 풍자시나 스케치와 같은 회화들도 많이 발표되었다.

86) Cooter; Madeleine B. Stern, *Heads and Headlines*, Norman: Ok, 1971; John D. Davies, *Phrenology Fad and Science*, New Haven, 1955; David de Giustino, *Conquest of Mind*, London, 1975 등 참조.

87) 이 전환의 계기는 1832년 핸더슨(William R. Henderson)이 골상학의 홍보에 써달라고 5천 파운드를 남긴 유언에서 비롯되었다. 이 돈의 일부는 콤의 저서인 『인간의 체질』(*Constitution of Man*)을 가난한 사람들과 노동자들이 쉽게 구입할 수 있도록 보급판본으로 만드는 데 쓰였다. 이러한 '독학 골상학' 류의 책은 1835년 10월부터 1840년 10월 사이에 무려 6만 4천 부가 팔려나갔다. 1830년대 숙련공 학원에서 골상학은 이미 커리큘럼의 일부로 확고한 위치를 자리잡았다. Cooter, pp.140~141 참조.

88) Ibid., pp.139~146 참조.

89) James Simpson, *Necessity of Popular Education, as a National*

Object, Edinburgh, 1834, p.20.

90) George Combe, *Essays on Phrenology*, Edinburgh, 1819, p.334.

91) Combe, *Lectures*, p.ix.

92) *Examiner*, London, 30 Oct. 1831, no. pag.

93) Cooter, p.151.

94) Ibid., p.153.

95) Wells, p.63.

96) Ibid., pp.71~72.

97) Anon., "Phrenology," *Bolster's Quarterly Magazine*, I, Cork, Irland, May 1826, p.179.

98) Davies, p.38 참조.

99) Anon., *Phrenology: its evidences and inferences, with criticisms upon Mr. Grant's recent lectures*, Sheffield, 1858, p.13.

100) Anon., "phrenology and physiology," *Aldine Magazine*, I, London, 19 Jan. 1839, p.121.

101) Anon., "Phrenology," *The People*, I, Wortley, England, 1848, p.280.

102) Stern, p.165.

103) Ibid., pp.157~163.

104) 이들 골상학자들은 헌트(Harriot K. Hunt)가 여성이라는 이유로 하버드 의대로부터 입학을 거부당하자 여성의료인의 평등한 지위를 요구하는 격렬한 운동을 벌인 바 있다.

105) Stern, p.43.

106) Ibid., pp.43~44 참조.

107) Davies, p.110.

108) Orson Fowler, *Matrimony: or Phrenology and Physiology applied to the selection of Suitable Companions for Life: including······ Directions to the Married for Living Affectionately and Happily Together*, New York, 1842. 이와 유사한 매뉴얼들의 종류와 판매상황에 대해서는 Stern, pp.44~45 참조.

109) Ibid., p.43 참조.

110) Davies, p.109.

111) *American Phrenological Journal*, 25, Philadelphia and New York, 1857, p.33.

112) Davies, p.110 참조.

113) Stern, p.166.

114) Thomas Laqueur, "Orgasm, Generation, and the Politics of Reproductive Biology," in Catherine Gallaher and Thomas Laqueur, *The Making of the Modern Body*, Berkeley, 1987, p.18.

115) Ibid., p.1.

116) 콤에 따르면 두뇌는 23세, 때로는 28세까지도 계속 성장하며, 성숙한 두뇌의 무게는 남성인 경우 3lbs. 8oz이고, 여성의 경우는 3los. 4oz라고 말한다. 훌륭한 사람의 두뇌는 종종 매우 무겁다고 하였다. Combe, *Lectures*, p.125.

117) Ibid., pp.23~24.

118) Laqueur, *Making Sex*, Cambridge: Mass., 1990, p.208.

119) George Wilhelm Friedrich Hegel, *Werke*, Eva Moldenhauer and Karl Michel, eds., Vol.7, Frankfurt, 1969~71, pp.319~320.

120) Combe, *Lectures*, pp.26~27.

121) Ibid., p.27.

122) Ibid.

123) Ibid., p.141.

124) Ibid., p.33.

125) Ibid.

126) Ibid., p.30.

127) Ibid., p.37.

128) Ibid., p.181.

129) Auguste Comte, *Cours de Philosophie Positive*, Vol.4, Paris, 1839, pp.569~570.

130) Londa Schiebinger, "Skeletons in the CLoset," in Gallagher and Laqueur, p.69.

6 관상학의 긴 그림자

1) Samuel R. Wells, *How to Read Character: New Illustrated Hand-Book*, New York, 1883, pp.60~61.

2) S. Schafer, *Theologies in Criminology*, New York, 1969, p.113 재인용.

3) Earnest Albert Hooton, *Crime and the Man*, Cambridge: Mass., 1939.

4) Hooton, *The American Criminal: An Anthropological Study*, Cambridge: Mass., 1939.

5) Hooton, *Crime*, pp.376~378.

6) Ernst Kretschmer, *Physique and Character*, New York, 1925.

7) 크레츠머가 분류한 네 가지 체격은 다음과 같다.

① 세장형: 얼굴, 목, 몸통, 사지, 근육, 뼈 등이 가는 체형 ② 투사형: 근육이 발달하고, 떡 벌어진 어깨, 넓은 가슴, 쭉 빠진 몸통의 체형 ③ 비만형: 중키, 둥근 외모, 통통한 얼굴과 짧고 강한 목, 부드러운 손의 체형 ④ 발육부진형: 육체적으로 비정상적이고 불균형적인 체형

8) Stephen Hurwitz, *Criminology*, London, 1952.

9) 윌리엄 펠프리, 이경재 옮김, 『범죄학 입문』, 길안사, 1996, p.40 참조.

10) Arthur Layard, ed., *Voyage and Travels of Sir John Mandeville*, New York, 1898.

11) Michael Banton, *Racial Theories*, Cambridge, 1998, pp.70~75.

12) Johann Caspar Lavater, *Essays on Physiognomy*, London, 1840, pp.305~306.

13) Ibid., p.384.

14) Lavater, *Physiognomische Fragmente*, Vol.1, Leipzig, 1775, p.46.

15) Lavater, *Von der Physiognomik*, Leipzig, 1772, p.14

16) Lavater, *Essays*, p.345.

17) Ibid., p.350.

18) Ibid., p.349.

19) 막스 피카르, 조두환 옮김, 『사람의 얼굴』, 책세상, 1994, p.61.

20) Lavater, *Essays*, p.360.

21) Frederick Hollick, *The Marriage Guide or Natural History of Generation*, New York, c. 1850, p.36.

22) Ibid., pp.163~164.

23) Lavater, *Essays*, pp.104, 157.

24) Ibid., p.339.

25) Ibid., pp.339~340

26) John Liggett, *The Human Face*, New York, 1974, p.195 재인용.

27) John Beddoe, *The Races of Britain*, London, 1885, pp.10~11.

28) Alfred T. Stroy, "A Chapter on Noses," *Phrenological Magazine*, II, London, 1881.

29) Lavater, *Essays*, p.472.

30) 빌리 하스, 김두규 옮김, 『세기말과 세기초: 벨 에포크』, 까치, 1994, p.88.

31) J. Fest, *The Face of the Third Reich*, London, 1972, p.154; 데이비드 웰시, 최용찬 옮김, 『독일 제3제국의 선전정책』, 혜안, 2001, pp.108~109.

32) 스티븐 컨 지음, 이성동 옮김, 『육체의 문화사』, 의암출판, 1996. p.294.

33) Alexander Mitscherlich, *Medizin ohne Menschlichkeit*, No.185, Frankfurt am Main, 1949 참조.

34) 피카르, pp.227~228

35) Ibid., pp.124~125.

36) Roy Willias, ed., *On the Margins of Science: The Social Construction of Rejected Knowledge*, Keele, 1979, p.11 참조.

37) Roger Cooter, *The Cultural Meaning of Popular Science: Phrenology and the Organization of Consent in 19th Century Britain*, Cambridge, 1984, pp.43~47 참조.

38) Ibid., pp.75~79 참조.

39) Willias, p.18.

40) Ibid., pp.21, 25.

41) P. 부르디외, 김용숙 옮김, 『남성지배』, 동문선, 2000, pp.91~93 참조.

42) L. McArthur and D. Berry, "Cross-Cultural Agreement in Perceptions of Babyfaced Adults," *Journal of Cross-Cultural Psychology*, Vol.18, No.2, June, 1987, pp.165~192.

43) D.T. Gilbert and D.S. Krull, "Seeing Less and Knowing More: The Benefit of Perceptual Ignorance," *Journal of Personality and Social Psychology*, 54, 1988.

44) 『중앙일보』, 1998년 2월 20일자.

45) 얼굴 유형이 사각형이면 스피드, 역삼각형이면 안전성, 원형은 외관, 광대뼈가 튀어나온 마름모형은 주행 연비, 코가 뾰족한 사람은 이미지, 작은 코를 가진 사람은 안전성을 가장 우선시하여 차를 선택한다는 논문이다. 김수동, 「얼굴 유형별 승용차 구매선호 톤(tone)」, 순천대학교, 2001. 『조선일보』, 2001년 7월 11일자.

46) 미국 캘리포니아(버클리) 대학의 신경정신학 교수인 마크 브리드러브 박사는 『네이처』지에 오른손 두번째 손가락보다 네번째 손가락이 긴 여성이 동성애 성향이 강한 것으로 나타났다고 보고하였다. 『중앙일보』, 2000년 3월 31일자.

참고문헌

제1차 사료

Abbot, George, *An Exposition upon the Prophet Ionah*, London, 1600.

Accandam, *The Most Excellent, Profitable and Pleasant Book of the Famous Doctor, An Expert Astrologian, Accandam, or Alcandrin*, translated by William Warde, London, 1558.

American Phrenological Journal, 25, Philadelphia and New York, 1857.

Anon., *Aristotles's Secret of Secrets Contracted*, Printed for H. Walwyn, London, 1702.

Anon., *Phrenology: its evidences and inferences, with criticisms upon Mr. Grant's recent lectures*, Sheffield, 1858.

Anon., "Phrenology and Physiology," *Aldine Magazine*, I, London, 19 Jan. 1839.

Anon., "Phrenology," *Bolster's Quarterly Magazine*, I, Cork, Irland, May 1826.

Anon., "Phrenology," *The People*, I, Wortley, England, May 27, 1848.

Aristotle, *Metaphysics*, XII, translated by Cyril Armstrong, Cambridge, Mass.: Harvard UP., 1961~62.

_____, *Politics*, VII, translated by Ernest Barker, New York: Oxford UP., 1958.

_____, *The Complete Works of Aristotle*, edited by Jonathan Barnes, Princeton: Princeton UP., 1984.

Bacon, Francis, *The Works of Francis Bacon*, Vol.III, edited by James Spedding, London: Longman, 1870.

Balzac, Honoré de, *Une Ténébreuse Affaire*, Paris: A. Colin, 1963.

Beddoe, John, *The Races of Britain*, London: Hutchinson, 1885.

Belot, M. Iean, *Les Oevvres de M. Iean Belot*, Lyon, 1654.

Bentham, Jeremy, *The Works of Jeremy Bentham*, VII, edited by John Bowring, Edinburgh: W. Tait, 1843.

Brontë, Charlott, *Villette*, London: Zodiac Press, 1948.

Bulwer, John, *Anthropometamorphosis: Man Transform'd or the Artificial Changling*, London, 1653.

Burton, Robert, *The Anatomy of Melancholy*, edited by Holbrook Jackson, London: J.M. Dent & Sons, 1972.

Butler, Samuel, *Hudibras*, edited by A.R. Waller, Cambridge: Cambridge UP., 1905.

Castiglione, Baldassare, *The Courtier*, translated by Thomas Hoby, Oxford: Oxford UP., 1970.

Chaucer, Geoffrey, *The Canterbury Tales*, edited by Nevill Coghill, London: Penguin Books, 1977.

Cicero, *Cicero in Twenty-Eight Volumes*, translated by H. Rackahm, Cambridge, Mass.: Harvard UP., 1968.

_____, *Rhetorica ad Herennium or Auctor ad Herennium*, translated by H. Caplan, Cambridge: Mass., Harvard UP., 1981.

Combe, George, *Lectures on Phrenology*, New York: Samuel Wells, 1840.

_____, *Essays on Phrenology*, Edinburgh, 1819.

Comte, Auguste, *Cours de Philosophie Positive*, Vol.4, Paris: Bachelier, 1839.

Darwin, Charles, *The Expression of Emotions in Man and Animals*, London: Julian Friedmann, 1872.

Dekker, Thomas, *Non-Dramatic Works*, Vol.III, London: Aylesbury, 1885.

Digby, Everard, *De Arte Natandi*, London, 1586.

Dio, Cassius, *Cassius Dio's Roman History*, translated by Earnest Cary, Cambridge, Mass.: Harvard UP., 1968.

Diogenes, Laertius, *Diogenes Laertius*, Vol.I, translated by R.D. Hicks, Cambridge, Mass.: Harvard UP., 1972.

Erasmus, *Erasmus Reader*, edited by Erika Rummel, Toronto: Univ. of Toronto Press, 1990.

Evelyn, John, *A Discourse of Medals*, London, 1697.

Examiner, London, 30 Oct. 1831.

Finella, Philippi, *De metroposcopia*, Antverpiae, 1648.

Firenzuola, Agnolo, *Delle bellezze della donna*, Firenze, 1548.

Foerster, R., *De Polemonis Physiognomicis*, Kiel, 1886.

_____, ed., *Scriptores Physiognomici*, Leipzig, 1893.

Fowler, Orson, *Matrimony: or Phrenology and Physiology applied to the selection of Suitable Companions for Life*, New York: O.S. & L. N. Fowler, 1842.

Galen, *On Prognosis*, translated by V. Nutton, Berlin: Akademie-Verlag, 1979.

Gaule, John, *The Magicall-Astrologicall Diviner Posed, and Puzzled*, London, 1652.

Hegel, Georg W.F., *Werke*, Vol. 7, edited by Eva Moldenhauer and Karl Michel, Frankfurt: Suhrkamp, 1969~71.

_____, *Grundlinien der Philosophie des Rechts*, Berlin: Dunker and Humbolt, 1833.

Higham, T.F., trans., *The Oxford Book of Greek Verse in Translation*, Oxford: Clarendon Press, 1953.

Hollick, Frederick, *The Marriage Guide or Natural History of Generation*, New York: T.S. Strong, c. 1850.

Hunt, A.D. and C.C. Edgar, trans., *Select Papyri*, Cambridge, Mass.: Harvard UP., 1932.

Jonson, Ben, *The Alchemist*, London, 1680.

La Chambre, Marin Cureau de, *Les Charactères des Passion*, Paris, 1640~62.

Lavater, Johann Caspar, *Essays on Physiognomy*, London: Blake, 1840.

_____, *L'Art de connaître les Hommes*, edited by L.J. Moreau de la Sarthe, Paris, 1807.

_____, *Physiognomische Fragmente*, 4 Vols. Leipzig: Weidmann and Reich, 1775~78.

_____, *Von der Physiognomik*, Leipzig: Weidmann and Reich, 1772.

Le Brun, Charles, *Conference······ sur l'expression générale et particulière*, Paris, 1698.

Leibniz, Gottfried Wilhelm, *Vernunftprinzipien der Natur und der Gnade, Monadologie*, Hamburg: Felix Meiner, 1982.

Lomazzo, G.P., *A Tracte Containing the Artes of Curious Paintinge Carving and Building*, translated by R. Haydocke, Oxford, 1598.

Loux, Françoise and Richard Philippe, *Sagesses et Corps*, Paris: Maisonneuve et Larose, 1978.

Lucan, *Civil War*, I. translated by J.D. Duff, Cambridge, Mass.: Harvard UP., 1928.

Lyly, John, *Mother Bombie*, London, 1598.

Manzalaoui, M.A. ed., *Secretum Secretorum: Nine English Versions*, Oxford: Oxford UP., 1977.

Morpurgo, Salomone, *El costume de la donne* (1536), Firenze: Liberia Dante, 1889.

Pliny, the Elder, *Naturalis Historia*, translated by H.L. Rockham, Cambridge, Mass.: Harvard UP., 1992.

Plutarch, *De Alexandri magni fortuna aut virtute oratio*, Napoli: M. D'Auria, 1998.

Porta, Ionnes Baptista, *Coelestis Physiognomoniae Libri Sex*, Neapoli, 1603.

Ptolemy, *Tetrabiblos*, translated by F.E. Robbins, Cambridge, Mass.: Harvard UP., 1956.

Quintilian, *Institutio Oratoria*, II, translated by H.E. Butler, Cambridge, Mass.: Harvard UP., 1920~22.

Rodocanachi, E., *La Femme Italienne*, Paris: Hachette, 1907.

Saunders, Richard, *Physiognomie, and Chiromancie, Metoposcopie, the symmertrical Proportions and Signal Moles of the Body*, London, 1671.

Southern Literary Messenger, 2, Richmond: Va., March 1836.

Steele, Robert, ed., *Three Prose Versions of the Secreta Secretorum*, London: Kegan Paul, 1898.

Stroy, Alfred T., "A Chapter on Noses," *Phrenological Magazine*, II, London, 1881.

Suetonius, *The Lives of the Caesars*, I-II, translated by J.C. Rolfe, Cambridge, Mass.: Harvard UP., 1964~65.

Tacitus, *The Annals, of Tacitus*, translated by Alfred John Church, London: MacMillian, 1921.

_____, *The Complete Works of Tacitus*, translated by A. J. Church and W. J. Brodribb, New York: The Modern Library, 1942.

The Babee's Book, M.S. Harl, 5086, fol. 90b. (ab. 1475 A.D.)

The Doctrine of Courtesy, London, 1528.

The Governaunce of Prynces, MS. Rawl, B. 490 (1422), fols. 32~33.

The Governaunce of Prynces, translated by James Yonge (1422)

The Statues of the Realm [1530-1], 22 Henry VIII, c. 12.

The Statues of the Realm [1572], 14 Eliz., c. 5.

The Statues of the Realm [1597-8], 39 Eliz., c. 4.

The Statues of the Realm [1603-4], 1 James I, c. 7.

Villon, François, *Oeuvres*, edited by A. Longnon, Paris: Champion, 1914.

Voyage and Travels of Sir John Mandeville, edited by Arthur Layard, New York: D. Appleton, 1898.

Walkington, Thomas, *The Optick Glasse of Humors*, London, 1639.

Wells, Samuel R., *How to Read Character : New Illustrated Hand-Book*, New York: Flower & Wells, 1883.

제2차 사료

Africa, Thomas W., *Science and the State in Greece and Rome*, New York: John Wiley and Sons Inc., 1968.

Angeloglou, Maggie, *A History of Makeup*, London: Studio Cista, 1970.

Banton, Michael, *Racial Theories*, Cambridge: Cambridge UP., 1998.

Barasch, Morshe, "Character and Physiognomy: Bocchi on Donatello's St. George," *Journal of History of Ideas*, Vol. 36, No. 3, 1975.

Barnes, Jonathan, ed., *Science and Speculation*, Cambridge: Cambridge UP., 1982.

Bartlett, Robert, *Trial by Fire and Water: The Medieval Judicial Ordeal*, Oxford: Clarendon Press.

Barton, Tamsyn S., *Power and Knowledge*, Ann Arbor: Univ. of Michigan Press, 1994.

Bourdieu, Pierre, *Distinction: A Social Critique of the Judgement of Taste*, translated by Richard Nice, Cambridge, Mass.: Harvard UP., 1984.

＿＿＿, *La Domination Masculine*, Paris: Seuil, 1998.

Bouwsma, William, *A Usable Past: Essays in European Cultural History*, Berkeley: Univ. of California Press, 1990.

Bower, Michael R. *Relations between Art and Physiognomics, 1400~1550*, M. Phil Thesis, University of London, 1973.

Braudel, Fernand, *Civilisation matérielle, économie et capitalism*, Paris: A. Colin, 1979.

Brody-Johansen, R. *Body and Clothes: An Illustrated History of Costume.* New York: Reinhold, 1968.

Camden, Carroll, *The Elizabethan Woman, A Panorama of English Womanhood, 1540~1640*, London: Cleaver-Hume, 1952.

Camden, Carroll, "Elizabeth Chiromancy," *Modern Language Notes*, Vol. 62, London, 1947.

Camden, Carroll, "The Mind's Construction in the Face," *Philological Quarterly*, XX, III, Iowa, July 1941.

Cooter, Roger, *The Cultural Meaning of Popular Science: Phrenology and the Organization of Consent in 19th Century Britain*, Cambridge: Cambridge UP., 1984.

Corbin, Alain, *Lure of the Sea*, translated by Jocelyn Phelps, London: Penguin Books, 1994.

Curry, Walter C., *Chaucer and the Medieval Sciences*, New York: Oxford UP., 1926.

Curry, Walter C., *The Medieval Ideal of Personal Beauty*, Baltimore: J. H. Furst Company, 1916.

Danton, Robert, *Mesmerism and the End of the Enlightenment in France*, Cambridge, Mass.: Harvard UP., 1968.

Davies, John D., *Phrenology Fad and Science*, New Haven: Yale UP., 1955.

Davis, Natalie Zemon, ed., *A History of Women*, III, Cambridge, Mass.: Harvard UP., 1993.

Elias, Norbert, *The Court Society*, New York: Pantheon Books, 1983.

Ellis Shookman ed., *The Faces of Physiognomy: Interdisciplinary Approaches to Johann Caspar Lavater*, Columbia, SC.: Camden House, 1993.

Evans, Elizabeth C., "Physiognomics in the Ancient World," *Transactions of the American Philosophical Society*, Vol. 59, Philadelphia, 1969.

Fabricius, Johannes, *Syphilis in Shakespeare's England*, London: Jessica Kingsley, 1994,

Fest, J., *The Face of the Third Reich*, translated by M. Bullock, London: Weidenfeld and Nicolson, 1972.

Foucault, Michael, *Discipline and Punish*, New York: Vintage Books, 1979.

_____, *Power/Knowledge*, New York: Pantheon Books, 1980.

_____, *The History of Sexuality*, New York: Vintage Books, 1980.

Gallagher, Catherine and Thomas Laqueur, eds., *The Making of the Modern Body*, Berkeley: Univ. of California Press, 1987.

Gaston, Robert W., *Attention and Inattention in Religious Painting of the Renaissance*, Firenze: Giunti Barbéra, 1985.

Gilbert, D.T. and D.S. Krull, "Seeing Less and Knowing More: The Benefit of Perceptual Ignorance," *Journal of Personality and Social Psychology*, 54, 1988.

Gilman, S., *Seeing the Insane*, Chichester: John Wiley, 1982.

Ginzburg, Carlo, *The Cheese and the Worms*, New York: Penguin Books, 1978.

Goffman, Erving, *The Representation of Self in Everyday Life*, New York: Doubleday Anchor Books, 1959.

Guistino, David de, *Conquest of Mind: Phrenology and Victorian Social Thought*, London: Croom and Helm, 1975.

Hanen, Marsha P., M. J. Osler and Robert G. Weyant eds., *Science, Pseudo-science and Society*, Waterloo, Ontario: Wilfrid Laurier UP., 1980.

Hill, Christopher, *The World Turned Upside Down: Radical Ideas during the English Revolution*, London: Penguin Books, 1991.

Hooper, Wilfred, "The Tudor Sumptuary Laws," *The English Historical*

Review, Vol. 30, London, 1915.

Hooton, E. A., *Crime and the Man*, Cambridge, Mass.: Harvard UP., 1939.

_____, *The American Criminal: An Anthropological Study*, Cambridge, Mass.: Harvard UP., 1939.

Hopkins, K., *Conquerors and Slaves*, Cambridge: Cambridge UP., 1978.

Huizinga, J. *The Waning of the Middle Ages*, New York: A Doubleday Anchor Book, 1949.

Hunt, Lynn, ed., *The New Cultural History*, Berkeley: Univ. of California Press, 1989.

Hurwitz, Stephen, *Criminology*, London: Allen and Unwin, 1952.

Jensen, De Lamar, *Renaissance Europe*, Lexington: D. C. Heath & Co., 1981.

Kern, Stephen, *Anatomy and Destiny*, Indianapolis: Bobbs-Merrill, 1975.

Kraus, F. R., *Die Physiognomischen Omina der Babylonier*, Leipzig: K. C. Hinrichs, 1935.

Kretschmer, Ernst, *Physique and Character*, New York: Harcourt Brace, 1925.

Laqueur, Thomas, *Making Sex: Body and Gender from the Greek to Freud*, Cambridge, Mass.: Harvard UP., 1990.

Le Goff, Jacque, *Medieval Civilization*, translated by Julia Barrow, London: Blackwell, 1990.

Leach, Edmund, *Social Anthropology*, Cambridge: Cambridge UP., 1983.

Liggett, John, *The Human Face*, New York: Stein and Day, 1974.

Macfarlane, Alan, *Witchcraft in Tudor and Stuart England*, London: Routledge & K. Paul, 1970.

McArthur, L. and D. Berry, "Cross-Cultural Agreement in Perceptions of Babyfaced Adults" *Journal of Cross-Cultural Psychology*, Vol. 18, no. 2. June, 1987.

McKendrick, Neil, John Brewer, and J. H. Plumb, *The Birth of a Consumer Society*, Bloomington: Indiana UP., 1982.

Mitscherlich, Alexander, *Medizin ohne Menschlichkeit*, No. 185., Frankfurt am Main: Fischer Bücherei, c.1949.

Montagu, Jennifer, *The Expression of the Passion*, New Haven: Yale UP., 1994.

Montaigne, M. *The Complete Worlds of Montaigne*, translated by Donald Frame, Stanford: Stanford UP., 1957.

Monteil, Alexis, *Histoire des Français des divers états*, Paris, 1847.

North, John, *Pagan Priest: Religion and Power in Ancient World*, Ithaca: Cornell UP., 1990.

Ollard, Richard, *The Image of the King*, London: Pimlico, 1993.

Orlin, Lena C., *Private Matters and Public Culture in Post-Reformation England*, Ithaca: Cornell up., 1994.

Orme, Nicholas, *English Schools in the Middle Ages*, London: Methuen & Co Ltd, 1973.

Parker, Geoffrey and Lesley M. Smith eds., *The General Crisis of the Seventeenth Century*, London: Routledge & K. Paul, 1985.

Parker, Geoffrey, *Europe in Crisis, 1598~1648*, Brighton: Fontana, 1980.

Pasquier, E. *Lettres Historiques pour les années 1556~1594*, edited by D. Thickett, Geneva: Droz, 1996.

Pelfrey, William, *The Evolution of Criminology*, Cincinnati: Anderson, 1980.

Percival, Melissa, *The Appearance of Character: Physiognomy and Facial Expression in 18th Century France*, London: W. S. Maney and Son Ltd., 1999.

Porter, Roy, *The Fact of Life*, New Haven: Yale UP., 1994.

Quaife, G. R. *Wanton Wenches and Wayward Wives; Peasants and Illicit Sex in Early Seventeenth Century England*, New Brunswick, NJ: Rutger UP., 1979.

Reay, Barry, ed., *Popular Culture in Seventeenth-Century England*, London: Croom and Helm, 1985.

Reeves, Compton, *Pleasures and Pastimes in Medieval England*, Oxford: Oxford UP., 1998.

Riess, E. "The Influence of Astrology on Life and Literature at Rome,"

Classical Weekly, 2, London, 1933.

Rivers, Christopher, *Face Value*, Wisconsin: Univ. of Wisconsin Press, 1994.

Schafer, S., *Theologies in Criminology*, New York: Random House, 1969.

Sennett, Richard, *The Fall of Public Man*, New York: W. W. Norton, 1992.

Shookman, Ellias, ed., *The Faces of Physiognomy: Interdisciplinary Approaches to Lavater, Johann Caspar Lavater*, Columbia, SC: Camden House, 1993.

Shorter, Edward, ed., *Women's Bodies*, London: Transaction Publishers, 1991.

Simpson, James, *Necessity of Popular Education, as a National Object*, Edinburgh, 1834.

Slack, Paul, *The Impact of Plague in Tudor and Stuart England*, Oxford: Oxford UP., 1990.

Stern, Madeleine B., *Heads and Headlines*, Norman, OK.: Oklahoma UP., 1971, 165.

Stone, Lawrence, *Family, Sex and Marriage in England 1500~1800*, New York: Harper, 1979.

Thomas, Keith, *Man and the Natural World*, London: Penguin Books, 1984.

_____, *Religion and the Decline of Magic*, New York: Charles Scribner's Sons, 1971.

Tytler, Graeme, *Physiognomy in the European Novel: Faces and Fortunes*, Princeton: Princeton UP., 1982.

Underwood, E. A., ed., *Science, Medicine and History*, Vol. 2, London: Oxford UP., 1953.

Vernant, J. P., *Les origines de la pensée grecque*, Paris: PUF., 1983.

_____, ed., *Divination et Rationalité*, Paris: Seuil, 1974.

Wallace-Hardill, J. M., *The Long Haired Kings*, Toronto: Univ. of Toronto Press, 1982.

Webster, Charles ed., *Caring for Health: History and Diversity*, Buckingham, Phil.: Open UP., 1993.

Webster, T. B. L., *Hellenistic Poetry and Art*, New York: Barnes &

Noble, 1964.

Webster, T. B. L., "Monuments Illustrating Old and New Comedy," *Bulletin Supplement*, The Institute of Classical Studies, Univ. of London, No. 9, 1960.

Wechsler, Judith, *A Human Comedy: Physiognomy and Caricature in 19th Century Paris*, Chicago: Univ. of Chicago Press, 1982.

Welch, David, *The Third Reich: Politics and Propaganda*, New York: Routledge, 1993.

Willias, Roy, ed., *On the Margins of Science: The Social Construction of Rejected Knowledge*, Keele: Univ. of Keele, 1979.

Woodward, William Harrison, *Studies in Education during the Age of the Renaissance*, Cambridge: Cambridge UP., 1906.

게레로, 호세 안토니오, 강필운 옮김, 『수사학의 역사』, 문학과지성사, 2001.

괴테, 박영구 옮김, 『괴테의 이탈리아 기행』, 푸른숲, 1998.

김경희, 「프랑스 속담에 나타난 '신체'에 대한 분석」, 『몸의 이해』, 프랑스 문화읽기 제3호, 어문학사, 1998.

김정숙, 「르네쌍스와 바로끄 문학에 나타난 몸」, 『몸의 이해』, 프랑스 문화읽기 제3호, 어문학사, 1998.

끄노, 까트린, 이재형 옮김, 『상대적이며 절대적인 마법의 백과사전』, 열린책들, 1997.

다윈, 찰스, 최원재 옮김, 『인간과 동물의 감정표현에 대하여』, 한국과학재단 편, 서해문집, 1998.

단턴, 로버트, 조한욱 옮김, 『고양이 대학살』, 문학과지성사, 1997.

대한성서공회, 『대역 한글판 구약전서』, 서울, 대한성서공회, 1956.

데이비스, 나탈리 제먼, 양희영 옮김, 『마르탱 게르의 귀향』, 지식의풍경, 2000.

_____, 아를렛 파르주, 조형준 옮김, 『여성의 역사 3: 르네상스와 계몽주의의 역설』, 새물결, 1999.

뒤비, 조르주 외, 김석희 옮김, 『아름다운 사랑과 성의 역사』, 공동체, 1991.

뒤비, 조르주, 양영란 옮김, 『서기 1000년과 서기 2000년 그 두려움의 흔적들』, 동문선, 1997.

라이언즈, 앨버트 S. R., 조지프 페트루첼리, 황상익, 권복규 옮김, 『세계 의학의 역사』, 한울, 1994.

라팔트, 라인하르트, 김이섭 옮김, 『로마 황제들의 눈물』, 찬섬, 1997.

로랑, 알랭, 김용민 옮김, 『개인주의의 역사』, 한길사, 1993.

로버트, P. 김화영 옮김, 『세계연극사』, 삼성문고, 1979.

리처즈, 제프리, 유희수 옮김, 『중세의 소외집단: 섹스, 일탈 저주』, 느티나무, 1999.

마키아벨리, 니콜로, 강정인 옮김, 『군주론』, 까치, 1994.

매크래켄, 그란트, 이상률 옮김, 『문화와 소비』, 문예출판사, 1996.

메이슨, 스티븐 에프, 박성래 옮김, 『과학의 역사 I』, 까치, 1996.

몽테뉴, M., 민희식 옮김, 『몽테뉴 수상록』, 육문사, 1991.

부르디외, P., 김용숙 옮김, 『남성지배』, 동문선, 2000.

_____, 최종철 옮김, 『구별짓기: 문화와 취향의 사회학』, 새물결, 1995.

부르크하르트, 야콥, 정운용 옮김, 『이탈리아의 르네상스 문화』, 을유문화사, 1991.

브랑톰, 임승신 옮김, 『이야기 성 풍속사』, 산수야, 1995.

브룬스, 마가레테, 조정옥 옮김, 『색의 수수께끼』, 세종연구원, 1999.

세르반테스, M., 박철 옮김, 『집시여인』, 오늘의책, 1997.

아우렐리우스, M., 백문영 옮김, 『아우렐리우스 명상록』, 혜원교양신서, 1990.

엘리아스, 노르베르트, 박미애 옮김, 『문명화과정 I』, 한길사, 1996.

_____, 박미애 옮김, 『문명화과정 II』, 한길사, 1999.

_____, 유희수 옮김, 『문명화과정: 매너의 역사』, 신서원, 1995.

오카다 아쓰시, 오근영 옮김, 『르네상스의 미인들』, 가람기획, 1999.

웰시, 데이비드, 최용찬 옮김, 『독일 제3제국의 선전정책』, 혜안, 2001.

이종흡, 『마술 · 과학 · 인문학』, 지영사, 1999.

이케가미 슌이치, 강응천 옮김, 『여성에게 문화는 있었는가』, 사계절, 1999.

장긍선 편저, 『이콘: 신비의 미』, 기쁜 소식, 1993.

『조선일보』, 2001년 7월 11일자.

좀바르트, 베르너, 이상률 옮김, 『사치와 자본주의』, 문예출판사, 1997.

『중앙일보』, 1998년 2월 20일자.

_____, 2000년 3월 31일자.

카플란, 미셸, 노대명 옮김, 『비잔틴 제국: 동방의 새로운 로마』, 시공사, 1999.

캐논, 윌리엄 P., 서영일 옮김, 『중세교회사』, 기독교 문서선교회, 1986.

컨, 스티븐, 이성동 옮김, 『육체의 문화사』, 의암출판, 1996.

쿨레, 코린, 이선화 옮김, 『고대 그리스의 의사소통』, 영림카디널, 1999.

클린데닌, 대니얼 B., 주승민 옮김, 『동방 정교회 신학』, 은성, 1997.

펠프리, 윌리엄 V., 이경재 옮김, 『범죄학 입문』, 길안사, 1996.

폰타나, 조셉, 김원중 옮김, 『거울에 비친 유럽』, 새물결, 1999.

폰태너, 데이비드, 최승자 옮김, 『상징의 비밀』, 문학동네, 1998.

푹스, 에두아르드, 이기웅, 박종만 옮김, 『풍속의 역사 II, 르네상스』, 까치, 1986.

──────, 이기웅, 박종만 옮김, 『풍속의 역사 III, 색의 시대』, 까치, 1997.

──────, 이기웅, 박종만 옮김, 『풍속의 역사 IV, 부르조아의 시대』, 까치, 1986.

프리샤우어, 파울, 이윤기 옮김, 『세계풍속사』, 까치, 1992.

피카르, 막스, 조두환 옮김, 『사람의 얼굴』, 책세상, 1994.

하스, 빌리, 김두규 옮김, 『세기말과 세기초: 벨 에포크』, 까치, 1994.

호이징가, 요한, 최홍숙 옮김, 『중세의 가을』, 문학과지성사, 1988.

히포크라테스, 윤임중 옮김, 『의학이야기』, 한국과학문화재단 편, 서해문집, 1998.

찾아보기

ㄱ

갈 275, 278, 279, 281, 283, 294,
295, 297~299
갈레노스 69, 98, 100, 127, 128,
132, 260, 281
개인주의 22, 272~274, 276
계몽주의 57, 255, 260, 262, 267,
273, 307
『고난도 관상서』 134
『고양이 대학살』 83
고프만 191
골상학 20, 22, 259, 278~281,
283~296, 298, 299, 303, 305, 324
『골상학적 결혼상대 찾기』 291
과학혁명 236, 255, 257, 260
『관상을 읽는 법』 132
『관상학』(라바터) 127, 256, 257
『관상학』(아리스토텔레스) 50
구별짓기 22, 33, 231
궁정문화 248, 249, 273
그림자 관상 267~269, 310

ㄴ

노스 38

뉴턴 236
니퀘티우스 45

ㄷ

다윈 20, 257, 270
단턴 83
데이비스 149
데카르트 185, 236, 237, 281
데커 197
델라 포르타 303
『동물학』 111
동물학적 관상학 54, 57
뒤비 104
디킨스 275

ㄹ

라겔 109
라바터 20, 22, 127, 156, 157, 179,
186, 190, 235, 255~260, 262~
264, 266, 267, 269, 272~276,
278, 281, 307, 309~313, 316
라이프니츠 259, 274
라지 109
라파엘로 259

래커 31, 294, 295
레오나르도 다 빈치 169
로마초 242
롬브로소 267, 303, 304
르 고프 104
르 브룅 185, 186, 235, 259, 269
리치 62
린네 51

ㅁ

마녀사냥 226
마로 160
『마르탱 게르의 귀향』 149
마키아벨리 189, 190
『말수가 적은 여인』 241
매카시 324
매킨드릭 250
맥팔렌 226
『맨더빌의 여행』 306
메리메 20
메소포타미아 문명 37, 38, 40, 42,
  65
메스머 263, 264
메스머리즘 262, 263
모로 269, 276
몸 20~22, 29, 31, 32, 39, 40, 50,
  55, 73, 74, 76, 111, 123, 127,
  140, 263, 294, 311
몽테뉴 127, 172, 173, 181, 196,
  216, 259
몽테유 251
문명화 과정 187
뮈토니 144

ㅂ

바르치 185
『박물지』 306
반 데이크 193, 259
발자크 275
버틀러 245
범죄 관상학 267
범죄 인류학 303, 315
『범죄자론』 303
범죄학 303, 304
베도 313, 314
베블렌 250
베이컨, 로저 110, 122
베이컨, 프랜시스 259
베키트 110
벤덤 284
벨 269
『변사가의 육성』 93
보나티 109
보댕 116
볼프 259
부르디외 251
부르크하르트 69, 135
분석적 관상 22, 42, 45, 72, 80, 81,
  83, 84, 88, 92, 96, 107, 121,
  131, 135~137, 221, 267, 303
분장의 시대 235
불워 248
뷔리당 137
브로카 299
블라종 160, 162
비과학 30, 31, 33
비용 155

ㅅ

『사람의 얼굴』 274

사이비 과학 195, 197, 255, 319

『사회인류학』 62

상징주의 72, 145

샌더스 196, 199, 217, 221, 231

생활책력 195, 196

성경점 119

세계화 33

세넷 277

세르반테스 141

『세크레툼 세크레토룸』 121, 123, 174

『소년들의 예절론』 174, 187

『소년론』 183

소속 기호 251

소크라테스 47, 48

수사학 88~90

수상학 71, 106, 117, 134, 139, 141, 179, 196~199, 201, 203~208, 211, 217, 219, 221, 227, 231, 235

『숙녀 사전』 243

슈푸르차임 279, 280, 297

슐처 259

스콧 109

스탕달 275

스토리 314

스톤 228, 230

슬랙 204

『시학』 184

신명심판 115, 116

신비주의 67, 154, 262

『신비학』 135

신학 105~108, 110, 112, 114, 134, 262

17세기 위기론 217

ㅇ

아그리파 68, 135

아널드 109

아드만티우스 103

아리스토텔레스 20~22, 45, 50~60, 65, 66, 73, 74, 78, 80, 86, 88, 92~94, 103, 107~112, 121~123, 134~136, 184, 214, 221, 267, 281

아리스토텔레스류의 관상학 73, 80, 136, 281

아바노 134

아스콜리 134

아퀴나스 110, 134

알렉시스 67

앨버트 109

에라스무스 173, 178~180, 182, 183, 185, 186

에머릭 117

에블린 159

에토스 184, 185

엘리아스 187, 231, 249

엘리엇, 조지 180, 275

연금술사 198

예언적 관상 22, 38, 42, 45, 65, 70, 73, 80, 96, 121, 135~137, 141, 221

오딜→신명심판

오렘 109

『완전한 영국 상인』 253

유사과학 262
육체의 재발견 169
이마의 주름을 보는 관상 71, 139,
　235
이원론 237
『이탈리아의 르네상스 문화』 135
『인간과 동물의 감정표현에 대하여』
　270
『인간의 관상』 109
『인간평가』 318
『인공적인 변모』 248
인종주의 23, 25, 305~307, 317,
　318
『일반적인 질병』 104

ㅈ

자유주의 30, 273, 286, 293
자일스 109
『저명한 의사 아칸담』 103, 126, 159
『전미 골상학 저널』 291
점성술 21, 65, 66
점성학 66~72, 77, 100, 120, 121,
　130, 131, 133~135, 137, 140,
　195, 196, 198, 207, 221
점성학적 관상 80, 135~137, 139,
　141, 143, 146, 158, 179, 199,
　206, 207, 221
『정치학』 59
제국주의 23, 63, 305
제스처 54, 180~183, 190, 192
조각난 육체 155, 169, 182
존슨, 벤 198, 241
진즈부르그 107

ㅊ

천문학 60, 65~70, 137, 199, 235,
　236
체액설 127, 129, 132, 260
초서 136
치머만 256
『치즈와 구더기』 107

ㅋ

카스틸리오네 183
카토 66
칸트 259
칼리굴라 30, 77~79
캐리커처 94
『캔터베리 이야기』 136
커닝햄 318
코르넬리우스 67
코르뱅 31
콤 20, 280, 281, 285, 286
콩트 298
퀸틸리아누스 93, 94, 181
크레츠머 305
키케로 47, 68, 94, 259

ㅌ

타이런 239
『테트라바이블로스』 133

ㅍ

파보리누스 92
파슨스 259
파울러, 로렌조 292
파울러, 리디아 290
파울러, 오슨 291

파토스 184, 185, 270
판별 점성학 66
포 280
포스트모더니즘 21, 33
포터 31
폴레몬 60, 73~76, 80, 88, 89, 91,
  92, 103
『표현의 해부학과 생리학』 270
푸코 31
프톨레마이오스 60, 133
플루타르코스 45, 181, 182
플라톤 45, 48, 112, 172, 281
플리니우스 306
피렌추올라 164
피카르 111, 274, 275, 277, 310,
  318, 321
피타고라스 47

ㅎ
하드릴, 윌러스 147

『학문의 진보』 259
할러 259
해든 313, 314
해부학 22, 271
『행복한 결혼생활 매뉴얼』 291
헤겔 295
『현대인의 투구』 246
호이징가 155
홀릭 311, 312
홀바인 259
홉스봄 213
홉킨스 81
화장 신학 155
화장의 시대 241, 264
『황제전』 77
후광 효과 324
후르비츠 305
후턴 304
히틀러 318
히포크라테스 95~98, 104, 125